KB023483

100년 전의
세계 일주

100년 전의
세계 일주

대한제국의 운명을 건
민영환의 비밀외교

김영수 지음

EBS BOOKS

저자의 말

모스크바대관식(1896)에 처음 관심을 가진 것은 2000년 전후 '아관파천'을 주제로 석사 논문을 완성할 즈음이었다. 그 당시 나는 대한제국의 정치와 외교를 연구하면서 러시아를 깊이 파지 않으면 이 문제를 도저히 더 넓게 볼 수 없다는 판단하에 모스크바 국립대학교로 유학을 떠났고, 박사 학위를 받는 과정에서 '러시아의 조선 정책'에 관한 폭넓은 고민을 할 수 있었다. 민영환이 참석한 니꼴라이 2세의 모스크바대관식은 당시 조선을 둘러싼 열강의 국제 질서 재편이라는 측면만 보아도 매우 중요한 주제였다. 나는 이 역사적 사건을 한 권의 책으로 정리하려 했지만 모스크바, 뻬쩨르부르크, 시베리아 등 러시아에 대한 좀 더 해박한 지식이 필요하다고 생각해서 자료만 축적하고 집필을 계속 미뤘다.

2020년은 한러 수교 30주년이 되는 해이다. 작년부터 나는 그동안의 한러 관계 연구를 바탕으로 민영환과 조선사절단에 대한 집필을 마무리해야 한다는 생각에 사로잡혔다. 그것은 한러 관계를 20년 이상 연구한 역사학자로서 한러 관계를 체계적으로 정리해야 한다는 의무감 때문이었다.

자료를 축적하면서 모스크바대관식 행사에 참석한 조선사절단 중 공사 민영환, 수원 윤치호, 참서관 김득련의 기록을 보고 커다란 자극을 받았다. 당시 시베리아를 거쳐 조선에 돌아올 예정이었던 김득련은 사절단의 임무를 마치고 잠시 파리로 어학을 공부하러 떠나는 윤치호에게 다음과 같이 말했다.

　"그대가 돌아올 때를 생각해보니 배를 타고 중국 남부와 베트남 북쪽을 지날 것이오. 기이한 서적들을 모두 다 수집하면 역사책을 만들 수 있을 것이오. 나중 서울에서 다시 만나는 날 하나도 빠짐없이 잘 베껴두면, 남방(이집트)과 북방(시베리아)의 기행문을 모두 합하여 한 편으로 만들어 출판할 수 있을 것이오."[1]

　하지만 당시 두 사람은 그 책을 출판하지 못했다. 그리고 100년이 지난 지금까지도 김득련의 바람은 이뤄지지 않았다.

　이 책의 주요 인물은 러시아 특명전권공사 민영환, 특명전권공사 수원 윤치호, 2등 참서관 김득련, 3등 참서관 김도일, 민영환을 개인적으로 수행한 손희영 그리고 통역 겸 안내자인 러시아 외교관 쉬뻬인 등이다.

　1896년 4월 1일, 조선사절단은 서울을 출발하여 상하이-요코하마-밴쿠버-뉴욕-리버풀-런던-플리싱언-베를린-바르샤바 등을 거쳐 56일 만에 대관식 6일 전인 5월 20일, 모스크바에 도착했다. 그 후 8월 19일 민영환은 뻬쩨르부르크를 출발하여 10월 15일 블라디보스톡에서 그레먀쉬호를 타고 10월 20일 인천항에 도착했다. 10월 21일, 민영환은 오후 6시에 돈의문으로 들어가 김득련, 김도일과 함께 귀국을 아뢰고 러시아 황제의 회답 친서를 올렸다.

　한편 윤치호는 프랑스어를 배우기 위해서 1896년 8월 20일 베를린을 거쳐 8월 21일 파리에 도착했다. 그 후 윤치호는 11월 18일 파리를 떠나서 19일 마르세유에 도착했다. 윤치호는 세 달간의 프랑스 생활을 마감하고 11월 22일 시드니호를 타고 11월 28일 이집트의 포트사이드에 도착했다. 이어 지부티, 콜롬보, 싱가포르, 사이공, 홍콩을 거쳐서 12월 27일 상하이에 도착했다. 그 후 1897년 1월 23일 윤치호는 상하이를 출발해서 1월 27일 제물포에 도착했다.

이 책은 민영환의 북방 기행, 윤치호의 남방 기행의 모든 과정을 수록하였다. 여기에는 김득련이 이루지 못한 바람을 실현해낸다는 의미도 있었지만, 근대 지식인이자 엘리트 관료들이 세계를 목격하고 받은 충격을 살펴보고 싶다는 강렬한 욕망도 크게 작용했다. 100년 전 러시아 도시의 풍경, 시베리아 개척 과정, 조선 이주민의 모습 등을 생생하게 기록한 자료를 바탕으로 나는 당시 러시아의 도시와 역사는 물론이고, 조선사절단이 철도와 선박으로 이동했던 세계 도시에 관한 정보도 최대한 찾아 책에 담으려 노력했다. 근대 조선과 세계가 하나로 이어져 있었으며, 그것은 오늘날의 한국인이 세계와 소통할 수 있는 문화적 자산이라고 판단했기 때문이다.

무엇보다도 나는 이 글을 쓰는 동안 '민영환이 왜 1905년 자결할 수밖에 없었는가'를 끊임없이 묻고 또 되물었다. 프롤로그와 에필로그에서 을사늑약의 현장과 민영환의 자결을 상세하게 다뤘다. 민영환이 자결한 직접적인 계기인 을사늑약의 현장과 민영환의 장례식을 정리하면서 착잡한 마음을 가눌 수가 없었다.

본문에서는 민영환의 특명전권공사 임명과 모스크바 도착 과정, 조선사절단의 모스크바 및 뻬쩨르부르크 답사와 견문, 한러비밀협정을 통해 본 모스크바대관식, 민영환의 시베리아 노선과 서울 도착,

윤치호의 파리 유학과 답사 및 지중해에서부터 상하이로 이어지는 항해 과정 등을 모두 다루었다. 특히 나는 민영환이 러시아에서 조선과 러시아의 비밀협정을 체결한 내용을 국내외 최초로 밝혔다.

이 책을 쓰면서 나 홀로 떠나는 세계 여행에 푹 빠졌다. 민영환이 거쳤던 밴쿠버, 뉴욕, 런던, 모스크바, 뻬쩨르부르크, 옴스크, 하바롭스크, 블라디보스톡 그리고 윤치호가 지나갔던 파리, 마르세유, 포트사이드, 콜롬보, 싱가포르, 상하이 등을 추적하고 상상하면서 그들과 함께 세계 여행을 하는 들뜬 기분이었다. 그 과정은 설렘과 기대의 연속이었다. 물론 조선사절단이 남긴 부정확한 표기 때문에 정확한 사실을 찾는 데 어려움도 있었다. 나는 조선사절단이 기록한 한자 또는 한글 그리고 영어로 쓰인 부정확한 과거의 인명과 지명 등을 현재의 러시아어로 찾기 위해 노력했다. 러시아의 수많은 인물과 지명을 하나하나 찾아가는 과정은 고통의 연속이었다. 그러나 그 결과는 기쁨이었다. 이건 선행 연구의 축적 없이는 불가능한 작업이었는데 그동안 사명감을 가지고 민영환, 윤치호, 김득련을 추적해온 국내 학자들에게 경의를 표한다.

무엇보다도 나는 조선사절단이 이용했던 선박과 호텔, 여행 과정에서 만났던 인물들 그리고 답사한 유적지와 박물관과 미술관 등의 그림과 사진 자료를 찾아서 보강했다. 그건 100년 동안 아무도 찾지 못했던, 과거와 현재를 연결하는 비밀 통로였다. 특히 조선사절단이 뻬쩨르부르크에 갔을 때 묵었던 숙소, 외국인들을 접대한 레스토랑의 이름과 위치를 처음으로 찾았을 때의 기쁨은 무엇과도 비교할 수 없다. 그리고 그들이 한국인 최초로 모스크바에서 볼쇼이 극장에 갔었다는 사실, 윤치호가 파리에서 오페라 극장 가르니에에 갔었다는 사실에 흥분했다. 그들이 보았던 오페라 작품들을 찾고 집필을 더하는 시간은 최고의 지적 여행이었다. 그 밖에도 나는 러시아의 미술과 음악 등을 주목했다. 집필 과정에서 니꼴라이 2세의 모스크바대관식 장면을 그렸던 화가 세로프, 모스크바대관식 당시 공연된 오페라를 작곡한 글린까 등의 그림과 음악을 열심히 보고 들었다. 무엇보다도 윤치호가 러시아에서 똘스또이의 『전쟁과 평화』를 읽었다는 사실을 알고 어릴 적 읽었던 『전쟁과 평화』를 다시 즐겁게 탐독했다. 한동안 19세기의 러시아 문학과 역사에 빠져들어 헤어날 수 없었다.

이 글을 마무리하는 이 순간에도 『전쟁과 평화』의 여주인공 중 한 명인 마리야가 나에게 말을 건다. "어떤 사람의 경우라도 그 사람의 입장에서 생각해줘야 해요. 모든 것을 이해하는 자는 모든 것을 용서하는 법이니까요." 그것은 민영환의 삶도, 마리야의 삶도, 내 삶도 아직까지 모든 것이 끝나지 않았음을 알려주는 듯하다.

2020년 11월
김영수

차례

일러두기

1. 이 책은 조선사절단의 일정에 대해서 윤치호가 더욱 정확하게 기록했으므로, 김득련과 윤치호가 시간을 다르게 기록했을 경우 윤치호가 기록한 시간을 채택했다.
2. 이 책에 인용한 민영환, 김득련, 윤치호의 한시는 가독성을 고려하여 번역본만 수록하였다.
3. 이 책은 러시아어의 경우에 최대한 원음에 가깝게 표기했다. 예를 들면 '페테르부르크'를 '뻬쩨르부르크'로, '크렘린'을 '끄레믈린' 등으로 표기했다. 나머지는 국립국어원 외래어 표기법에 따랐다.
4. 이 책에 쓰인 거리, 면적, 높이, 무게 등의 단위는 원전인 『해천추범』과 『윤치호 영문 일기』 등에 쓰인 단위를 따랐다.

프롤로그

역사가는 인물이 어떤 목적을 위해 이룬
공헌이라는 의미에서 영웅의 존재를 생각한다.
문학가는 인물이 생활의 모든 면과 관련된다는 의미에서
영웅이 존재하지도 않고 존재할 수도 없다고 생각한다.
존재하는 것은 오로지 인간뿐이다.[1]

— 똘스또이

민영환의 유서

1905년 11월 30일 새벽 6시, 전 러시아 특명전권공사 민영환은 2,000만 동포에게 보내는 〈경고한국인민警告韓國人民〉이라는 제목의 유서를 남기고 스스로 목숨을 끊었다.

> 대한제국 2,000만 동포에게 알립니다. 나라와 백성의 치욕이 여기까지 이르렀으니 우리 백성은 향후 생존경쟁 속에 모두 죽을 것입니다. 대체로 살고자 하는 자는 반드시 죽고 죽기를 기약하는 자는 살 수 있는 것입니다. 나는 한번 죽음으로써 우러러 군주의 은혜에 보답하고 2,000만 동포형제에게 사과합니다.
>
> 나는 죽어도 죽지 않고 기어코 여러분을 저승 밑에서라도 도울 것이니, 우리 동포형제들은 천만 배나 더 분발하고 힘써서 뜻과 기운을 견고히 하고 학문에 힘써서 마음을 합쳐 힘을 내어 우리의 자유와 독립을 회복한다면 죽은 자도 마땅히 어두운 저승에서 기꺼이 웃을 것입니다.[2]

그는 민씨 가문과 정부 관료의 핵심 인물로서 군부대신을 포함한 정부의 요직을 모두 거쳤다. 대한제국이 외교권을 빼앗겨 나라가 망하는 상황에서 대한제국의 왕실 세력과 고위 관료 중 처음으로 책임을 지고 '사과'하며 자결한 인물이 바로 민영환이었다. 반일 정서를 폭발시킨 민영환의 장례식은 12월 17일 국장國葬으로 치러졌는데, 각국 외교관 등을 비롯한 최소 1만 명 이상의 사람들이 참여했다.[3]

예복을 갖춘 충정공 민영환

민영환은 160~165센티미터 정도의 키에 균형 잡힌 어깨와 몸매를 갖추었고 검은 눈동자가 뚜렷한 두 눈은 맑아 보여 반듯한 인상을 주었다.

민영환의 유서 속에 나온 '나라와 백성의 치욕'은 바로 그가 자결하기 13일 전 강제로 체결된 '을사늑약'이었다. 500년 조선의 정통성을 이어받아 1897년 성립한 대한제국은 왜 을사늑약으로 외교권을 빼앗겼을까? 당시 서울은 을사늑약의 현장부터 민영환의 자결까지 극심한 혼란에 빠져 있었는데 을사늑약의 현장은 이랬다.

제국의 치욕, 을사늑약의 현장

을사늑약은 대한제국 역사에서 가장 충격적인 사건임에도 그동안 정확한 사실에 기초하여 치밀하게 현장을 추적한 연구가 진행되지 못했다. 무엇보다도 을사늑약의 현장은 민영환의 죽음과 깊은 관련이 있기 때문에 그 치욕의 현장을 꼼꼼하게 되짚을 필요가 있다.

1905년 11월 17일, 일본 군대는 서울에 도착하여 중명전을 포함한 경운궁(사적 정식 명칭은 덕수궁)을 둘러싸고 출입을 통제했다. 당시 대략 4천 명 이상의 일본 군대가 경운궁을 포위했다. 또한 이날 일본의 보병, 기병, 포병은 경복궁 앞 광장에서 하루 종일 훈련을 실시했다. 경무고문警務顧問 마루야마 시게토시丸山重俊에 따르면 이러한 공포감의 조성으로 한국 병사 중에는 이날 밤 제복과 무기를 버리고 도주하는 자도 있었다.[4]

11월 17일 오전 11시, 주한 일본공사 하야시 곤스케林權助는 정부 각 부처의 대신들을 일본공사관으로 초청했다. 하야시는 하기와라萩原와 고쿠분國分 두 서기관 및 시오카와塩川 통역관을 배석시켜 11월

16일 자로 수교한 공문을 기초로 하여 '외교위탁조약안(을사늑약)'을 공식 토의에 옮겨 의견을 교환했다.

11월 9일, 서울에 도착한 특파대사特派大使 이토 히로부미伊藤博文는 이미 정부 대신들에게 '외교위탁조약안'을 설명하고 체결을 설득했다.[5] 하야시에 따르면 이날 대신들은 대체로 해당 조약안의 취지와 이의 제의에 관한 일본 정부의 입장과 결심을 이해하여 해당 조약의 조인이 당시의 시세로서는 부득이하다는 사정을 알고 있었다. 하지만 대신들은 어느 누구도 자진하여 조인을 승낙하는 발언을 하지 않았고, 참정參政 한규설韓圭卨은 반대하는 입장을 확실히 보였다. 결국 대신들은 각자의 의견을 고종에게 아뢰어 결정을 받든 다음 하야시 공사에게 회답하기로 했다. 하야시는 대사 이토와 조선 주차군 사령관 하세가와長谷川와 논의하여 오후 3시까지 회답을 받기로 하고 고종을 압박하기 위해서 정부 대신들과 함께 경운궁으로 갈 것을 결정했다. 하야시는 하기와라, 고쿠분, 시오카와 등을 대동하고 대신들과 함께 경운궁에 입궐한 후에 곧 궁내부대신 이재극李載克을 거쳐서 협의한 내용을 고종에게 상주上奏하고 대신들과의 면담을 요구했다.

고종은 병환을 이유로 하야시를 만나지 않았지만 대신들은 즉시 어전御前에 소집되어 2시간여에 걸쳐 숙의했다. 대신들은 오후 7시에 어전에서 물러났고 의정부 참정 한규설은 하야시에게 어전회의의 결과를 알려주었다. 그 내용은 다음과 같았다.

정부 대신들은 일치된 의견으로써 '외교위탁조약안'의 거절을 두 번이나 상주했다. 고종은 대신들의 의견을 받아들이지 않았으며 대신들에게 하야시와 협상을 진행하라는 지시를 내렸다. 한규설은 1~2일의 유예를 요청하고 다시 정부의 입장을 정리해서 하야시와 협의하겠다고 말했다. 그러자 하야시는 지연되는 상황에 대해 대신들을 힐책하면서 더 이상 기다릴 수 없기 때문에 고종의 결정을 요청하는 방법밖에 없다고 답변했다. 하야시는 궁내부대신을 거쳐서 다시 고종과 교섭했다. 그사이 서너 명의 대신들이 비밀리에 하야시와 대화했다. 궁내부 관리의 정보에 따르면 어전에서는 주로 참정 한규설과 외부대신이 강한 이의를 제기했고 그 밖의 대신 중에는 찬성한 이들도 있었다.

하야시는 상황을 유리하게 전개하기 위해서 이토의 입궐을 요청했고, 이토는 오후 8시 조선 주차군 사령관 하세가와를 대동하고 경운궁에 도착했다. 그러나 고종은 병환을 이유로 대사를 만나기 어렵다는 뜻을 전달하고 동시에 이토로 하여금 대신들과 숙의한 후에 원만히 타협할 것을 요구했다.

이토는 대신들을 개별적으로 면담하여 찬반을 요구했다. 외부대신은 본인 개인으로서는 찬성할 수 없지만 칙명이 있으면 조인할 것이라고 답했다. 참정 한규설과 탁지부대신 민영기閔泳綺는 절대 반대라고 주장했다. 이지용李址鎔·이완용李完用·이하영李夏榮·권중현權重顯·이근택李根澤은 정세가 부득이하다며 유동적인 태도를 보였다. 특히 학부대신 이완용李完用은 가장 분명하게 찬성 의견을 표명했다.

이토는 대신들의 의사를 이지용과 이재극을 대표로 하여 상주하게 했다. 압박을 받은 고종은 의결을 결정할 수밖에 없었다. 동시에 두세 명의 대신은 대체로 중요하지 않은 서너 개의 수정안을 제출했다. 이토는 수정안을 반영하여 결국 확정안을 궁내부대신 이재극을 통해서 상주했다. 하야시가 '고종의 재가를 얻어 조인을 마친 것이' 새벽 1시 반이었고 을사늑약에 대한 고종의 '재가'를 기록했다.

하야시는 을사늑약 강제 조인 관련 상황을 기록했다. 하야시에 따르면 참정 한규설은 정신쇠약증에 빠져서 별석別席으로 옮겨졌다. 조약안에 찬성표를 던진 학부대신 이완용은 자신의 자택에 수십 명이 습격하여 방화를 저질렀다는 소식을 들었다. 이토는 대신들이 조인 전 크게 주저하자 한국 정부의 수정안 두세 개를 신속히 받아들여서 조인할 것을 결정하고 확정했다.

하야시는 하세가와 대장, 마루야마 경무고문, 미마시三增 영사의 협력 덕분에 경운궁 내외의 경계가 완벽했다고 보고했다. 하야시는 이토 대사의 충고에 따라 각 대신의 신변 경호에 충분히 주의를 기울일 것이라고 보고했다.[6]

1905년 11월 20일, 경무고문 경시警視(현재 총경) 마루야마 시게토시는 을사늑약의 강제 체결 상황을 보고했다. 마루야마에 따르면 궁내부대신은 11월 17일 밤 경운궁에서 '신조약新條約' 조인 이후 '조인필調印畢'이라는 것을 상주했다. 상주를 받은 고종은 개탄하면서 갑자기 발열을 보이고 고민에 빠져 괴로워하며 말했다.

"이같이 중요한 조약을 그렇게도 쉽게 급격히 체결을 보았다는 것은 실로 천재千載의 유한遺恨이다. 원래 오늘의 경우 각 대신들의 조치라 할지라도 어쩔 수 없을 것이다. 다만 각 정부 대신들은 일본의 요구를 받아들임과 동시에 우리의 이권 요구에 대한 복안을 가져야 한다. 그런데 그것도 없이 경솔하게 체결을 끝냈다. 나는 대신들의 무능과 무기력함에 심외心外로 견딜 수 없다."

그런데 마루야마는 정부 대신 중 을사오적이 조인했고 '조인필'이라는 결과를 고종에게 상주했다고만 기록했다. 즉, 고종이 '재가'했다는 기록은 없었다.

100년 전의 세계 일주

참정 한규설은 17일 밤 어전회의 때 각 대신과 하야시 공사 등이 참석한 가운데 홀로 반 광란의 모습으로 당황하여 어쩔 줄 모르며 고종의 침실로 들어가려고 했다. 그러나 제지를 당한 한규설은 끝내 침실을 침범하지는 못했는데, 고종은 한규설의 행동이 궁궐 질서를 문란케 했다며 한규설의 알현까지 거절했다. 그 결과 한규설은 불경 행위로 유형流刑에 처해졌다.

마루야마에 따르면 조인필에 이르렀던 그날 밤 고종은 각 대신들의 호위를 위해 일본 경찰 관리와 헌병 등 다수가 궁성 내에서 경계하는 상황을 깊이 혐오하여 물러날 것을 요구했다. 하지만 일본 군대와 경찰은 이토 대사 등이 귀가한 이후에도 상관의 명령이라 하면서 철수하지 않았다. 그러자 고종은 대신들이 귀가하지 않으면 일본 헌병과 순사도 철수하지 않으므로 대신들에게 속히 귀가할 것을 지시했다.

마루야마에 따르면 일반의 민심은 을사늑약 조인 이후 망국亡國을 자인自認하고 찬성 관리를 매국노로 지목하며 비판했다. 심지어 백성들은 18일 오후 경운궁 포덕문布德門 밖 도로에 집결하여 반일주의를 고취시켰으나 일본 군대에 의해서 해산되었다.[7]

일본 기록을 살펴보면 일본공사 하야시는 고종이 을사늑약을 '재가'했다고 기록했지만 경무고문 마루야마는 을사늑약에 대해서 정부 대신들의 '조인필' 상주만 기록했다. 그뿐만 아니라 일본 기록은 한규설이 신경쇠약으로 옮겨졌다고 했지만, 실제 한규설은 적극 반대하다가 일본 군대에 의해서 감금까지 당했다. 더구나 일본은 대한제국 정부 대신들이 순조롭게 협약을 체결한 상황을 강조했다. 이러한 사실은 일본이 '을사늑약'의 합법적인 체결을 강조하기 위해서 '을사늑

을사늑약의 현장인 경운궁 중명전의 옛 모습

약'의 현장을 왜곡해서 기록했다는 것을 알려준다.

당시 고종은 이토와의 면담 과정에서 외교권을 빼앗은 을사늑약의 심각성을 인지하고 강력 반대했다.[8] 그럼에도 고종은 일본으로부터 신변 위협을 느끼고 정부 대신들에게 결정의 책임을 떠넘겼던 것으로 보인다. 그렇다면 고종은 을사늑약을 승인했을까? 일본 기록과 달리 당시 한국 기록에는 고종이 을사늑약을 '윤허' 또는 '재가'한 적이 없다고 되어 있다.[9] 무엇보다도 고종은 끝까지 옥새를 찍지 않았기 때문에 을사늑약을 '재가' 또는 '윤허'하지 않았다.[10]

이날 밤 고종과 내각은 중명전에 함께 있었는데 일본 군대가 중명전은 물론이고 경운궁 전체를 겹겹으로 포위했고, 창과 칼이 철통

같이 길게 늘어서 그 위협하는 기세가 말로 표현하기 어려울 정도였다.[11]

한 통의 전화와 역적 박제순의 서명

11월 17일과 18일, 윤치호尹致昊는 중명전의 현장을 기록했는데 윤치호의 기록은 정부 고위 관리인 외부협판의 것(그는 18일 외부협판직을 사직했다)이라는 사실 하나만으로도 을사늑약의 현장을 복원하는 데 중요하다. 당시 영어로 일기를 기록한 윤치호는 박제순의 서명은 기록했지만 고종의 재가는 기록하지 않았다.

17일, 윤치호는 "오늘 밤 독립국가로서 조선의 운명이 결정될 것이다."라고 기록했다. 윤치호에 따르면 17일 오후 하야시는 '보호조약'에 정부 대신들의 동의를 얻는 데 실패하자 고종이 배석한 자리에서 그 문제를 타결하기 위해서 정부 대신들과 함께 궁궐로 갔다.[12]

18일, 윤치호는 아침 일찍 경운궁 인근 외부로 향했다. 윤치호는 외부에서 숙직했던 신 주사를 통해서 다음과 같은 사실을 파악했다.[13] 신 주사는 외부참서관 어윤적과 함께 17일 밤 10시쯤 물러가서 숙직 준비를 했다.[14] 당시 외부에는 외부의 인궤印櫃를 둘러싸고 신 주사, 어윤적 참서관, 이시영 교섭국장 등이 버텼다.[15] 그런데 외부대신 박제순이 무너지자 외부주사도 더 이상 버틸 수 없었던 상황을 증언했다.

"우리는 그 조약이 그렇게 바로 서명될 것이라고는 생각지도 못했습니다. 어제 온종일 촉각을 곤두세우고 있었던 사람들은 시간이 갈

수록 점점 예민해졌습니다. 10시가 조금 지나 전화가 울렸습니다. 전화를 받자 외부대신 박제순이 '인궤를 들여보내시오.'라고 했습니다. 인궤는 보좌부에서 관리하고 있기 때문에 나는 즉시 외부대신의 전갈을 김 주사에게 보냈는데, 김 주사는 오지 않았습니다. 밤이 깊어졌고, 계속해서 김 주사에게 전령을 보냈습니다. 일본공사의 통역관 마에마 교사쿠前間恭作가 경운궁으로부터 와서 인궤를 달라고 재촉했습니다. 사람들은 모두 조바심을 냈습니다. 외부 교섭국장 이시영李始榮이 왔습니다. 우리는 상의한 뒤 인궤를 보내지 않기로 결정했습니다."

그런데 교섭국장 이시영이 경운궁의 분투한 결과를 알아보기 위해서 외부대신 박제순에게 전화를 걸자 박제순이 대답했다.

"다 잘되었으니 인궤를 들여보내시오."

이 말을 듣고 이시영, 어윤적, 신 주사는 인궤를 보낼 수밖에 없었다. 신 주사는 계속해서 말했다.

"그래서 저는 경운궁으로 인궤를 가져다줬습니다. 일본 군대는 외부의 중앙 복도부터 경운궁 안의 내각 회의실까지 두 줄로 빈틈없이 길을 호위했습니다. 내각 회의실에는 굉장히 많은 일본인들과 조선인 관료들이 모여 있어서 누가 누군지 거의 구별할 수가 없었습니다. 박제순과 하야시는 작은 탁자를 사이에 두고 서로 마주 앉아 있었습니다. 조약서가 그 탁자 위에 있었고, 인궤를 박제순에게 건네주자마자 즉시 서명이 이루어지고 날인이 되었습니다. 그 뒤 다시 일본 군대의 횡렬을 뚫고 외부로 돌아왔습니다."[16]

윤치호는 18일 새벽 1~2시 사이 서명을 통해 조용히 조선의 독립이 포기되었다고 기록했다. 윤치호는 외부대신 박제순이 조약에 서명했다는 사실을 놀라워했다. 윤치호는 참정대신 한규설이 끝까지 서명을 거부했던 유일한 사람이라며 "참정대신 만세"라고 일기에 적었는데 나라의 독립이 서명을 통해 포기되는 그 순간 황태자는 묘지 기직 3개와 보좌관 하나를 팔았다고 기록했다.[17]

외부의 직인과 박제순의 서명으로 이성은 마비되고 다들 미쳐가기 시작했다.

조병세, 최익현 그리고 민영환의 항거

1905년 11월 17일과 18일 사이 강요에 의해 을사늑약이 체결되자 민심은 혼란에 빠졌다. 이러한 민심의 동요와 함께 민영환도 조병세와 함께 을사늑약에 반대하는 활동을 적극 전개했다.

먼저 원임 대신이자 궁내부 특진관 조병세趙秉世가 앞장섰다. 1905년 11월 23일 고종은 중명전에서 조병세를 면담했다. 먼저 조병세는 "시골집에 머물다가 일본공사 하야시가 5개 조목으로 조약을 체결하자고 요청했다는 소문을 듣고 궁궐로 왔습니다."라고 고종에게 말했다. 고종은 "화담火痰에 감기까지 겹친 지가 지금 10여 일이나 되었다."라며 자신의 건강 상태가 악화되었다고 말했다. 고종은 처음 이토를 면담한 15일 전후 열흘 동안 건강 악화로 고생 중이었다. 면담 자리에서 조병세는 을사늑약에 찬성한 박제순 등의 처벌을 요구했다.

조병세는 을사늑약 강제 체결 과정에서 고종이 반대했다는 사실과 강제 체결 과정의 문제점을 기록했다. 특히 제의提議한 주무대신 박제순을 속히 국법으로 처형하고, 그때 회의에 참석한 각부各部의 대신들을 모두 면직시키고 매국의 형률에 의거하여 처벌해야 한다고 주장했다. 또한 외부대신을 교체하고 조칙을 내려 '의안'을 파기하고 주한 외국 공사관에 성명서를 낼 것을 제안했다.[18] 그러나 고종이 자신의 신변 안전을 위해서 미온적인 태도를 보이자 11월 26일 조병세는 민영환 등의 관료가 함께 참여하여 작성한 '역적 박제순 등을 처형하라'는 내용의 상소를 대표로 올렸다.[19]

11월 27일, 고종은 조병세와 민영환 등의 관리가 경운궁 안에서 버티자 집으로 돌아가라는 지시를 거듭 내렸다.[20] 급기야 고종은 이날 조병세와 태의원 도제조 이근명李根命 등을 서울에서 추방할 것을 지시했다.[21] 그러자 조병세와 민영환 등은 "오늘날 나랏일이 위급하여 다른 것을 돌아볼 겨를이 없는지라 지금 만 번 죽기를 무릅쓰고 다시 궐정闕庭에서 호소하고자 합니다."라고 하면서 경운궁에서 버텼다.[22] 그리고 이들은 매국한 역적들을 처벌하고 강제 조약을 폐기할 것을 주장하는 상소를 이날 또다시 올렸다.[23]

고종이 결단을 미루면서 조병세가 파면되는 상황에 이르자 민영환이 직접 나섰다. 11월 28일, 민영환은 조병세 처벌에 항의하면서 자신의 이름을 대표로 해서 외부대신 교체를 주장하는 상소를 올렸다. 그러자 고종은 경운궁에서 계속 버티고 있던 민영환을 비롯해 상소에 참여한 이들을 모두 구속하라는 명령을 내렸다.[24] 하지만 평리원 재판장 엄주익嚴柱益은 상소 참여자들을 구속하라는 명령을 거행할 수가 없어 자신을 처벌해주기를 요청하는 상소를 올렸다.[25] 상황이 더욱 악화되자 고종은 11월 29일 조병세 등을 용서하라고 지시했다.[26] 그 후 이틀 만인 12월 1일 조병세는 집으로 돌아가는 가마 안에서 아편을 대량 투약하여 자살했다. 그는 민영환 다음으로 목숨을 버렸다.

11월 29일, 죽지 못한 신하 최익현崔益鉉은 역적들을 토죄하고 거짓 조약을 환수할 것을 요청하는 상소를 올렸다. 상소문에서 최익현은 의정부가 사전에 이토의 '신조약'을 파악했음에도 백성에게 알려주지도 않았고 죽음을 무릅쓰고 반대하지도 않았고, 회의가 한밤중에 열려서 국가를 빼앗길 상황이었으므로 고종과 정부 대신은 회의장에서 죽기를 결심하고 대응했어야 했는데 그렇게 하지도 않았다고 주장했다. 최익현은 자신이 올해 가을철에 묵은 병이 더 심해져서 거의 숨이 다해가는 상태라며 "북쪽을 바라보니, 눈물이 비 오듯 흐를 뿐"이라며 안타까움을 드러냈다.[27]

을사늑약이 강제로 체결된 이후 대한제국의 외교권을 빼앗긴 상황에서 민영환은 정부 대신 중 아무도 망국의 현장에서 책임지는 사람이 없자 아직 죽지 못한 신하 최익현이 상소한 다음 날 11월 30일 제일 먼저 전동典洞에서 자신의 목을 스스로 찔렀다.

위협과 공포로 뒤섞인 을사늑약의 현장은 삶과 죽음의 갈림길이었다. 그 갈림길 중 죽음을 선택한 민영환은 불과 10년 전 모스크바대관식에 참석하기 위해서 세계 일주에 도전할 정도로 왕성한 삶의 의욕을 갖고 있었다. 아관파천 시기 그는 고종의 절대적인 신임 아래 조선과 러시아의 비밀협정을 체결하기 위해서 러시아 특명전권공사라는 직함을 가지고 모스크바로 떠났는데 그에겐 대한제국의 미래가 달려 있었다.

1장

민영환의
특명전권공사 임명과
모스크바 도착 과정

비밀 사절단 구성과 민영환의 고뇌

고종은 많은 시간을 정치적 현안을 돌보는 데 바쳤다. 밤에도 일을 쉬지 않아서, 새벽까지 각료들과 회의를 계속하는 경우도 종종 있었다.[1]

1896년 2월 11일, 아관파천 직후 고종은 주한 러시아공사관 내 베베르K.И. Вебер 공사가 묵고 있는 건물의 방 두 개에서 매일 내각 관료와 조선인들의 방문으로 혼잡하고 분주한 생활을 보냈다. 아관파천 이후 고종의 최대 관심사는 내각 관료의 임명, 민심의 안정, 러시아를 통한 조선 군대의 양성 등이었다. 그런 가운데 1896년 3월, 조선 정부는 니꼴라이Николай 2세의 황제 즉위 대관식과 관련하여 공식 초청장을 접수했다. 조선 정부는 니꼴라이 2세를 축하하고 러시아 정부와 협상을 진행하기 위해서 모스크바로 특별 사절단을 파견하기로 결정했다. 주한 러시아공사 베베르는 조선사절단을 준비하는 데 적극적으로 관여했으며, 사절단으로 파견될 인물은 고종이 베베르의 조언에 따라 직접 선발했다.

3월 7일 오후 1시 30분, 학부협판 윤치호는 러시아공사관으로 출근했다. 이때 베베르는 모스크바대관식 행사 참석자 명단에 윤치호가 거론되고 있다고 귀띔해주었다. 베베르에 따르면 고종은 사절단 후보로 민영환, 윤치호 등을 고려했다. 그 자리에서 윤치호는 영어가 가능한 러시아인 1명을 함께 보내줄 것을 베베르에게 요청했다.[2] 베베르는 3월 11일(러시아력 2.28.), 본국 정부에 전문을 발송했다.

"조선 정부가 대관식에 사절단을 파견합니다. 러시아 관원을 고문으로 함께 파견하자는 조선 국왕의 요청을 실행할 필요가 있습니다. 본관은 쉬떼인E.Ф. Штейн 또는 그로세B.Ф. Гроссе에게 문서 전령의 급료와 일당을 주어서 보낼 생각입니다."[3]

고종은 3월 10일 민영환을 러시아 특명전권공사俄國特命全權公使로 임명했고[4] 3월 13일 조선 정부는 이를 주한 러시아공사관에 통고했다.[5] 그런데 당시 민영환의 사정은 간단치 않았다. 3월 14일 특명전권공사 민영환은 명성황후의 장례식 및 어머니의 병이 위중한 것을 이유로 장문의 사직 상소를 올렸다. 먼저 그는 "쉽고 어려움을 가리지 말고 끓는 물 속이나 타는 불 속이라도 뛰어들어야 할 상황"이지만 "감히 구구한 사정私情"을 올리는 것을 고종에게 사죄했다. 민영환의 사직 이유는 다음과 같았다.

첫째, "대행왕후(명성황후)의 인산因山이 앞에 닥쳤는데, 신이 만약 출국하여 장례를 치르는 일에 정성을 펴지 못하고 영결永訣함에 있어 슬픈 마음을 다 쏟지 못한다면, 이것은 신에게 죽어도 눈을 감기 어려운 한이 될 것입니다."

둘째, "모자母子의 정리情理는 다른 사람과 너무나도 다르니, 얼마 남지 않은 목숨에 깊이 병든 몸으로 서로 의지하여 목숨을 부지하고 있는 관계로 신의 어미는 하루도 신을 놓지 않으려 하고, 신 역시 차마 하루도 어미 곁을 떠나지 못합니다."

민영환은 조선과 러시아 사이의 '외교를 잘 처리해야' 하는 긴급한 상황을 인식했다. 하지만 그는 "결연히 바다를 건너가 날마다 병든 어미를 그리워하느라 근심과 우려로 애를 태운다면 안으로 안정되지 못할 것이며, 어떻게 마음을 진정하고 정신을 수습하여 능히 상대를

대해 혼란스럽지 않을 수 있겠습니까?"라고 주장하면서 공사 업무를
중지시켜줄 것을 요청했다.

그럼에도 고종은 "경의 사정이 비록 이와 같으나 사신의 일은 중대
한 것이니, 경은 사직하지 말고 속히 칙령을 받은 다음 가도록 하라."
라는 명령을 내렸다.[6] 고종의 강한 의지와 신임을 확인한 민영환은
어쩔 수 없이 마음을 돌렸고, 그러자 사절단의 구성도 순조롭게 진행
되었다.

윤치호는 특명전권공사 수원隨員으로 임명되었다. 고종은 3월 16일
궁정 예복으로 사용할 견직물과 50달러를 윤치호에게 하사했다.[7] 베
베르는 3월 23일 아침 러시아 외무부가 쉬뻬인에게 조선의 사절단
일행을 수행하라는 지시를 보냈다고 윤치호에게 전했다.[8] 3월 29일
민영환을 포함한 조선사절단은 베베르의 저택에서 회합하고 저녁을
함께했다.[9] 한국 외부外部는 3월 30일 국기 3장, 인장 1개, 도장 1개
를 민영환에게 보냈다.[10]

미국 유학 시절의 윤치호

윤치호는 1888년 미국으로 건너가 조지아
주 에모리Emory대학을 졸업한 다음 1895년
2월 귀국했다. 그는 주한 고종의 통역을 담
당할 만큼 뛰어난 영어 실력을 갖춘 인재였
다.[11] 키가 165센티미터 정도였고, 갸름한
얼굴에 긴 이마 아래로 이목구비가 몰려 있
어 미소년의 모습이 보였다.

그렇게 모든 준비가 순조롭게 진행되는 듯했으나, 사절단은 구성 마지막 단계에서 삐걱거렸다. 고종이 사절단의 임명 단계에서 공식 보고서 이외에 비밀 보고서를 위한 비밀 요원을 구성했기 때문이었다. 민영환은 이에 즉각 반발했다. 그는 3월 30일 윤치호를 만나 특명전권공사를 사직할 것이라고 말했다. 그 이유는 자신을 감시할 비밀 사절단 때문이었다.

"다른 일행이 폐하의 확실한 신임을 받아 일종의 비밀 사절로서 나를 감시하러 간다고 들었네. 온갖 거짓 비방으로 내가 하지도 않은 일을 가지고 처벌을 받기보다는 차라리 폐하의 명령을 따르지 않아 처벌받는 것이 나을 것이라 생각하네. 폐하의 신뢰도 없는 공사로서 러시아에 가고 싶지는 않다는 말일세."

비밀 사절단은 성기운, 주석면, 민경식으로 구성되었다. 민경식은 민영환의 친척임에도 한 번도 그에게 자신이 러시아에 간다는 얘기를 한 적이 없었다.

윤치호는 민영환의 결심이 확고한 것을 파악하고 고종에게 그의 의향과 의중을 알릴 것을 권유했다. 또한 윤치호는 민영환의 결심을 신속히 베베르에게 알렸다. 베베르는 매우 곤혹스러워하면서 고종이 전적으로 신뢰하고 있다고 민영환을 설득했다. 그러나 민영환은 뜻을 굽히지 않았다. 윤치호도 하루 종일 민영환을 설득하는 데 시간을 보냈다.

"베베르가 한국 문제에 혐오감을 느껴서 모든 희망과 도움을 포기할지도 모릅니다. 그리고 폐하는 절대 듣지 않을 것입니다."

민영환은 베베르의 다음과 같은 약속을 받고 나서야 마침내 사직 결심을 번복했다. 베베르는 '어떠한 거짓 비방을 하는 일이 있더라도

러시아를 방문한 조선사절단과 러시아 관료들

니꼴라이 2세 대관식을 위해 러시아를 찾은 조선사절단의 기념사진. 뒷줄 왼쪽부터 김도일, 쉬떼인, 손희영이고, 앞줄은 왼쪽부터 김득련, 윤치호, 민영환이다.

고종으로부터 민영환을 보호할 것이며, 그가 1년간 유럽을 여행할 수 있도록 허락받을 것'이라고 약속했다. 비로소 러시아 특명전권공사 민영환이 러시아로 출발하게 된 것이었다.[12]

출항의 닻을 올리고

1896년 3월 31일(러시아력 3.19.), 베베르는 러시아 정부와 그레먀쉬Гремящий호의 함장에게 전문電文을 발송했다.

"내일 특명전권공사Черезычайный Посланник и Полномочный Министр 민영환, 고문Советник Посольства 윤치호, 서기, 통역관, 하인 등으로 구성된 조선의 사절단이 서울을 출발할 것입니다. 이들 외에도 사절단을 러시아까지 안내하기 위해서 주한 러시아 외교관 쉬뻬인이 파견될 것입니다. 사절단이 그레먀쉬호를 타고 상하이까지 갈 수 있도록 부탁합니다."[13]

베베르는 4월 1일(러시아력 3.20.) 조선의 사절단이 특명전권공사 민영환, 고문 윤치호, 서기와 통역관으로 구성되었다고 본국 정부에 재차 보고하며, 사절단이 미국을 거쳐 5월 8일에 모스크바에 도착할 예정이니 국경에서의 협력 및 모스크바에 숙소를 준비해줄 것을 요청했다.[14]

4월 1일 오전 8시, 특명전권공사 민영환은 수원 윤치호, 참서관 김득련과 김도일, 수종隨從 손희영과 함께 고종을 만났다. 그 자리에서 민영환은 친서親書, 국서國書, 위임장委任狀, 훈유訓諭 각 1통을 받았다.

민영환을 포함한 조선사절단이 돈의문을 나서니 법부대신 이범진이 갈림길에서 기다리고 있어서 악수하고 헤어졌다. 마포에 이르니 외부와 탁지부에서 전송의 자리를 준비하고 기다렸는데 조선 양반들이 헤어질 때 부르는 이별 노래 〈양관곡陽關曲〉을 다 함께 불렀다.

조선사절단을 태우고 제물포를 떠난 그레먀쉬호

그레먀쉬호는 1892년에 건조된 무게 1,492톤, 길이 72.3미터의 포함砲艦으로 1896년 당시 인천에 정박했다. 해군 중령 멜리니쯔끼A.A. Мельницкий는 1895년부터 1897년까지 그레먀쉬호의 함장이었다. 이 배는 1896년 10월 블라디보스톡에서 조선사절단을 태우고 다시 제물포로 돌아왔다.[15]

아침에 위성渭城에 내리는 비가 황진을 축축이 적시네.

지금 송별연을 베푸는 여사旅숨의 버들색은 한층 더 푸르네.

이제 멀리 서안安西으로 떠나는 그대여, 잔을 한 잔 더 들게.

여기서 서쪽 양관陽關을 나서면 잔을 주고받을 친구도 없을 테니.

전송과 노래는 사신의 일을 중요하게 여기고 먼 길 갈 일을 위로하는 것이었다.

사절단은 1일 오후 5시, 80리를 가서 인천 제물포항에 도착하여[16] 오후 7시 베베르 공사의 주선으로 포함 그레먀쉬호에 승선했다.

한편 사절단은 떠날 때 4만 원의 은銀을 출장 경비로 지급받았는데, 먼저 출발한 러시아 외교관 쉬떼인이 인천 해관에서 환換으로 예치된 것을 은銀으로 교환할 예정이었다.[17] 4월 2일 쉬떼인은 오전 8시 인천항에서 은을 찾아서 왔다. 사절단은 4월 2일 오전 10시 인천을 출발하여 상하이로 향했고, 4월 4일 오전 10시 우쑹강鳴松江에 도착했다.[18] 김득련은 상하이의 첫인상을 한시로 남겼다.

> 양편 언덕에는 수양버들이 늘어지고,
> 버드나무 그늘 짙은 곳에 사람들이 어른거리네.
> 강남의 봄빛 이른 것을 비로소 알겠으니,
> 청명淸明이라고 온 산에 가득 꽃 피었네.
>
> 상해가 통상한 지 오십 년 만에
> 각 나라 교묘한 기예가 여기 다 모였네.
> 강가 일대의 서양 조계는
> 깔끔하게 정리된 길이 부두에 닿아 있네.
>
> 누대樓臺와 배들이 그림같이 떠 있고,
> 달빛 속 피리와 노래로 곳곳에서 노니네.
> 앞다퉈 번성하려는 게 사람 마음이니,

참으로 이곳이 동양 제일의 고장이구나.[19]

김득련과 민영환은 친척 관계로 철들어서 자주 만난 매우 친한 사이였다. 민영환은 김득련과 십수 년간 서로 마음을 터놓고 이야기했고, 친척의 정이 있는 인물이라고 기록했다.[20] 인생의 중요한 순간에 흔히 그러듯이, 두 사람은 첫 만남에서부터 마음속으로 무엇인가 움찔했을 것이다. 그것이 기대였는지 부러움이었는지 존경이었는지 그들은 서로 알 수가 없었을 것이다.

김득련金得鍊, 1852~1930의 가문에는 대대로 역과 출신이 많았다. 『통문관지通文館志』의 저자이자 1712년 백두산정계비에 관여한 김지남金指南은 아들 셋을 두었는데, 그들이 김경문金慶門, 김현문金顯門, 김순문金舜門이다. 김득련은 이중 김순문의 후손이다. 김득련의 아버지는 지중추부사知中樞府事 김재우金載禹, 증조부는 김학례金學禮이다.[21] 김득련은 1873년 계유 식년시式年試 역과에 합격하였으며, 이후 봉사奉事, 교회敎誨, 첨정僉正을 지냈다.[22] 1888년 박문국주사博文局主事가 되었고, 1894년 참의내무부사參議內務府事, 의정부참의議政府參議를 역임하였으며, 1895년 내각참서관內閣參書官 4등에 임용되었다. 1896년 4월 모스크바대관식 참석을 위해서 2등 참서관參書官과 주임관奏任官 4등으로 민영환을 수행했다.[23]

김득련은 160센티미터가 조금 넘는 키에 뚱뚱했다. 넓은 이마, 짙은 눈썹에 눈꼬리가 올라가고 코가 뭉툭하며 턱수염을 갖고 있었다. 그는 술을 너무 많이 마셔서 '술고래'라는 별명을 얻었다. 윤치호에 따르면 그는 식사할 때 큰 소리를 내며 술을 물처럼 마시고 음식을

'돼지'처럼 먹었으며 중국을 예찬하는 '소중화' 의식을 갖고 있었다.[24] 한편으로 그는 역관 집안 출신이라는 자부심이 대단했고 한시 쓰기를 즐겼다. 그는 매일매일 사절단 활동을 기록하는 성실함을 보여주었고 은혜를 고마워할 줄 아는 인물이었다.

아시아를 거쳐 태평양을 건너

　1896년 4월 4일 오후 1시, 사절단은 상하이 콜로니 호텔密采里饭店, Hotel des Colonies에 도착했다. 사절단은 이 호텔에 머물고 있는 민영익閔泳翊, 1860~1914을 만났다. 윤치호는 민영익에 대해 "자만함, 인색함, 완고함이 특징인 그의 성격이 하나도 변하지 않았다."라고 기록했다.[25] 민비 가문의 핵심 인물인 민영익은 1884년 갑신정변 당시 구사일생으로 살아남아, 그 후 상하이은행에 보관된 고종과 명성황후의 홍삼 판매 대금을 관리했다.[26] 사절단은 홍콩에서 온 민영익과 해후하여 술을 마시고 회포를 풀었다.[27]

　김득련의 눈에 비친 식탁의 풍경은 생소했다. 상보가 깔린 식탁 위엔 우유와 빵이 쌓여 있었고, 그 옆에 메뉴판이 펼쳐져 있었다. 수프, 생선, 샐러드가 차례대로 나와 사람들이 포크와 스푼, 접시를 번갈아 사용하여 먹는 광경이 그저 신기했다. 이어 진귀한 과일이 유리그릇에 담겨 나왔고, 향기로운 향이 가득한 술이 나와 모인 사람들을 더욱 즐겁게 했다. 사절단은 디저트로 커피를 마신 다음 긴 회랑을 산보하고 담배를 피웠다.

조선사절단이 머문 상하이 콜로니 호텔

상하이 콜로니 호텔은 1880년부터 1910년까지 운영된 상하이 프랑스 조계지의 유명한 호텔로 프랑스인 세이슨Alexandre Seisson이 설립했다.[28]

한편 일본은 비밀리에 민영환 일행의 동향을 파악하느라 분주했는데 주한 일본 대리공사 가토加藤는 민영환과 민영익의 대화 내용까지 파악하여 일본 외무성에 다음과 같이 보고했다.

"민영익은 러시아에 의뢰하는 것이 매우 위험하고, 동양에 나라를 이루고 있는 조선 같은 나라는 먼저 일본과 결탁하는 것이 득책이라며 민영환을 간곡히 설득했다. 민영환은 민영익의 말이 이치에 맞는다고 수긍했다."[29]

사실 여부는 확인해볼 필요가 있지만 실제 민영환과 민영익은 러시아에 대해서 우호적이지 않았다.

4월 5일, 사절단은 콜로니 호텔에 모여 앉아 구체적인 여행 계획을 세웠다. 그들은 우편함 '차이나 엠프레스'를 타고 동쪽으로 향해 상하이-나가사키-요코하마-밴쿠버를 거친 뒤, 철도로 뉴욕에 도착해서 다시 배를 타고 영국에 도착해 잠시 머물고 나서, 철도로 런던-베를린-모스크바로 이동한다는 계획이었다. 서쪽으로 가는 것에 비교하면 사흘쯤 늦어지는 여정이었다.[30]

4월 6일, 러청은행장 뽀꼬찔로프Д.Д. Покотилов가 민영환을 만나 은행의 사무에 관해 간략히 설명해주었다. 상하이 해관 부세무사 묄렌도르프P.G. Mollendorf가 와서 함께 인사를 나눴다.[31] 뽀꼬찔로프는 1896년 3월 29일(양력 4.10.) 조선의 사절단이 일본을 증오하며 러시아에 우호적이라고 재무대신 비테С.Ю. Витте에게 보고했다. 뽀꼬찔로프에 따르면 베베르는 조선사절단의 모스크바 파견을 제안했고 조선이 스스로 자립할 수 있는 상황이라고 판단했다. 뽀꼬찔로프는 1896년 3개월 이상 체류하며 조선의 경제 상황을 직접 조사했고, 그후 1905년 청국 주재 러시아 대사를 역임할 정도로 조선과 청국 문제에 깊숙이 개입했다.[32]

김득련은 상하이의 저녁 풍경을 이채롭게 보았다. 전등과 가스등이 각 상점을 비추어 밤 시장이 분주해 보였다. 등과 초가 빛나고 황홀해서 대낮과 같았다. 곳곳에 있는 마루 위에는 화장한 여인들이 늘어서고 관과 현의 음악을 계속 연주하자 오가는 사람들이 즐거워하고 기뻐하며 다투어 놀았다. 달빛에 비친 연기가 자욱했는데 관악기와 노랫소리도 흥겨웠다.

4월 11일, 조선사절단은 오전 7시에 마차로 부두에 도착하여 작은

차이나 엠프레스호

당시 승객 600명 이상을 태울 수 있는 길이 455.7미터, 무게 5,905톤의 최
신식 선박이었다. 1890년 3월 영국에서 건조된 후 1912년 요코하마에서 폐
선되었다.[33]

화륜선을 타고 우편함 '차이나 엠프레스RMS The Empress of China'호
에 올랐다. 차이나 엠프레스호는 오전 11시에 나가사키로 출발하여
다음 날 오후 6시 나가사키에 도착했다.[34] 윤치호는 차이나 엠프레스
호가 대단히 화려한 배이며, 1등 선실의 시설이 휘황찬란하다고 기록
했다. 하지만 자신이 거처하는 2등칸의 선실은 고약한 냄새가 나고
어둡다고 기억했다.[35]

김득련은 배에서 본 나가사키 항구의 풍경을 이렇게 묘사했다.

바닷가에 산봉우리 불쑥 나타나더니,
뱃사람이 가리키며 나가사키라 하네.
일본의 경장更張을 여기에서 보겠으니
집이며 거리 항구가 모두 서양식일세.[36]

4월 16일, 사절단은 오후 1시경 요코하마에 도착했다. 그리고 기차를 타고 도쿄로 가서 조선공사관에 여장을 푼 다음 러시아공사관을 방문했다. 러시아공사 쉬뻬이에르는 오후 7시 저녁 식사에 민영환을 초청했다. 러시아공사관 관사의 건물은 화려했고 술과 안주가 풍부하고 정결했으며 부부의 대접이 매우 정성스러웠다. 쉬뻬이에르는 고종이 하사한 고종의 초상화를 관사에 모셔놓았다. 어진을 본 사절단은 그 앞에서 경건히 절을 했다.[37]

김득련은 요코하마부터 도쿄까지 기차로 한 시간 안에 도착하자 기차를 번개에 비유했다. 또한 번화한 도쿄를 보면서 그의 눈은 황홀할 지경이었다. 모든 시설물들의 설치와 배치가 완벽하고 정밀했으며 새로웠다. 이는 일본인이 부지런히 서양을 공부하여 개명의 길로 나갔기 때문이었다.[38]

4월 17일 민영환은 오전 8시 의화군이 머무는 곳에 들러 대화를 나누고는 곧장 요코하마로 향했다. 오전 9시에 쉬뻬이에르가 기차역에 나와 그들을 배웅했다. 이제 곧 그들은 드넓고 푸른 태평양과 마주해야 할 차례였다.[39]

조선사절단은 4월 17일부터 28일까지 열흘 이상 태평양을 항해했다. 김득련은 태평양의 장대한 일출에 감탄했지만, 한편으로 마음은 벌써 모스크바에 가 있는 사절단의 답답한 심정과 흔들리는 배 안에서의 시름도 놓치지 않고 기록했다.

고래 악어 물결이 드넓어 끝이 없는데
지척의 부상扶桑(해가 뜨는 곳)이 눈앞에 있구나.
만 줄기 붉은빛이 바다 밑까지 퍼지더니
한 덩이 아침 해가 하늘로 불쑥 떠오르네.

늦봄 날씨가 가을보다 싸늘해
밤새도록 북풍이 불며 비도 그치지 않네.
머나먼 이역이라 날씨도 다르고
나그네 신세라 세월 유독 빠르구나.
외로운 배로 태평양을 곧바로 건너
내일이면 미국 길에 오른다건만,
앞길을 헤아려보니 절반도 오지 못해
바쁜 행색에 잠시도 쉬기 어렵구나.[40]

북미 도시의 화려함과 대서양 항해

1896년 4월 29일, 조선사절단은 오전 5시 캐나다 밴쿠버에 도착했다. 그들은 무려 12일 동안 광활한 태평양을 가로질러 온 것이었다. 오랫동안 하늘과 바다만 쳐다보면서 아득하고 막막한 마음을 느꼈던 김득련은 밴쿠버 항구에 도착하자 안도감에 한숨을 돌렸다.

사절단은 4월 30일 오후 2시 캐나다 퍼시픽 열차Canadian Pacific Train를 타고 몬트리올로 출발했다.[41] 윤치호는 인구가 약 1만 6,000명에 불과한 도시 밴쿠버에 아스팔트 거리, 전차 등이 들어서 3년 전에 비해 비약적인 발전을 이뤘다며 놀라워했다.[42] 김득련은 퍼시픽 열차의 빠른 속도에도 감탄했다. 열차는 바람같이 번개같이 달렸고, 가파른 산을 쉽게 올랐으며 만 줄기 물과 천 줄기 산을 눈 깜짝할 사이에 지나갔다.[43]

5월 5일, 사절단은 수많은 산과 평원을 가로지른 끝에 10시 30분 캐나다 몬트리올에 도착해서 곧바로 윈저 호텔Windsor Hotel로 향했다. 그러나 그들에게 호텔에서의 여유를 즐길 시간은 없었다. 그들은 다시 여장을 꾸려야 했다. 5월 6일 오전 10시 반쯤 뉴욕으로 가기 위해 몬트리올을 떠났는데 2마일 길이의 빅토리아교를 '호사스러운' 펠리스 차The Palace car를 타고 건넜다. 윤치호는 "몬트리올은 인구 3만 명의 도시로 캐나다의 아름다운 상업 중심지이자 종교적인 도시 같다."[44]라고 기록했다.

5월 6일, 사절단은 오후 9시 뉴욕에 도착하여 월도프 호텔Waldorf Hotel에 여장을 풀었다. 이 호텔은 백만장자 애스터William Waldorf

몬트리올에 위치한 윈저 호텔

윈저 호텔은 1878년 캐나다 최초의 그랜드 호텔로 개장했는데 확장 공사를
거쳐 유지되다가 1981년 문을 닫았다.[45]

Astor가 1893년 500만 달러를 들여서 건설했으며 1929년까지 운영
되었다. 10층 건물인 호텔의 높이는 69미터였고 객실이 450개였다.[46]
김득련은 "눈이 황홀하여 말로 다 형용할 수 없으니, 참으로 지구 위
에서 이름난 곳"이라는 말로 이 호텔을 예찬했다.[47] 또한 윤치호는 "월
도프 호텔은 뉴욕에서 가장 최근에 건축된 가장 멋진 호텔이라고 한
다. 이 호텔은 그 자체가 하나의 세계다. 돈만 있다면 누구나 그 안에
서 모든 안락과 사치를 누릴 수 있다."라고 기록했다. 윤치호는 자신
이 이 놀라운 도시를 방문한 일이 꿈만 같았다. 그는 "브로드웨이, 현
수교, 거대한 상점들, 훌륭한 철도, 호화로운 호텔, 아름다운 카페, 널

리 알려진 센트럴 파크와 리버사이드 그리고 송판 오두막집, 월드빌
딩, 시끄럽고 소음으로 가득 찬 도시의 거리, 상점과 거리와 역 그리
고 서점을 오가는 수많은 사람의 물결, 이 모든 것이 내게는 아주 놀
라운 꿈과 같았다. 이 짧은 3일 동안 이 도시를 얼마나 보았고, 얼마
나 들었고, 얼마나 알겠는가?"라고 말했다.[48]

5월 8일 12시, 주미 한국공사 서광범徐光範은 고국에서 온 사절단
을 맞이하기 위해 기차를 타고 뉴욕에 도착했다. 그는 1884년 외무
독판대리外務督辦代理로 갑신정변의 주역이었다. 윤치호는 오랜만에
서광범을 만나 기쁨을 나누고 함께 시간을 보냈다. 윤치호의 일기를
보면 "그는 양복을 입고 있었고 언제나 멋쟁이였고, 거의 매시간마다
구두와 옷을 바꿔 입었다."라고 서광범을 기억했다. 서광범은 1897
년 지병인 폐병으로 사망했는데, 그는 자신을 따라다니는 죽음의 그
림자를 인식하며 현재의 삶을 늘 화려하게 보내려고 했던 것으로 보
인다.

사절단은 오후 3시 러시아총영사 쉴로로베스끼Шилоровеский를 찾
아갔고 오후 7시에는 전기 박람회를 방문했다. 김득련에 따르면 전기
박람회에서 본 것들은 통신이나 등불뿐 아니라 전기로 작동되는 수
많은 물건들이었다. 관현악기는 저절로 연주되었고, 차와 빵도 순식
간에 자동으로 만들어졌다.

김득련은 뉴욕항을 둘러보며 산보를 했다. 뉴욕항은 세계에서 두
번째로 큰 항구였다. 김득련의 눈에 비친 뉴욕은 마치 극락의 세계
같았다. 사람들끼리 서로 어깨를 스스럼없이 맞비고, 수레바퀴가
밤낮으로 끊임없이 돌았으며, 노랫소리가 사철 동안 끊이지 않는 듯
했다. 사람들은 늘 근심 없이 밤도 없이, 봄날 같은 동산 안에서 금을

조선사절단과 대서양을 건넌 루카니아호

루카니아호는 1893년 출항하였고, 1909년 리버풀Liverpool에서 발생한 화재로 폐선되었다. 승객은 전체 2,000명을 수용할 수 있었는데 길이는 189.6미터, 무게는 1만 2,950톤이었다.[49]

흙같이 쓰고 술을 물처럼 마셔대는 듯했다.

5월 8일, 사절단은 영국 상선 '루카니아RMS The Lucania'호를 타고 대서양을 향해 나아갔다.[50] 김득련은 대서양을 항해하는 배 안에서의 긴 여정에 지쳐 이때의 심정을 한시로 남겼다.

집 떠난 지 석 달인데
사만 리 길이 어찌 이리도 먼지.
풍속이 다른 여러 나라를 보며
기이한 옷차림으로 큰 바다를 건너네.
어버이 그리울 때마다 자주 꿈을 꾸고

대궐을 바라보며 늘 편지를 봉하네.

사신의 임무를 언제나 마치려는지

하늘가에서 쉴 겨를이 없구나.[51]

윤치호는 5월 9일 배 안에서 미국인들의 일본에 대한 과도한 관심에 만감이 교차하여 명성황후를 떠올렸다.

"뉴욕에서는 모든 사람들이 일본을 칭찬하고 있었다. 아무도 명성황후의 운명에 대해 관심이 없다. 만일 일본이 명성황후와 고종을 포함한 궁중의 모든 사람을 살해했다 할지라도, 세계는 일본을 더 나쁘게 생각하지 않을 것이다."[52]

광활한 유럽, 섬에서 대륙으로

세계는 가운데가 오대주五大洲로 나뉘었는데,

서쪽 지방은 극락이어서 신선들과 갔네.

물과 산은 그림의 경지요, 바람과 비는 때 아닌 가을일세.

덧없는 인생의 한 꿈을 누가 먼저 깨랴?

방탕한 자는 근심이 없고 지혜로운 자는 근심하네.

민영환은 미국과 영국을 지나며 겪은 체험과 감정을 위의 한시로 기록했는데, 서양을 극락세계로 비유한 것이 인상적이다.

민영환은 모스크바대관식에 참석하기 위한 여정의 일부를 시로 썼다. 그는 인천항을 떠나는 순간부터 거의 모든 것을 시로 남기려 했지만 "경치를 만나면 그리기가 어렵고 글이 짧고 거칠어서 쓰지 못했고 태평양을 건넌 뒤에 영국을 지나면서 비로소 창작을 할 수 있었다."라고 밝혔다.[53] 그만큼 그는 영국에 도착하기 전까지 자신의 임무에 대한 부담감으로 긴장감을 놓지 못했다. 민영환은 하나의 목표가 정해지면 다른 일이 손에 잡히지 않았다. 그는 늘 노심초사하는 그런 인물이었다.

1896년 5월 16일 오전 6시, 조선사절단은 평온한 바다를 긴니 9일 만에 리버풀Liverpool 항구에 도착했다. 리버풀 항구는 세계에서 첫 번째로 큰 항구였다. 오전 8시에 배에서 내려 기차를 탔고, 오후 2시에 영국 수도 런던에 도착했다. 오후 10시에 퀸즈보로Queensborough 에 도착하여 배를 타고 다시 떠났다.[54]

김득련은 리버풀 항구까지 오는 동안 대서양의 잔잔함에 기뻐했다. 바다는 내내 고요하고 평온했다. 그는 파도가 충신을 알아본 것이 아니라 오로지 임금이 뱃길을 지켜주었다며 고요한 파도 덕분에 임금에 대한 충성심까지 끌어올 수 있었다.

윤치호는 리버풀을 오랫동안 구경할 시간 여유가 없었지만 "상륙지점과 역은 대영제국의 주요 항구 같은 그런 장소에서나 기대할 수 있을 만큼 크고 사람들이 붐볐다. 그러나 역의 대합실은 빈약했다." 라고 기록했다.

윤치호는 이미 미국과 영국 작가의 작품을 통해서 런던에 대한 지식을 갖고 있었는데 관찰자의 시선에서 영국의 풍경을 만끽했다. 윤치호는 런던으로 가는 도중 영국 시골의 아름다운 모습에 감탄했다.

벽돌이나 목조로 지은 오두막집은 정원과 들판이 산뜻하여 마치 깔개 속에 들어앉아 있는 벌레처럼 편안해 보였다. 마을의 샛길과 깨끗한 도로 그리고 푸른 초원은 더 바랄 수 없을 만큼 상쾌했다. 살찐 암소들은 풍요한 초원에서 풍부한 목초를 뜯어 먹었다. 윤치호는 반짝반짝 빛나는 이 모든 아름다운 장면들을 바라보면서 영국에서 오랫동안 머물고 싶다고 생각했다.

사절단은 템스강 변에 있는 카이저 로얄 호텔De Keyser's Royal Hotel로 직행했다.

윤치호는 런던에 도착한 기쁨의 순간을 이렇게 표현했다.

> 템스강, 그 강에 걸친 다리들, 웨스트민스터 사원Westminster Abbey, 하이드 파크. 이 풍경들이 미국 작가 어빙Washington Irving과 영국 작가 애디슨Joseph Addison의 아름다운 에세이를 생각나게 했다.[55] 역사책, 시집 그리고 소설을 통해 내게 너무 친근하게 새겨진 이곳 풍경을 보며 너무 기뻐 멍할 정도로 심장이 떨렸다.[56]

윤치호가 말한 어빙의 작품은 바로 『신사 제프리 크레용의 스케치북』이었다. 뉴욕에 살고 있는 영국인이라는 평판을 듣기도 하는 어빙은 미국 단편소설사의 첫 페이지를 장식하는 인물이었다. 『신사 제프리 크레용의 스케치북』은 단편소설, 기행문, 에세이, 감상문 등 37편의 글을 모은 책이며 상당수 영국을 배경으로 그렸다.[57] 어빙은 1804년부터 1806년까지 영국과 프랑스 등을 여행한 경험을 통해서 1819년 영국 런던의 모습을 묘사할 수 있었는데, 『신사 제프리 크레용의 스케

런던 템스강 변에 위치한 카이저 로얄 호텔

카이저 로얄 호텔은 1845년 빅토리아 제방이 있는 곳에 '로얄 호텔'이라는
이름으로 설립된 호텔로, 당시 런던에서 가장 큰 호텔 중 하나였다.[58]

치북』 중 「존 불」에서는 "남을 조소하고 풍자하는 별명을 만드는 데
에 영국인보다 뛰어난 종족은 없다."라며 영국인의 허황된 자존심까
지 그려냈다.[59] 윤치호는 미국 에모리대학교 재학 시절『신사 제프리
크레용의 스케치북』을 읽을 수 있었다.

5월 17일, 사절단은 오전 6시 네덜란드 플리싱언Vlissingen 항구에
도착하여 기차를 타고 오후 8시쯤 독일 수도 베를린의 프리드리히슈
트라세Friedrichstraße역에 도착하여 저녁을 먹었다.[60]

김득련은 런던에서 배를 밤새 타고 네덜란드에 도착해서 기차로

독일 국경에 도착하는 유럽의 연결망이 신기했다. 한편 바닷가 낮은 지대에서 풍차를 돌리고 둑을 쌓아 비옥한 땅을 만드는 네덜란드의 풍경이 그에게는 이채로웠다.

윤치호는 베를린행 급행열차를 타고 가면서 네덜란드의 초록색과 조용한 풍경을 만끽했다. 온종일 풍요하고 푸른 초원, 훌륭하게 정돈된 시골을 달렸다. 오두막집들은 보기 좋고 아늑했다. 지붕은 경사가 가파르고 작은 창문들이 높이 달려 있었다. 영국처럼 초록색으로 차양들이 색칠되었다. 먼지가 나는 도로에 마차나 짐차는 많지 않았다. 미국처럼 복잡하지 않은 조용함과 안락함이 공기 속에 묻어 나왔다.

김득련은 베를린을 지나면서 독일의 발전을 부러워했다. 독일은 프랑스와의 전쟁 이후 부강해졌는데 육군의 정예함이 서양의 으뜸이었다. 물질을 숭상해서 장인정신이 나타났고 온갖 기술이 발전했다.

윤치호는 독일에서 마신 맥주 맛에 반했다. 역에서 소년과 소녀들이 맥주를 팔았다. 독일 맥주는 꿀물처럼 달콤했는데 거의 알코올 맛을 느끼지 못했다. 살짝 술이 오른 윤치호에겐 기차 안의 조용한 유럽 여성들이 미국 여성들보다 훨씬 예뻐 보였다. 사절단은 프리드리히슈트라세에 도착해서 넉넉한 저녁 식사를 했는데 윤치호는 칼, 포크, 식탁, 의자, 이쑤시개 등의 모든 독일제를 튼튼하다고 느꼈다.

사절단은 침대 열차를 타고 1896년 5월 18일 아침 7시쯤 러시아령 폴란드의 첫 번째 국경도시인 알렉산드로프Александров에 도착했다.[61] 은색 장식이 된 말쑥한 푸른 제복을 입은 군 장교들이 사절단을 맞이했다. 사절단은 국영 러시아 기차로 갈아탔다. 기차는 느렸고 길에서는 먼지가 났다. 길 양옆으로 초원이 눈이 미칠 수 있는 데까지 광활하게 펼쳐져 있었다. 기찻길 주변의 농가는 모두 초가지붕이었

바르샤바의 유로피언 호텔

1857년 설계된 제정 러시아의 가장 고급스러운 호텔 중 하나였다. 제2차 세
계대전 당시 파괴되어 1950년대에 재건축되었고, 현재는 '래플스 유로페스키
호텔'로 불린다.[62]

다. 윤치호는 순간적으로 러시아의 느림을 포착했는데 그건 유럽과
달리 '되는 일도 없고 안 되는 일도 없는' 광활한 러시아의 시작이었다.

사절단은 오후 2시에 바르샤바Варшава에 도착했다. 역에는 여기
서부터 모스크바까지 사절단을 공식적으로 안내할 외무부의 의전관
이 나와 있었다. 사절단은 오후 3시 유로피언 호텔Grand Hotel d'Europe
Warsaw=The European Hotel에 도착했다.

김득련은 러시아의 식민지로 전락한 폴란드의 옛 수도 바르샤바를

보면서 안타까워했다. 폴란드의 수도 궁궐에서는 저녁 종소리가 여전히 은은하게 들려왔지만 춤과 노랫소리가 멈추고 붉은 꽃만 적막하게 피었다. 김득련은 폴란드의 백성들이 나라 잃은 슬픔 때문에 가끔 봄바람에 눈물 흘릴 것이라며 가슴 아파했다.

윤치호도 바르샤바의 화려한 거리와 대조되는 식민지 폴란드의 운명에 슬퍼했다. 거리는 깨끗했고 말 한 마리가 끄는 마차들이 즐비했다. 양쪽에 보도가 있는 주 거리는 화려했고 5층 정도의 주택들은 견고하게 지어졌다. 그럼에도 윤치호는 가난한 나라, 세 마리의 이리에 의해 찢긴 양처럼 세 이웃 나라에 의해 갈라진 폴란드의 슬픈 운명을 떠올렸다.

모스크바 하늘에 올린 조선의 국기

1896년 5월 19일 오전 8시 30분 사절단은 러시아의 특별열차를 타고 바르샤바를 떠나 모스크바로 출발했다. 바르샤바 군사관구 소장 빠쉬꼬프M.A. Пашков와 외무성 아시아국 소속 쁠란손Г.A. Плансон이 동행했다.

빠쉬꼬프는 1882년 육군 대령으로, 1894년 11월 육군 소장으로 승진하면서 바르샤바 군사관구 사령부 소속 특별 임무를 수행했다. 그 후 1901년 라트비아 군사 총독에 임명되었고, 1903년 1월 육군 중장으로 승진했다. 윤치호는 빠쉬꼬프가 솔직하고 직선적이고 기민한 태도를 지녔다며 높이 평가했다.[63]

뻬쩨르부르크대학교 법학부와 동방학부를 동시에 졸업한 뻴란손은 1888년 러시아 외무부 아시아국에 들어갔고 1893년부터 러시아 지리협회 위원으로 활동했다. 그 후 그는 극동 지역 외교 업무로 경력을 쌓으며 한국 전문가로 성장했는데 1903년부터 1905년 극동 총독부 외교관으로 근무했고, 1905년 '포츠머스 조약' 당시 러시아 대표단의 일원이었다. 그는 1906년부터 1908년까지 주한 러시아총영사로 임명되어 대한제국의 몰락을 두 눈으로 목격했다.[64]

러시아는 동방에서 오는 사절단의 방문 일정을 확인하고 두 관리를 사전에 파견했다. 김득련은 러시아 의전단의 의전 수행에 만족했다. 열차에는 특별히 식당차가 딸려 있어 식사 시간마다 그곳에서 붉은 포도주로 다함께 건배했다.

윤치호는 널찍한 러시아 열차를 타고 모스크바로 가면서 이채로운 러시아의 풍경에 빠졌다. 광활한 평원, 풍요한 목초지, 울창한 숲, 오두막들이 산재한 마을들, 흔히 마주치는 아름다운 여성들, 풍부하게 사용할 수 있는 목재, 아름다운 자작나무 숲.

5월 20일, 사절단은 오후 3시 모스크바에 도착했다. 궁내부는 성 안 뜨베르스코이 불리바르Тверской бульвар, 뽀바르스까야Поварская улица 42호에 공관을 미리 정해놓았다. 궁 안의 심부름꾼 4명을 보냈다. 또 사환 21명과 쌍두마차 3량이 기다리고 있었다.[65] 윤치호는 그 공관에서 19일 동안 편안하고 융숭한 대접을 받아 호사를 누렸는데, 잘 갖춰진 가구, 훌륭한 식사, 깨끗한 침대, 시원한 음료, 깔끔한 서비스, 훌륭한 마차 등 육체적인 안락이 인간을 행복하게 할 수 있다면 이 모든 것을 가져서 행복하게 지냈다고 기록했다.[66]

조선사절단은 21일 아침 러시아 역사상 최초로 조선 국기를 옥상에 게양했다. 모스크바 체류 기간 동안 비용은 러시아 측이 부담했다. 러시아는 특별열차와 체재 비용 등을 제공하며 사절단을 최대한 환대했다. 윤치호는 모스크바에 도착한 소감을 '웅장한 역사와 마차의 물결'이라고 표현했다.[67]

김득련은 모스크바 공관을 마음에 들어 했다. 처음 도착했을 때 모스크바 공관 주변에 나뭇잎이 파릇했는데 며칠 따뜻한 바람이 불자 꽃망울을 터트리기 시작했다. 그곳에도 손님 반기는 서양 하인이 있어서 화병에 늘 푸른 라일락을 꽂아주었다.

그런데 민영환은 러시아 모스크바에 도착해서 첫날밤에 피로함과 불안감으로 잠을 이루지 못하며 고향 생각으로 한시를 남겼다.

> 마땅한 집에 어진 방위가 있다고 믿지 못하겠는데,
> 먼저 참된 원기를 얻어 스스로 굳셈을 얻어야 하네.
> 먹고 마시는 것이 절도가 없으니 새로운 빌미를 더하고,
> 피로함을 자랑하기 어려우니 조금 편안한 것에 맡기네.[68]

민영환은 러시아와의 교섭에서 결과를 만들어야 하는 책임감에 긴장감을 놓을 수 없는 그의 속마음을 숨길 수 없었다.

2장

모스크바대관식과 뻬쩨르부르크 답사

조선사절단과 황제의 첫 만남

　1896년 5월 21일, 조선사절단은 오후 2시에 모스크바로 니꼴라이 황제의 행차 의식을 보러 갔고, 오후 5시에 주러 한국공사관으로 돌아왔다. 외부 아시아국장 백작 까쁘니스트П.А. Капнист가 와서 인사했다. 민영환은 22일 오후 2시 정각에 끄레믈린 궁전으로 가서 니꼴라이 2세에게 먼저 친서와 예물을 전하고, 국서는 추후 뻬쩨르부르크에 가서 전달하기로 일정을 조정했다.[1]

　사절단은 5월 21일 모스크바 끄레믈린 궁전으로 갔는데, 오후 4시 전후 1시간 정도 니꼴라이 2세의 행차 모습을 볼 수 있었다. 길옆의 시가지 상점에는 깃발을 걸고 채색한 실을 엮어 등불을 달았다. 길거리는 사람들로 가득해 걸음을 떼기가 어려울 정도였다. 니꼴라이 2세의 행차로 양옆에는 총을 든 보병들이 어깨를 나란히 한 채 두 줄로 따랐고, 뒤쪽에는 기병과 말을 탄 경찰들이 늘어서 있었다.

　이윽고 여러 문무 관리들이 4필의 말이 끄는, 붉은 바퀴에 황금 지붕으로 된 마차를 타고 나타났다. 잠시 후 육군 복장의 니꼴라이 2세가 흰 말 고삐를 잡고 모습을 드러냈다. 사절단의 눈에 황제는 어딘가 영리하고 비범해 보였다. 황태후는 8필의 말이 끄는, 바퀴와 지붕이 모두 금으로 된 마차를 탔고, 황후도 마차를 탔는데 대단히 화려했다. 황족 남녀들도 6필의 말이 끄는, 붉은 바퀴에 황금 지붕으로 된 마차를 타고 그 뒤를 따랐다.[2]

니꼴라이 2세, 레삔

니꼴라이 2세는 1881년 황태자가 되었고 1894년 11월 그의 아버지 알렉
산드르 3세가 사망하자 황제로 즉위했다. 그해 11월 영국 빅토리아 여왕
의 외손녀 알렉산드라 표도로브나Александра Фёдоровна와 결혼했다.[3]
그는 자상한 면모를 갖고 있었지만 군주로서 유약하다는 평가를 받았다.

100년 전의 세계 일주

그 행차 장면을 김득련과 윤치호는 섬세하게 묘사했다.

> 길가에 기병과 보병을 두 줄씩 벌려 세우고
> 창검이 숲같이 늘어섰지만 아무 소리 들리지 않네.
> 금빛 수놓은 옷차림 관원들 속에
> 여섯 마리 말이 끄는 마차에 모두 황족들일세.
>
> 지위 존귀한 황제가 군사 제도를 숭상해
> 부대 따라 푸른 복장으로 말 타고 가네.
> 손 들어 눈썹에 대고 천천히 고삐 잡으니
> 길에 가득한 남녀들이 '우라佑羅' 소리를 외치네.[4] (김득련)

행렬은 두 줄로 늘어선 병사들 사이를 지나갔다. 이 장면은 내가 이제까지 본 어떤 장면보다 더 장관이었다. 군인, 관리, 수행원, 말, 마차 그리고 모든 것이 거의 금은으로 덮인 것처럼 보인다. 황제는 홀로 간편한 양식의 옷을 입고 말 등에 반듯하게 올라타고 있다. 비단옷을 입은 황후는 홀로 황금 마차를 타고 가면서 길 양쪽에서 환호하는 수많은 군중에게 머리를 끄떡여 인사하고 있었다. (윤치호)

윤치호는 니꼴라이 황제의 행차 모습을 보면서 마음속으로 조선과 그 주변국의 현재를 비교했다. 그가 남긴 글에는 일본의 문명화를 동경하는 속마음이 스며 있다.

조선 국왕의 모습을 추하게 하는 궁내관 내시 같은 떨거지는 없다. 가운데 추한 이빨과 길게 땋은 변발을 한 중국인들은 수 놓은 훌륭한 비단옷을 입고 있지만 안쓰러운 모습이다. 양복을 입은 일본인들은 동양 전체에서 가장 문명화되고 부러움을 사는 나라의 대표처럼 행동했다.[5]

이 글에는 대한제국의 국왕 주변 인물들에 대한 경멸의 시선이 담겨 있다. 그리고 서양을 아름답고 문명화된 곳으로 여겼던 윤치호는 서양화하고 있는 러시아와 일본을 부러워하였고 자국의 문화만 답습하는 청국과 대한제국을 경멸했다.

5월 22일, 민영환은 니꼴라이 2세에게 친서를 전달했다. 조선사절단은 황제가 일본을 포함한 다른 나라 사절보다 자신들을 먼저 접견했다는 사실에 만족했다. 러시아 궁내부는 오후 1시 사절단을 위해 6필의 말을 맨 황금 마차 1량을 보내왔다. 또 다른 마차에는 4필의 말을 맸고 푸른 지붕이었다. 빠쉬꼬프와 쁠란손도 함께 수행했다.

사절단은 오후 1시 30분 끄레믈린 궁전에 도착했다. 참서관 김득련이 친서와 예물 단자를 받들고 있었다. 오후 2시 황제 부처가 끄레믈린궁에서 사절단을 접견했다. 민영환은 수행원 윤치호를 데리고 먼저 들어갔다. 가구가 없는 적당한 규모의 방에서 황제 부처가 서서 기다리고 있었다. 사절단은 문을 통과해 무릎을 꿇고 조금 나아가 또 무릎을 꿇고 황제 앞에 이르러 다시 한 번 무릎을 꿇었다.

러시아 황제는 관을 벗고 황후와 함께 선 채로 있었고, 옆에는 시종관 한 명이 있었다. 사절단을 바라보는 황제의 눈빛은 이미 많은 것을 알고 있는 듯했다. 민영환이 앞으로 나아가 먼저 축하의 글을 읽자 윤치호가 영어로 번역해서 전했다. 임무를 완수해야 한다는 강박감에 민영환은 순간적으로 긴장했다. 위축된 민영환은 작은 목소리로 인사말을 더듬거렸지만 윤치호는 제법 능숙한 영어로 통역했다.[6] 민영환은 친서(축사 동봉)와 예물 단자를 전했고, 황제는 친히 받아 시종하는 신하에게 건네주었다. 민영환은 공손히 황제와 황후를 향하여 안부를 묻고 다시 황태후의 안부를 물었다.

황제는 영어로 질문했다.

"대조선국에서 사신을 파견하여 온다 하여 대단히 기뻤는데 이제 평안히 도착했으니 더욱 기쁘게 생각한다. 어느 경로로 왔느냐?"

민영환은 답변했다.

"상하이를 경유하여 요코하마로 가서 태평양을 건너 뉴욕, 대서양, 런던, 베를린을 거쳐 그제 이곳에 도착하였습니다."

"모스크바를 둘러본 소감이 어떠냐?"

"물산이 풍부하고 땅이 크며 인민이 번창하고 또 지금 경사스러운 의식을 맞아 성대한 의식을 볼 수 있게 되니 기쁘고 매우 다행한 일입니다."

여유를 회복한 민영환은 특사의 절대적 권한을 부각하며 자신이 협상의 전권을 부여받았다고 강조했다.

"언제든 폐하께서 조선의 사정에 관해 하문하신다면 특사는 조선의 사정과 긴급한 일에 대해 폐하께 전해 올리도록 조선 정부로부터 권한을 부여받고 있습니다."

사절단은 물러 나와 세 번 무릎을 꿇은 뒤, 예관의 인도를 받고 문을 나와 마차를 타고 공관으로 돌아왔다.[7]

민영환이 니꼴라이 2세에게 전한 음력 4월 1일 자로 작성된 고종의 친서 내용은 다음과 같았다.

> 나의 좋은 형제 러시아국 황제께 공경히 말합니다. 지금 황제와 황후의 즉위 대관식을 맞이하여 삼가 짐이 축하의 성의를 전달합니다. 나는 양 폐하와 황실의 친애하는 정을 사모하였습니다. 지난 여러 해 동안 귀국이 더욱 융성하여졌다는 말을 들었는 바 이 모두가 벗과 친목하였기 때문이니, 어찌 기쁨을 이기겠습니까?
>
> 나는 친근히 여기는 신하 궁내부 특진관 종1품 민영환을 특명전권공사로 임명하여 나의 이름을 대신하여 대궐로 나아가 공손히 경사스러운 잔치에 참여하여 친서를 올려 축하의 마음을 전합니다. 양 폐하는 해당 사신 민영환을 특별하게 대우하여 주시고 때때로 (서신을) 올릴 기회를 주시어 그가 진술하는 바를 보시고 믿을 만하거든 듣고서 받아들여 주시기 바랍니다. 두 분 폐하의 홍복이 무궁하길 진심으로 축원합니다.[8]

고종은 황제에게 한러 밀약의 전권을 부여받은 민영환을 신뢰해줄 것을 강조했고, 민영환은 첫 만남에서 니꼴라이 2세에게 좋은 인상을 남기기 위해서 무릎이 부서져라 꿇고 또 꿇었다.

청국 외교관 이홍장의 실언

1896년 5월 22일, 사절단은 오후 4시 외무대신 로바노프를 방문했다. 로바노프는 강인한 얼굴의 노신사였다.[9] 민영환은 까딱도 하지 않는 로바노프의 얼굴을 바라보면서 이 순간 이 사람은 무엇을 생각하고 있는가, 알고 싶은 생각이 들었다. 대체 저편에, 저 움직이지 않는 얼굴 속에 무엇이 있을까? 러시아 궁내부는 1896년 5월 22일 오후 러시아 황제 경축식 절차를 인쇄해 보내왔다.[10]

윤치호는 5월 23일 모스크바의 길거리와 사람들을 꼼꼼히 관찰했다. 모스크바 거리들은 깨끗하고 넓지만 큰 자갈로 포장되어서 매우 거칠었다. 옆의 인도는 좁고 때때로 인도가 길 가운데에 있었다. 마부들은 품이 넉넉하고 길고 두꺼운 외투를 입고 있었는데 멋진 색깔의 허리띠를 매고 있었다. 그 외투는 왼손으로 단추를 채우도록 했다. 주택들은 대부분 2층 건물이었다. 사람들은 공손해 보였고, 여성들은 조용하고 아름다웠다.[11]

5월 24일 오후, 민영환은 러시아 주재 각국 공사를 방문하면서 이홍장과 야마가타를 만났다.[12] 민영환은 청국 전권공사이자 북양 대신 이홍장李鴻章과 대화를 나눴는데 이홍장이 먼저 질문하고 민영환이 대답했다.

"언제 서울을 떠났습니까?"

"우리는 음력으로 2월 19일 서울을 떠났습니다."

"그때 국왕은 러시아공사관에 있었습니까?"

"그렇습니다."

1896년 5월 26일에 열린
모스크바대관식 공고문

"대원군은 아직도 정력적이고 활동적입니까?"

"그렇습니다."

"그의 나이가 몇입니까?"

"78세입니다."

"당신은 대원군 당입니까, 그 반대입니까?"

이홍장의 질문은 대원군의 영향력이 여전하다는 사실을 알려준다. 윤치호에 따르면 민영환은 숨이 막혀서 머뭇거렸다. 그러자 다시 이홍장이 질문하고 민영환이 대답했다.

"누가 왕후를 살해했습니까?"

"공식 보도가 나가면 누가 범행을 했는지 아시게 될 것입니다."

"김홍집은 왜 피살되었습니까? 그는 훌륭한 인물이었는데……."

"김홍집은 명성황후 시해에 연루되었습니다."

"민영환 공은 일본 당입니까?"

"나는 어느 당에도 속하지 않습니다."

"믿을 수 없습니다. 조선인은 일본인을 좋아하지요!"

"어떤 이들은 일본을 좋아하고, 어떤 이들은 그렇지 않습니다. 청국과 마찬가지입니다."

윤치호는 민영환의 마지막 일침이 이홍장을 침묵시켰다고 기록했다. 민영환은 자신이 완전히 결백하다고 느낄 때, 상대편의 강한 공격에 더욱 강해지는 그런 인물이었다.

윤치호는 이홍장이 러시아 고위 관리가 가득한 방에서 민감한 문제를 제기한 사실에 실망하면서, 그의 실언은 청일전쟁의 패배에 기인한다고 판단했다.

"만일 그가 진실로 위인이라면 사람이 가득한 방에서 그처럼 민감한 질문을 하지는 않았을 것이다."

이홍장은 음흉하고 능력 있는 청국 관리 가운데 한 사람이었다. 그는 영리해 중국 문명보다 서구 문명이 우월함을 알았고, 서양의 사상과 기술을 청국으로 도입해야 한다는 생각을 갖고 있었다. 일찍이 이홍장은 자기 주변에 넉넉히 보수를 받는, 모험적이고 유능한 외국인들을 대거 포진시켜 찬사를 받았다. 이렇게 해서 시간과 돈, 영향력 그리고 대외적 명성 등이 이홍장이라는 인물을 만들어냈다. 그러나 이 걸출한 능력과 위대함은 뤼순旅順, 웨이하이웨이威海衛 그리고 평양 전투에서 일본에 패배해 하늘과 바다로 모두 사라져버렸다. 그리하여 이처럼 못된 망나니 노릇을 하는 이홍장만 남았던 것이다.[13] 실제 이홍장은 조선인이 작은 이익에 눈이 멀어 큰 이익을 놓치는 민족이라는 편견에 사로잡힌 인물이었다. 윤치호는 이홍장이 서양 문물에 대한 얄팍한 지식으로 과대평가된 인물이며, 실질적인 개혁을 추진한 인물이 아니라고 혹평했다.

5월 24일, 조선 정부는 사절단의 26일 러시아 황제 대관식 축하연 참석을 주한 러시아공사관에 통고했다.[14]

5월 25일, 사절단은 오전에 기념사진을 찍었다. 점심 이후에는 공식 일정을 마치고 마차를 타고 뻬뜨롭스끼 공원으로 갔다. 윤치호는 그날의 기억을 일기에 "마차를 타고 가면서 너무 즐거웠는데, 특히 이전에 어디서도 그렇게 많은 아름다운 여성을 본 적이 없었다."라고 기록했다.[15]

민영환은 러시아 사진관[寫眞局]을 방문하여 두 참서와 함께 사진을 찍은 기억을 떠올렸다. 민영환은 사진 속에 나온 자신의 모습이 농사꾼으로 보여서 사진을 찍음으로써 오히려 명예가 떨어졌다고 생각했다.[16]

모스크바대관식
그리고 민영환-윤치호의 갈등

1896년 5월 26일(러시아력 5.14.)은 날씨가 화창했다. 사절단은 오전 5시에 일어나 6시에 대례복을 입었다. 7시 15분 빠쉬꼬프, 쁠란손과 같이 터키 공관으로 가서 각국 공사와 함께 오전 8시쯤 끄레믈린 궁으로 들어갔다. 대관식이 진행된 성당은 황궁의 일부로서 두툼한

카펫이 깔린 높은 연단과 연결되었다.

러시아는 관모를 벗지 않으면 예배당(우스뻰스끼 사원)에 들어가는 것을 허락하지 않았는데 조선, 청국, 터키, 페르시아의 사신들은 모두 관을 벗는 것을 꺼려 들어가지 않았다. 그들은 모두 성당 밖의 누각(연단) 위에서 대관식을 구경했다.[17]

김득련은 대관식 현장의 화려함에 놀라움을 감추지 못했다. 옥계玉階에 금장金裝으로 휘감은 여러 관원이 늘어선 예배당 안에서 황제는 왕관을 쓰는 순간 주교의 축하를 받았다. 구슬 궁전 높은 곳에 비단 장막이 펼쳐져 휘황찬란한 폐백들이 차례로 들어왔다. 김득련은 옥 같은 술과 안주에 맘껏 취해서 자신이 봉래산蓬萊山에 왔는지 의심할 정도였다.[18]

윤치호는 날씨가 완벽한 화려한 대관식을 매혹적으로 느꼈다. 태양은 농민이든 황제든 똑같이 차별 없이 빛을 뿌려주고 있었다. 독수리 문양이 장식된 경비병들의 투구, 궁중의 여성과 신사의 황금, 레이스, 보석, 벨벳, 리본 등이 햇빛에 거울처럼 반사되어 두 눈을 어지럽혔다. 길게 늘어진 황금 천의 옷을 입은 성직자들이 있었고, 눈처럼 새하얀 날개 달린 천사처럼 하얀 옷을 입은 요정과 같은 러시아 소녀들이 있었다. 성당 주변에서는 놀라울 정도로 품위 있게 행동하는 수많은 러시아 농민과 시민이 지켜보고 있었다.

오전 10시 30분 황태후가 외무대신 로바노프와 귀족들에게 에워싸여 천 개의 계단을 걸어 성당으로 들어갔다. 성당 문 앞에서 그녀는 구세주상 앞에 무릎을 꿇고 의식을 집행하는 주교들의 축복을 받았다. 이 동안 모든 성당의 종들이 울렸고 악대가 연주했다. 11시경 니꼴라이 2세 부부는 계단 아래로 걸어 나왔다. 사람들의 환호 소리,

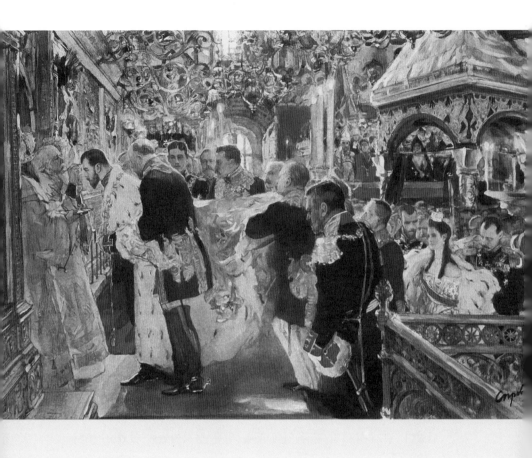

발렌틴 세로프의 〈러시아 니꼴라이 2세 대관식〉(1897)

100년 전의 세계 일주

대포 소리, 맑게 울리는 수백 개의 종소리, 의기양양한 악대의 연주 소리는 수많은 군중의 목소리와 함께 울려 퍼졌다. 윤치호는 그 광경이 물리적인 힘보다 정신의 우월함을 보여주는 것이라 생각했다. 무한한 부와 권력을 가진 러시아 황제가 2,000년 전에 죽은 비천한 한 갈릴리인(예수) 앞에서 겸손하게 무릎을 꿇고 있지 않은가!

성당에서 진행된 대관식 행사는 3시간 넘게 걸렸다. 황제 부처는 오후 2시쯤 자리를 떠났다. 황궁의 한 홀에서는 초대받은 귀빈들을 위해 풍성한 만찬이 제공되었다.[19]

김득련은 러시아 황제의 대관식 과정을 다음과 같이 묘사했다.

> 비단 장막을 만들어 4명이 지탱하여 받들고 걸음을 따라서 태양을 가린다. 시위대와 보병이 서 있고 시종하는 의장대가 전일 수레가 행차할 때의 의식과 같이 모두 걸어서 마군을 따른다. 궁 밖에서 호위하고 황제와 황후가 예배당에 들어간 지 얼마 안 돼 종소리가 계속되었다. 이것은 황제의 관모를 쓴 후 그리스정교 교주의 기원과 축복을 받는 것이라 한다.
>
> 교주는 두 사람이 하는데 한 명은 성수대를 갖고 한 명은 성수채를 가지고 두루 황제가 가는 길을 쓴다. 이것을 성수세진聖水洗塵이라 한다. 12시에 황후가 먼저 관을 쓰고 나왔다. 잠시 후 황제가 관을 쓰고 나오자 관에 금강석 가루를 뿌리고 몸에는 황색 외투를 가까이 모시는 사람이 역시 받들고 간다.[20]

이날 러시아 정부는 끄레믈린 궁전 밖에 큰 천막을 치고 연회를 열었다. 각국의 사신 일행과 대관식에 참가한 모든 관리들이 탁자에 함

께 앉았는데 음식이 많고 다양하고 깔끔했다. 그런데 윤치호는 점심
식사를 하는 중에 민영환의 예기치 못한 행동을 목격했다. 민영환이
수프를 들자마자 곧바로 숙소로 돌아가려 했던 것이다.[21]

윤치호는 사절단이 러시아 황제 대관식 성당에 참석하지 않은 이
유를 기록했다.

"대관식이 거행될 성당은 작은 성당이었기 때문에 러시아의 최고
위 인사들과 외국 사절 외에는 아무도 입장할 수 없었다. 성당으로
들어가는 사람은 누구나 모자를 벗어야 한다."

윤치호는 조선의 관습을 보류해두는 것도 결코 잘못이 아니라고
설득했다. 하지만 민영환은 김득련의 조언을 받아들여 갓을 벗는 것
이 조선의 법과 관습에 어긋난다는 이유로 대관식이 진행되는 짧은
시간 동안 갓을 벗으라는 요청을 거절했다.[22] 미국 유학을 경험한 윤
치호의 눈에는 조선의 관습을 지키려는 민영환이 고지식해 보였다.
하지만 민영환의 입장에서는 조선을 대표하는 특사로서 조선의 예법
을 지켜야 한다는 신념을 고수할 수밖에 없었다.

사절단은 오후 3시경에 주러 한국공사관으로 돌아왔다. 오후 4시
가 넘어서 윤치호가 쉬면서 책을 읽으려고 했을 때 민영환이 응접실
에서 윤치호에게 자신의 불평을 쏟아냈다. 민영환의 정신적 동요는
분명히 공포 쪽으로 기울어진 것 같았다. 민영환은 자신이 공사로 오
게 된 운명과 그날의 일에 한숨을 쉬고 분노하고 저주하면서 대단히
우울해하고 화를 냈다. 민영환은 전권공사 대신 특파대사라는 명칭
이 자기 명함에 들어 있는 까닭을 왜 자기에게 설명해주지 않았느냐
고 불평했다. 민영환은 자신이 대사로 지칭됨으로써 조선 군주에게
불쾌함을 주게 되었을 뿐만 아니라 모스크바에 모인 외교단으로부터

승인을 받지 못하게 됐다고 생각했다. 민영환에게는 공사로서 조선과 러시아의 협상이 무엇보다 우선이었고, 그 이외는 모두 부차적이고 불필요한 것이었다. 윤치호는 자신의 변명이 오히려 사태를 복잡하게 만들 것으로 판단하고 쉬뻬인을 불렀다. 이 문제와 관련된 어떠한 불미스러운 일도 일어나지 않을 거라는 쉬뻬인의 다짐이 있은 뒤에야 민영환이 안심했다.

쉬뻬인은 뻬쩨르부르크대학교 동방어학부에서 청국, 만주, 몽고 분야를 전공했고, 1892년부터 외무부에서 근무했다. 1895년 주한 러시아공사관 서기관 겸 통역관으로 임명되었다. 그 후 1897년부터 1904년 주한 러시아공사관 서기관을 수행했다.[23] 쉬뻬인은 키가 160센티미터 정도였고 짧은 머리카락을 뒤로 넘겨서 이마가 매우 넓어 보였다. 이목구비가 뚜렷한 작은 얼굴을 가졌으며 콧수염과 턱수염을 적당하게 길렀다. 그는 마른 체형을 소유했고 전체적인 표정이 차가운 인상을 주었다. 그는 베베르의 조선에 대한 현상 유지 정책을 비판하면서 베베르의 통역관 김홍륙을 달갑게 여기지 않았다. 그는 조선이 러시아든 일본이든 확실하게 협력 국가를 결정해야 한다고 생각했다.[24] 나중에 쉬뻬인은 윤치호가 '한러비밀협상'에서 제외되는 상황을 지켜보며 윤치호를 동정했지만 윤치호가 뻬쩨르부르크에 남지 않고 파리 유학을 선택하자 냉담한 태도를 보였다.

윤치호는 자신과 민영환의 성장 배경을 비교하면서 고통스러워했다. 윤치호에 따르면 민영환은 어릴 때부터 자기 마음대로 모든 것을 했다. 감히 그의 의지를 가로막는 사람이 결코 없었다. 그는 정치적 의심, 배신, 음모가 넘치는 조선 궁궐의 고약한 분위기 속에서 성장했다. 윤치호는 그런 민영환과 자신이 다르다고 생각했다.

"나는 상대적으로 말해서 내 인생의 대부분을 스스로 개척해온 사람이다. 내가 옳다고 여기는 것에 따라 말하고 행동해왔다. 내가 민영환과 어울린 것은 내게 유익한 일이 될 것이다. 민영환과 현명하게 교제하면서 모든 실수로부터 교훈을 얻을 수 있기를 기도한다."[25]

민영환은 일본 사절에 앞서 자신이 먼저 황제를 알현한 것에 불안을 품었고, 특파대사라는 직위를 일본인들이 문제 삼을 것을 두려워했다. 그러자 쉬뻬인은 러시아에는 상설적인 조선공사관이 설치되지 않아서 민영환이 대사에 속하며, 일본보다 앞서 알현한 것은 알파벳 순서에 따른 것이라고 안심시켰다.

민영환의 책임감을 이해하지 못한 윤치호는 스트레스를 받으며 이 상황에 현명하게 대처해나갈 방법을 고민했다.

"변덕을 부릴 때 제3자를 통한 설명이 가장 중요하다. 사실을 또박 또박 기억하고 얘기하며 긴장해야 하고 끊임없이 현명함을 추구해야 한다."

끄레믈린의 화려한 야경

1896년 5월 26일 늦은 저녁, 사절단은 마차를 타고 모스크바의 밤거리를 둘러보았다. 집마다 담벼락과 문에 철사로 이어놓은 오색 유리등의 빛깔과 모양이 가지각색이어서 눈길을 끌었으며, 가로에도 오색 유리등 안에 촛불과 전기, 가스로 불을 밝혀 마치 대낮과 같은 풍경이었다. 사절단이 탄 마차는 끄레믈린 궁전으로 향했다. 다음은

100년 전의 세계 일주

김득련이 기록한 끄레믈린 궁전의 모습이다.

끄레믈린궁의 담장을 둘러보니 그 안의 예배당과 여러 곳에
높이 솟은 탑(아르한겔스크 사원, 역대 황제들의 시신이 안치되어
있음)과 빠벨스키 사원(황실 사원)이 있다. 오색 유리를 층마다
그물처럼 엮어서 전기로 빛을 내니 영롱하고 찬란하여 사람의
눈을 어지럽힌다. 또 층층이 벽을 쌓고 철관으로 물을 끌어들여
큰 폭포를 만들었는데 이 역시 볼 만하다.[26]

끄레믈린 궁전 뜰 안에는
전등 켜진 높은 탑이 구층 하늘까지 치솟아,
오색 유리를 공교롭게 걸어 두니
영롱하고 찬란하여 그려내기 힘들구나.
곳곳마다 평지에서 화산이 분출하듯
깜박이고 번쩍이며 오래오래 꺼지지 않네.
바다에선 이무기가 황홀하게 숨 내뱉으니
화려한 용궁이 저 멀리 떠 있구나.[27]

윤치호도 큰 건축물들을 덮어 거의 비속세의 우아함과 장관을 연
출해주고 있는 전등들로 가득 장식된 끄레믈린 궁전의 첨탑과 돔들의
휘황함과 아름다움에 놀랐다. 빨란손은 모두 14개가량의 첨탑에 램
프들을 설치하느라 해군 수백 명이 동원되었다고 말했다. 그들은 3개
월 이상 그 작업에 매달렸다. 황궁 근처의 거리에는 마차와 군중이 넘
쳐나 마차에 타고 있는 것이 위험하다고 느낄 정도였다.[28]

1896년 모스크바대관식 밤을 밝힌 끄레믈린궁 야경

대관식이 열린 우스뻰스키 사원(성모승천사원)의 내부는 원형 기둥을 사용하고, 아치형 천장의 높이를 동일하게 만들었다. 기둥은 사원 내부를 12개의 정사각형 공간들로 구분하고 있다. 사원의 동쪽은 5단 성화벽으로 만들었다. 우스뻰스키 사원의 건축 양식은 러시아의 전통적인 건축 양식 요소들과 이태리 문예부흥기 건축 양식 요소들이 조화를 이루었다. 사원의 외형은 단순 간결한 것이 특징이다. 5개의 거대한 돔 지붕들이 있고, 전면의 벽은 동일한 크기로 구분되어 있으며, 위쪽 다락 벽은 아치형으로 마감되었다. 벽 중앙에는 실린더 형태의 문양들이 벨트처럼 연결되어 있고, 다섯 개의 돌출형 반원형 건물들은 거대한 기둥들에 가려져 있어 보이지 않는다. 이 건물의 위쪽 반달형 벽 세 개에는 성모 찬양, 성삼위일체, 하나님의 지혜 성소피

100년 전의 세계 일주

아 성화들이 그려져 있다.[29]

5월 28일 오전 11시, 사절단은 러시아 궁내부 주최 축하 행사에 참석하기 위해서 대례복을 입고 끄레믈린궁에 도착했다. 예관이 순서를 정해 안내하여 들어가니 니꼴라이 2세 부부가 함께 서 있었다. 민영환이 세 번 무릎을 꿇고 앞으로 나아가 경사스러운 예가 순조롭게 이루어져 더할 나위 없이 기쁘다고 말하자, 윤치호가 영어로 통역했다. 니꼴라이 2세는 고맙다고 대답하고 이 경사를 함께 좋아한다는 뜻을 돌아가서 고종에게 아뢰라 했다. 수원과 참서관도 황제 앞에 나아가 모두 세 번 무릎을 꿇고 나왔다.[30]

오후 9시, 사절단은 소례복을 입고 황궁의 환영식에 나갔다. 종척과 문무 여러 관원과 남녀가 모두 들어왔는데 몇천 명인지 알 수 없었다. 니꼴라이 2세 부부가 걸어서 나오고 귀족 남녀들이 쌍쌍이 따라 나왔다. 남자는 황후의 손을 이끌고, 여자는 황제의 손을 이끌고 헌각軒閣(궁전의 문설주) 안을 오가면서 여러 번 돌며 바꾸어 끌고 당겼는데 이는 매우 공경스럽고 영광스러운 일이라 한다. 자정에 공관에 돌아왔다.[31]

5월 29일 오전 10시, 사절단은 빠쉬꼬프, 외무대신 로바노프와 함께 끄레믈린궁으로 가서 조선 국왕이 황제에게 보내는 선물을 제국문서 보관소에 맡겼다. 선물은 자수병풍 2개, 큰 대나무 발 4개, 돗자리 4장, 자개장 1개, 놋쇠 화로 2개 등이었다. 사절단은 오후 4시에서 6시까지 앉아 초상화를 그렸다.[32]

볼쇼이 극장을 방문한 최초의 한국인

1896년 5월 29일 오후 7시, 궁내부의 연극 청첩이 있었다. 오후 7시 30분 윤치호와 김득련만 소례복을 입고 볼쇼이 극장으로 갔다. 민영환은 명성황후의 장례 기간 중이라 공연을 볼 수 없다며 연극 구경을 거절했는데, 명성황후에 대한 최소한의 예의를 지키려고 했던 것이다. 윤치호와 김득련은 오후 8시 공연을 볼 수 있었다. 그들은 볼쇼이 극장에 들어간 최초의 한국인이었던 셈이다. 둥근 지붕의 높이는 7층이었고 매 층의 둘레는 가히 500, 600칸이나 되었다. 매 칸마다 여덟 명이 앉아 모인 사람이 모두 1만여 명에 달했다. 니꼴라이 2세 부부가 나오자 전면에 무대를 설치하고 옛일을 공연하는데 그 내용을 자세히 알 수는 없었지만 김득련과 윤치호는 공연의 내용을 각각 기록했다.

> 혹 혼인하고 시집가는 모양도 있고 혹 전쟁하는 형상도 있었다. 사실적이고 하나도 틀리거나 한 것이 없으니 기이한 구경거리였다.[33] (김득련)

> 둥근 집에 수만 명을 수용할 수 있어
> 황제가 친히 임하여 새벽까지 연극을 즐기네.
> 옛일을 공연하는데 마치 참모습 같아
> 순식간에 변하고 홀리니 다채롭고도 새롭구나.[34] (김득련)

음악은 아주 훌륭했다. 러시아 역사의 한 장면이 나왔다. 그러고 나서 훌륭한 발레가 이어졌다. 발레는 아름답고 우아한 청춘의 향연이었다. 그러나 귀여운 10대 소녀들이 나체에 가까운 모습으로 춤췄다.[35] (윤치호)

김득련과 윤치호는 러시아 오페라에 대한 지식이 부족했기 때문에 자신들이 무엇을 보았는지 알 수 없었다. 두 사람이 본 공연의 제목은 무엇이었을까?

볼쇼이 극장은 그날 공연의 팸플릿을 만들었다. 그날 볼쇼이 극장에서는 글린까M.И. Глинка의 오페라 〈황제를 위한 삶〉이 공연되었다. 러시아 국민음악파를 이끈 글린까는 1835년부터 〈이반 수사닌〉의 작곡을 시작했다. 이 오페라는 〈황제를 위한 삶〉으로 제목을 바꿔서 1836년 11월 27일, 니꼴라이 1세가 참석한 뻬쩨르부르크 볼쇼이 극장Большо́й теа́тр=Ка́менный теа́тр에서 초연되었다. 오페라 〈황제를 위한 삶〉은 1613년에 세워진 로마노프 왕조를 위해서 자신의 목숨을 바친 영웅을 형상화했는데, 이 러시아 영웅은 17세기 초 폴란드의 침략에 맞서 싸운 인물이었다.

또한 이날 볼쇼이 극장에서는 드리고Рикардо Дриго의 발레 〈진주〉도 공연되었다. 드리고는 1886년부터 뻬쩨르부르크 마린스끼 극장Мариинский театр 발레 오케스트라의 지휘자 겸 작곡가로 활동했는데, 차이꼽스끼의 1892년 발레 〈호두까기 인형〉과 1894년 〈백조의 호수〉 발레 상연을 총지휘했다.[36]

5월 30일 오전에 사절단은 페테 포퓰레레Fete Populaire(축제)를 보기 위해 뻬뜨롭스끼 궁전Петровский Дворц 광장으로 갔다. 그 넓은 광

김득련과 윤치호가 오페라를 관람했던 1896년의 볼쇼이 극장

장이 사람들, 마차 바퀴, 말들이 일으키는 먼지로 숨이 막힐 지경이
었다. 그들이 자리 잡은 갤러리에는 큰 행사가 거의 없었지만, 황제
가 다녀간 한 시간 가까이 열광적인 만세 소리가 들려왔다. 그 소리
때문에 남녀 학생들이 황궁 별관 앞에서 부르는 노래를 잘 들을 수가
없었다.[37]

오후 1시에는 궁내부의 청첩이 있어 만민연萬民宴에 갔다. 궁전에
서 북쪽으로 10여 리 떨어진 넓은 들에 새로 지은 여러 층의 누각이
있었다. 황제와 황후가 행차했다. 좌우에 날개집이 있어 의자를 설치
하였는데 좌석이 수십 층으로 가히 1만 명은 수용할 수 있는 규모였
다. 넓은 들판에 모인 남녀가 몇만 명인지 알 수 없었다. 거리가 멀어
서 자세히 볼 수 없었지만 포를 쏘고 악기를 연주하면서 사방에서 연

100년 전의 세계 일주

극을 했다. 대관례 의식 절차 책 한 권(대관식 프로그램 유인물 1장)과 떡 한 덩어리(케이크 1조각), 고기 한 덩어리(큰 소시지 1개) 등을 접시에 가득 담아 그림이 그려진 보자기에 싸서 준비된 40만 개를 모두에게 나누어 주었다.[38]

넓은 들판에 높은 누각을 세우고
황제와 황후가 수레를 타고 왔네.
사방에 사람들이 바다같이 모여
기뻐하는 소리가 천둥같이 뒤흔드는구나.
저마다 선물을 받아 드니
떡과 고기에다 술도 몇 잔씩일세.
황실에서 대관식을 경하하느라고
오늘 이 잔치를 열었으니,
종소리와 북소리가 천지에 떠들썩하고
광대들은 몇 차례나 연극을 공연하네.
진시황의 큰 잔치 이야기야 예전에 들었지만
서방에 와서 비로소 보는구나.[39] (김득련)

이날 공연된 오페라 〈루슬란과 류드밀라〉는 글린까가 작곡한 러시아 국민 오페라로 1842년 뻬쩨르부르크 볼쇼이 극장에서 초연되었다. 10세기 블라지미르 대공이 다스리던 고대국가 끼예프 공국을 배경으로 하여 대공의 셋째 딸 류드밀라가 결혼 첫날밤에 난쟁이 마법사에게 납치되자 그녀를 찾아 험난한 여정에 오르는 신랑 루슬란의 모험담이 주된 줄거리이다.[40] 뿌쉬낀이 쓴 동명의 시를 기초로 만든 작품이며, 신명 나는 서곡은 지금까지 수없이 연주되어온 명성 높은 곡이다.

한편 이날 윤치호는 군중들이 니꼴라이 2세의 선물을 받으려다 발생한 참사를 기록으로 남겼다.

"오늘 아침 군중들은 나누어 주기로 예정된 시간 이전에 선물 꾸러미가 보관되어 있는 작은 상점으로 갔다. 군중들이 아우성치며 선물 꾸러미로 달려들었다. 이 혼란으로 1,000명 이상이 사망했다. 이 사실을 파악한 황제는 가족을 잃은 가정마다 1,000루블을 보상하라고 명령했다."[41]

그런데 축제 날에 발생한 이 참사는 니꼴라이 2세의 미래에 대한 불길한 징조라는 소문이 났다.

귀족원 무도회와 러시아군 관병식

1896년 5월 31일, 민영환은 오후 2시 재무대신 비테의 방문을 받았다. 비테는 모스크바에서 1,200리 되는 곳에서 10여 일 후에 러시아에서 만든 각종 물산의 박람회가 열린다고 알려주었지만 민영환은 모스크바대관식 이후 곧바로 뻬쩨르부르크로 가야 하므로 여유가 없다고 사양했다. 그만큼 민영환에게는 러시아와의 협상이 다급했다.

민영환과 김득련은 31일 오후 4시 쁠란손과 함께 회화 박물관인 뜨레찌야꼽스까야 갤러리Третьяковская Галерея에 갔다. 그곳에는 각국 명화 수만 장이 벽에 걸려 있었다. 모든 유화가 실물처럼 살아 움

1896년 5월 31일 민영환과 김득련이 방문한 뜨레찌야꼽스까야 갤러리

직이는 것 같아 사람들이 기이하다고 경탄했다.[42]

뜨레찌야꼽스까야 갤러리는 1856년에 모스크바 미술 박물관으로 설립되어 1892년 모스크바시로 소유권이 이전되었고 1918년 국립 미술관이 되었다. 러시아 상인 뜨레찌야꼬프П.М. Третьяков는 예술가들을 후원하면서 수집한 작품 약 2,000점을 국가에 기증했다. 이 미술관은 12~17세기 고대 전시관, 18세기 전시관, 19세기 전시관, 20세기 초반 전시관 등으로 구성되었다. 그리스정교 이콘Икона, 러시아 사실주의 및 인상주의 화가들이 그린 러시아 그림의 정수를 볼 수 있는 곳이었다. 19세기 전시관에는 러시아뿐만 아니라 유럽에 널리 알려진 화가 레삔И.Е. Репин, 풍경화가 레비딴И.И. Левитан, 인물화가 세로프В.А. Серов 등의 그림이 다수 전시되었다.[43] 그중 세로프는 〈모스크바대관식〉뿐만 아니라 〈니꼴라이 2세의 초상화〉를 남겼다. 세로프

는 인간의 이면을 주시하며 그 영혼을 훔쳐서 인물의 얼굴에 표현하는 화가였다.

6월 2일, 사절단은 오후 8시 귀족원 무도회에 참석했다. 똘스또이는『전쟁과 평화』에서 무도회장을 다음과 같이 묘사했다.

현관으로 들어가서 모피 코트를 벗고, 환하게 밝혀진 계단의 꽃 사이를 걸어 들어가면 무도복을 입은 손님들이 나직한 목소리로 이야기를 주고받았다. 계단을 따라 걸려 있는 거울은 흰색, 옅은 청색, 드레스를 입고 노출된 팔이나 목에 다이아몬드나 진주를 단 여성들을 비추고 있었다. 모든 것이 하나의 빛나는 행렬이 되어 뒤섞이고 있었다. 맨 먼저 홀에 들어서려고 했을 때, 말소리와 발소리, 인사말이 부드러운 웅성거림이 되어 귀가 멍할 정도로 울렸다. 빛과 반짝임이 더욱더 강하게 눈을 부시게 했다.[44]

무도회에는 니꼴라이 2세 부부도 참석했다. 참석한 인원이 수천 명인데 남녀가 서로 손을 잡고 황제가 앉아 있는 앞에서 춤을 추니 사람들이 매우 즐거워 열광했다.[45]

김득련은 무도회에 참석한 귀족 여성의 모습과 행동을 섬세하게 관찰했다. 서양 풍속이 예부터 여인을 존중하여 귀한 손님과 마주 앉는 것도 꺼리지 않았다. 입맞춤과 악수에 정이 더욱 돈독해지고 술 시키고 차를 품평하며 이야기가 끊이지 않았다.

버들처럼 가는 허리에 옥 같은 살결 / 연지곤지 찍지 않고 눈

썹 그리지 않아도 / 천연스런 고운 자태 저마다 지녔으니 / 어
여쁘고 가녀려서 가누기도 어렵겠구나. / 〈중략〉 / 팔 걷고 가슴
드러낸 것이 최고의 예법이라 / 때로는 명을 받고 황궁에 들어
가네. / 나비처럼 사뿐히 다투어 춤을 추니 / 땅에 끌리는 긴 치
마에 수놓은 꽃 가득하구나.[46]

6월 4일, 사절단은 오후 6시 궁내부 청첩으로 황궁의 무도회에 참
석했다. 행사장과 의식, 절차가 지난 28일의 행사와 비슷했다. 귀족
남녀가 춤추고 즐기는데 술과 차, 과일과 사탕을 여러 곳에 벌여놓아
많은 사람이 마음껏 마시고 먹기에 편했다.[47]
　한편 김득련과 윤치호는 화려함과 순수함 사이를 오가는 러시아
귀족 여인과 일반 여인을 포착했다.

머리에는 진주 장식 얼굴에는 너울을 쓰고
쌍두마차에 부축해 태워 드리네.
낭군과 손잡고 도란도란 말하며
온종일 공원에서 여기저기 꽃구경하네.

온갖 교태 머금고 갖은 아양 부리며
석양에 느릿느릿 채색 다리를 건너가네.
동무들 불러서 공원 속으로 들어가
온갖 꽃 깊은 곳에 풍류소리 듣네.[48] (김득련)

모스크바의 일반 계층 여성들은 머리에 손수건이나 숄을 착

용하고 있다. 흰 비단 손수건의 멋은, 특히 꼭 묶어 쓴 사람의 아름다움을 한껏 더해주고 있다.[49] (윤치호)

6월 5일, 장례원의 고등관이 알렉산드르 3세Александр III의 부인 황태후 마리야 표도로브나Мария Фёдоровна의 칙서를 받들고 각국 사신들에게 폐하를 알현하라고 요청했다. 이에 사절단은 대례복을 입고 11시에 궁에 들어가 예관의 안내를 받았다. 황태후 곁에는 시종하는 신하가 한 사람 있었다. 민영환은 세 번 무릎을 꿇고 앞으로 나갔다. 김도일이 러시아어로 통역했다. 민영환은 황제의 대관식 경축 예식이 순조롭게 이뤄져서 기쁘기가 더할 바 없다 하고 이어서 알렉산드르 3세의 사망을 위로했다. 황태후는 슬픔을 머금고 감사하다고 대답했다.[50]

6월 6일, 블라디보스톡 관찰사 운떼르베르게르와 연흑룡강 총독 두홉스꼬이가 민영환을 찾아왔다. 두 사람은 조만간 돌아간다고 전했다.[51] (두 사람은 나중에 시베리아에서 사절단과 다시 재회의 기쁨을 나누게 된다.) 윤치호는 오후 8시 쉬떼인과 함께 뻬뜨롭스끼 공원으로 차를 타고 가서 12시에 숙소로 돌아왔다. 공원은 나무가 울창하고 땅이 넓은 곳이었다. 2시간 정도 공원에서 보냈는데 음악, 체조, 오페라, 노래 등 볼거리가 많았다.[52]

6월 7일, 사절단은 10시 알렉산드롭스끼 궁전 앞의 넓은 들에서 진행된 관병식觀兵式에 참석했는데 그 군대의 모습이 정숙하고 가지런했다. 똘스또이는 『전쟁과 평화』에서 관병식에 참가한 군인들의 모습을 다음과 같이 묘사했다.

화려하게 차려입고 굵은 허리와 가는 허리를 힘껏 잡아맨, 빨개진 목을 옷깃으로 받치고 가득히 훈장을 단 장군들뿐 아니라, 포마드를 발라 빗어 넘긴 단정한 머리에 정성껏 몸치장을 한 장교들, 또 깨끗이 씻고 면도한 뒤 그 이상 빛날 수 없을 정도로 장신구를 닦아서 단 여러 병사와, 꼼꼼하게 손질하여 털이 공단처럼 반짝이고 젖은 갈기가 하나하나 가지런히 늘어진 듯이 갖추어진 말에 이르기까지, 모든 것이 어딘지 모르게 예사롭지 않은, 뜻이 있는 장엄한 행사가 이루어지려 하고 있다는 것을 느끼게 하였다. 장교도 병사도, 이 속에서 자기가 한 알의 모래에 지나지 않는다고 의식하면서 자신의 무력함을 느끼면서도, 동시에 자기는 이 거대한 전체의 일부라고 생각하고 자신의 든든함을 느끼고 있었다.[53]

기병과 보병이 진을 이루어 도열해 서 있고 황제는 말을 타고 고삐를 잡고 황후는 마차를 탔다. 황후가 장막 안으로 들어갈 때 황제는 말을 타고 대臺 앞에 서 있고, 기병과 보병이 차례대로 행진했다. 군악을 울리자 황제가 손을 들어 예를 표하고 대장隊長은 칼을 쥐고 지나갔다. 러시아 황제의 경축 예식 의전 절차는 이로써 모두 끝난 것이었다. 황제는 여기서 50리 거리인 모스크바주 끄라스나고르스크 Красногорск시 아르한겔스꼬예Арха́нгельское 정원에 있는 황제의 작은 아버지 세르게이 경의 집[54]에서 보름 동안 머물다가 뻬쩨르부르크로 향할 예정이었다.

김득련은 관병식을 보면서 러시아 군대의 훈련이 강력하고 운영이 엄격하다고 생각하면서 조선 군대의 부족함을 안타까워했다. 김득련은 러시아가 국방력을 강화하기 위해서 신무기와 병기 개발에 힘을 쏟고 있다고 판단했다.

> 말 멈추고 사열대 앞에서 손들어 경례하자 / 군악대가 차례로 군가를 연주하네. / 보병대가 앞에 서고 공병대는 뒤에 서서 / 일시에 고개 돌려 우러러 바라보네. / 건위대와 친위 기병 더욱 용맹스러워 / 황금빛 투구 위에 매 깃털 나부끼고, / 복장이 저마다 말 빛깔과 같으니 / 청백흑적 방위 따라 안배했네. / 이 나라 병력이 유럽에서 으뜸이라 / 땅을 널리 개척하여 태평성세를 이루었네. / 〈중략〉 / 슬프다. 우리 군대 이야긴 어디 가서 들을 수 있나. / 다만 눈으로 본 것을 기록에 올릴 뿐이네. / 술기운이 거나해지자 기백은 더욱 호탕해지건만 / 칼 짚고 하늘 보며 부질없이 한숨만 쉬네.[55]

1896년 6월 7일은 사절단이 모스크바에서 보내는 마지막 날이었다. 그들은 밤 11시 석양을 바라보며 19일 동안의 여정을 마무리했다. 윤치호는 모스크바와 러시아인의 특징을 기록했다.

"모스크바는 문과 돔이 가득한 도시다. 평민을 빼고는 모든 남자와 여자 그리고 나이에 관계없이 모든 사람이 거리에서 청국 사람들처럼 호박씨를 먹는다. 작은 장난감이나 과일 파는 사람들이 물건을 이고 길거리를 다니면서 물건을 사라고 큰 소리를 지른다."[56]

사치와 환락의 도시 모스크바는 황실과 귀족의 세상이었다.

유럽의 창문, 뻬쩨르부르크

1896년 6월 8일, 조선사절단은 오전 6시에 일어났다. 8시 반 일반 승객 열차에 딸린 특별 차량으로 모스크바를 떠났다. 윤치호는 모스크바에서 뻬쩨르부르크로 가는 기차 안에서 창밖의 풍경을 보았다. 길 양쪽으로 빼곡히 들어선 나무, 넓고 아름다운 색을 띤 숲이 오래된 유럽 나라보다는 신생 미국에서 여행하는 것 같은 느낌을 주었다. 아주 더웠지만 숲과 잘 다듬은 잔디가 먼지를 빨아들이고 있었다. 역들이 깨끗했다. 다리들은 군인들이 경비하고 있었는데 대관식 때문이라고 했다.

사절단은 12시 45분 뻬쩨르부르크에 도착했다. 자정을 넘긴 시간이었지만 전혀 어둡지 않았다. 책을 읽을 수 있을 정도로 밝은 뻬쩨르부르크의 백야 때문이었다. 윤치호에게 뻬쩨르부르크는 무척 새로웠다. 사람들이 빛에 대한 감각만으로 생활한다면 아무도 여기서는 여름에 잠을 자러 가지 않을 것 같았다.

사절단은 월세로 150루블을 주고 빌린 쉬떼인 어머니의 집으로 곧장 갔다. 사절단이 빌린 집은 방이 부족해서 윤치호, 김득련, 김도일은 한 방을 써야 했다.[57] 쉬떼인의 동생 모제스트가 마차를 준비하여 정거장에서 기다렸다 집까지 안내했다. 집 안은 비록 탁 트인 구조는 아니었으나 배치가 가지런했다. 빌린 집에 새로 주방을 만들고 남녀 사환 각 1명, 문지기 1명, 주방장 1명을 고용했다.[58] 다음 날 윤치호는 아침 8시에 일어났는데 "숙소는 주요 도로 옆에 있어서 온갖 종류의 차량들이 만들어내는 소음으로 신경이 거슬린다."라고 기록했다.[59]

조선사절단이 묵었던 그 숙소의 위치는 정확히 어디일까? 김득련은 "머물고 있는 건물은 큰길가에 있어 지나는 사람이 밤낮으로 끊이지 않는다. 옆에는 예배당이 있다."라고 기록했다.[60] 7월 3일, 윤치호는 저녁 식사 뒤 쉬떼인과 한참 동안 산책을 하고 "그 웅장한 넵스끼 대로의 양쪽 길은 사람들로 붐볐다."라고 기록했다.[61]

일단 차량이 다니고 대로에 위치한 '가빈네스끼가街 제4호'는 뒤의 발음이 비슷한 '넵스끼 거리 4번지Невский проспект'로 추정할 수 있다. 그럼에도 '가빈네스끼'라는 명칭을 무시할 수 없다. 뻬쩨르부르크에는 1822년부터 1921년까지 까빈네스키Кабинетский 거리가 있었다. 그 거리는 도로 옆에 있어서 차량의 소음이 들리는 곳이다. 따라서 명칭, 소음, 위치 등을 고려하면 조선사절단이 거주한 숙소는 바로 까빈네스키Кабинетский 거리 4번지Улица Кабинетская 4였다.

6월 9일, 김득련은 뻬쩨르부르크의 개황을 기록했다. 뻬쩨르부르크는 사방이 100여 리에 인구는 100여만 명이었다. 가로의 시장과 집, 누옥이 장대했다. 네바강이 온 도시를 껴안고 있었다. '겨울 궁전'이 강가에 인접해 있고, 각 정부 부처와 학교가 좌우에 열을 지어 있었다. 북쪽 지방이라서 나무가 많고 석탄이 적었다. 서양에 있는 대다수 길이 석회를 깔아서 평탄한데 이곳에는 나무를 조밀하게 깔아 포장하고 돌을 깐 곳도 많았다. 집 안의 마루나 대청은 나무를 깔아 무늬를 만들어, 다른 나라에서 담요를 깐 것과는 달랐다.[62]

윤치호도 뻬쩨르부르크의 전경을 살펴보면서 러시아에서 가장 부러운 것이 풍부한 목재라고 기록했다. 거리들은 넓고 깨끗하며 러시아 자갈로 포장되었다. 주도로는 양쪽에 인도가 있는데, 그 가운

뻬쩨르부르크 중심을 흐르는 네바강

데 몇 개는 다른 도시의 주도로만큼이나 넓었다. 나무로 길을 포장하는 것이 이곳의 유행인 듯했다. 이 도시에는 몇 마일이나 되는 넓은 거리에 나무로 포장된 도로가 있었다. 뻬쩨르부르크 가운데를 흘러가는 네바Heва강은 도시를 본토와 섬으로 나눠놓고 있었다. 4개의 다리가 본토와 섬들을 연결하고 있었다. 니꼴라이교가 가장 정교한데 8개의 철골조로 된 아치가 있었다. 3개의 반원형 운하가 도시의 가장 아름다운 지역을 감싸 안으면서 양쪽을 갈라놓고 있었다. 뽄딴까Фонтанка 운하가 가장 컸다. 이 모두를 넘어서서 대도시의 가장 번화한 지역 뒤에 위치한 옵보드늬이Обводный 운하가 도시를 가로질렀다. 겨울 궁전과 해군성은 네바강의 왼쪽 강둑에서 가장 웅장하고 화려한 건물이었다.[63] 핀란드만이 만조일 때 바닷물이 역류하여 시내가 넘쳐 시내 일대가 수상 도시처럼 되기도 한다. 이런 강물을 분산시키기 위해 넓은 운하를 파서 종횡으로 시내를 관통하게 하고, 그 운하의 양쪽 하천가에 넓은 도로를 닦아 시가지를 연결했다. 종횡으로 운하를 파고 곳곳에 공간을 만들어 식물을 심은 풍경은 네덜란드를 방불케 한다.[64]

라도쉬스꼬예 호수Ладожское озеро에서 발원하는 네바강은 뻬쩨르부르크까지 74킬로미터의 거리를 달려와 바실리엡스끼Васильевский 섬의 삼각주를 사이에 두고 작은 네바와 큰 네바로 갈라져 발트해의 핀란드만에 이른다. 네바강은 고대 끼예프 루시 시대에도 비잔틴에 이르는 뱃길의 일부로 북부 유럽과 비잔틴 사이의 길고 긴 수상 무역로였다. 섬과 섬을 연결시켜 건설된 뻬쩨르부르크는 핀란드만을 통하는 뱃길로 '유럽의 창문'이었다.[65]

김득련은 네바강의 만조晚眺를 바라본 감상을 남겼다.

> 푸른 나무가 겹겹으로 줄지어 섰고
> 양쪽 강가 누대樓臺에는 시원한 기운 서렸네.
> 비낀 햇살 한 줄기가 길게 뻗어 비추니
> 집집마다 유리창이 등불 켠 듯하구나.[66]

6월 10일, 조선사절단은 뻬쩨르부르크에 도착해서 쉬떼인의 집 옥상에 국기를 걸었다. 그리고 오후 2시 마차를 타고 네바강 변에 갔다.[67] 그들은 뾰뜨르 대제Пётр I Великий의 기마 동상과 초가집을 방문했다. 김득련은 뾰뜨르 대제의 인물 정보를 기록했다. 뾰뜨르 대제는 1672년에 태어나 25세에 즉위했는데 당시 러시아는 아직 개화되지 않았고 혼란스러웠다. 그는 초라한 복장으로 유럽 여러 나라를 돌아다니면서 여러 가지 학문의 이치를 배웠다. 몰래 선창에 들어가 스스로 목수라 칭하고 조선술과 항해술을 습득했고, 영국에 가서는 정치를 공부하고 돌아왔다. 그는 뻬쩨르부르크를 부지로 선택해 토지를 개간하여 궁전을 새로 짓고 포대를 조성하여 드디어 수도를 세웠고 스웨덴과 싸워서 핀란드 및 라트비아 각지를 얻었다.

김득련은 네바강을 바라보는 뾰뜨르 대제의 기마 동상에서 눈을 뗄 수 없었다. 언덕 위에 큰 돌 한 덩어리가 있는데 높이는 한 길(3미터)이 넘고 둘레는 두 길이 되었다. 돌로 만든 받침 위에 구리로 주조하여 만든 기마상이었는데, 뾰뜨르 대제가 왼손으로 고삐를 잡고 오른손으로 북쪽을 가리키고 말은 머리를 치켜들고 발굽을 펴서 달리는 모습이었다.[68]

민영환은 뾰뜨르 대제가 수로를 개척할 때 살던 집을 방문하고 '검약한 영주'라며 검소함에 감탄했다.

"간살[間架] 막은 것이 무릎을 용납하기에 지나지 않고 집 모양도 작으며 기와는 모두가 나무껍질이니 다스리는 일이 나라를 이롭게 하는 데는 능하고 집 치장하는 데는 모자랐다."[69]

김득련도 그의 검소함을 한시로 남겼다.

뾰뜨르 대제는 중흥하고 창업한 공이 높아서
예전 살던 초가집을 지금도 보존하네.
수도를 세울 당시에 힘쓰며 고생해
검소하고 절약함으로 후손에게 모범을 보였네.[70]

낭만주의 러시아 시인 뿌쉬낀은 1833년 10월 「청동 기마상」이라는 서사시를 집필했다. 그 내용은 이렇다.

가난한 하급 관리 예브게니는 약혼녀와의 행복한 결혼을 꿈꾸던 중 1824년 11월 뻬쩨르부르크를 덮친 대홍수로 인해 약혼녀를 잃어버렸다. 그는 광인이 되어 도시를 방황하다가 의회 광장에 있던 뾰뜨르 대제의 동상을 보고 위험한 강가에 도시를 세운 이 절대군주야말로 자신을 파멸시킨 장본인이라는 생각에 동상을 향해 주먹질을 했다. 이 사소한 반역 행위에 '청동 기마상'은 분노하여 가엾은 광인의 뒤를 쫓아왔다.

이 단순한 서사시는 국가 대 개인이라는 중요한 대립적 주제를 표현한 것이었다. 뻬쩨르부르크는 운하와 정원으로 '유럽을 향한 창문'이라 불릴 만큼 아름답게 만들어졌지만 수많은 노동자의 열악한 작업 조건과 가혹한 착취로 건설되었다. 네바강의 범람을 막지 못한 뾰뜨르 대제도, 그의 동상도 '신의 뜻' 앞에서는 무력할 뿐이었다. 하느님의 의지 없이는 인간의 머리에서 머리카락 하나 떨어지지 않는다.

뿌쉬낀은 '청동 기마상'의 주변을 묘사했다.

너를 사랑한다. 뾰뜨르의 창조물이여.

나는 사랑한다. 너의 엄숙하고 정연한 모습을.

네바강의 힘찬 흐름을.

강변의 화강암 둑을.

고운 문양 새겨진 철책을.

생각에 잠긴 밤들의

투명한 어둠을. 백야의 섬광을.[71]

뾰뜨르 대제의 기마 동상

여름 궁전 예까떼리나

1896년 6월 11일, 조선사절단은 생물원을 방문했다. 지나는 길에 화원에 들어갔는데 둘레는 가히 4, 5리나 되었다. 아름다운 나무들이 빽빽하게 들어서 바닥에 그늘을 드리웠고, 군데군데 핀 들꽃에서는 그윽한 향기가 났다. 수백 칸의 집 위에는 유리를 깔아 햇빛을 받았고, 아래서는 나무와 연탄을 때어 따뜻한 기운을 냈다. 여러 모양의 화초를 벌여놓고 물을 주어 기르는 모습이 마치 향기가 넘치는 성城에 온 듯했다.[72] 김득련은 그곳의 아름다움을 시로 표현했다.

> 유리로 만든 집이 백 칸도 넘어
> 온갖 나무 이름난 꽃에다 이름표를 달았네.
> 물 주어 기르기에 기온이 알맞으니
> 사시사철 끊임없이 봄볕이 내리쬐네.[73]

6월 12일, 윤치호는 손희영과 함께 성이삭 성당Исаакиевский собор에 갔다. 그 성당은 알렉산드롭스끼 정원Алексадровсий сад을 마주 보고 있는 해군성 건물 왼쪽에 있었다. 그들은 관리인에게 1루블을 지불하고 500계단을 올라가 건물 꼭대기에 섰다. 도시 위 330피트 높이에서 본 전망은 실로 장관이었다. 주택, 넓은 도로, 돔 장식, 강, 공원, 운하, 섬 들이 멀리 넓게 펼쳐져 있었고 노랑, 녹색, 빨강, 파랑, 흰색이 어우러져 눈부신 광경을 연출했다.[74]

6월 14일, 조선사절단은 뻬쩨르부르크의 '여름 궁전'인 예까떼리나 궁전을 방문했다. 먼저 오후 3시 15분 민영환, 윤치호, 김득련은 열차를 타고 30분 만에 예까떼리나 궁전Eкатерининский дворец이 있는 '황제의 마을' 짜르스꼬예 셀로Царское Село에 도착했다. 쁠란손이 역에 마중 나와 그의 집으로 안내했다.

예까떼리나 궁전은 예까떼리나 2세가 여름철 대부분을 보내 '여름 궁전'이라고도 불린다. 궁전 내부의 각 방은 '연두색방' 또는 '베갯방'과 같이 그 방을 채우고 있는 색깔이나 물건에 따라 달리 불렸다. 중국방은 중국의 그림으로 벽이 장식되었다. 가장 비싼 방은 호박실이었다. 진귀한 그림이 새겨진 값비싼 물건이 수없이 많았다. 알렉산드르 1세가 사용한 침대와 가구는 단출한 매력이 있었다. 웅장한 규모의 공원은 잘 가꿔져 있었는데 훌륭한 가로수, 아름다운 산책로, 은근히 버려둔 듯한 풀밭, 고상한 나무 들이 있었다. 황제의 마을은 러시아 황제가 여름에 즐겨 찾는 휴양지로 약 1,200명의 주민이 살고 있었다. 마을에는 폭이 넓고 깨끗한 거리, 전등, 그늘을 드리우는 나무들이 수없이 많았다.[75]

김득련은 궁전 거리의 연못과 수풀이 매우 깨끗하고 그윽하다며 감탄했다. 그의 시선은 그곳 건물과 밀화密畫에 오래 머물렀다. 밀화로 사방의 벽을 조각하여 장식하고 여러 가지 기묘한 무늬의 돌을 깎아 끼운 집들이 많았다.[76] 김득련은 이곳을 황촌皇村이라고 부르며 한시를 남겼다.

> 황제의 정원 여기저기에 이궁이 있는데
> 수없이 많은 문들로 차례차례 이어졌네.
> 그림 그려진 대리석 기둥에 밀화로 채운 벽

역대 황제의 초상이 그 가운데 걸려 있구나.[77]

조선사절단은 뺄란손의 집에서 저녁을 먹었다. 뺄란손의 아내는 자그맣고 귀여운 여성이었고, 프랑스어를 할 줄 아는 8세와 6세의 두 아들이 함께 있었다. 그들은 넉넉하고 정갈한 음식을 함께 나눈 뒤 오후 10시에 기차를 타고 숙소에 돌아왔다.[78]

6월 24일 오후 7시, 외무부 외교관 그루쉐쯔끼Грушецкий가 와서 인사했다. 그루쉐쯔끼는 주한 러시아공사관 서기관으로 4년가량 근무했기 때문에 조선 풍속을 잘 알고 있었다.[79] 민영환은 재회의 반가움에 그와 오랫동안 이야기를 나눴다. 그루쉐쯔끼는 주한 러시아공사관 서기관을 마치고 오스트리아 주재 영사로 근무하다가 외무부로 돌아온 상태였다. 민영환은 숙소에서 그루쉐쯔끼와 저녁을 먹고 함께 공원까지 산보를 했다. 네바강을 따라 십여 리쯤 가니 한 레스토랑이 있었다. 강변에 2층 건물이 있고 뜰에 음식 탁자를 마련해놓았는데 아름다운 나무와 여러 가지 꽃의 향기가 정신을 황홀하게 만들었다.[80]

6월 25일, 윤치호는 조선사절단의 단조로운 하루 일과를 적었다. 오전 9시 또는 10시에 기상. 10시나 11시에 차 한 잔. 오후 12시 30분에서 1시 사이 점심. 오후 4시에 우유 마시기. 오후 6시에 저녁. 8시에서 11시 사이에 공원으로 마차를 타고 가기. 12시에서 1시 사이에 잠자리에 들기.[81]

6월 26일, 조선사절단은 삼림학교를 방문했다. 이날 사절단은 조선으로 돌아가는 노선에 대해서 고민했다. 쉬뼤인은 민영환에게 홍해를 거쳐서 가는 남쪽 노선이 너무 덥고 태풍에 노출되기 때문에 위험할 수 있으므로 시베리아를 거쳐 가는 길이 훨씬 낫다고 제안했다. 이에 민영환은 금은 광산, 시베리아 철도, 모피 무역, 러시아 지배 아래 있는 유럽과 아시아 민족의 생활상, 러시아와 청국 사이의 변화된 상황을 볼 수 있을 것이라고 말했다.[82]

'넵스끼 대로'의 상점가는 도로 양측으로 커다란 상점들이 늘어서 있고, 널찍한 거리는 사람과 마차로 번잡하고 많은 상품이 진열되어 있었다. 시내에서 가장 번화한 곳이었다.[83]

6월 28일, 윤치호는 넵스끼 대로의 전차를 관찰했다. 이곳 전차는 매우 어설프게 운행되었는데, 넵스끼 대로에 찻길이 하나라 전차는 한 방향으로 달렸다. 3시부터 12시까지 모든 전차가 사람들로 꽉 찼다. 전차가 승객을 실어 나르면, 사람들은 차례차례 내렸다.[84] 김득련도 전차에 대한 한시를 남겼다.

> 종횡으로 얽힌 철로가 큰길에 펼쳐져
> 우레 소리 붉은 바퀴가 선로 위를 달리네.
> 전차에는 손님이 30명이나 탈 수 있어
> 높다란 집들이 바람처럼 스쳐가네.[85]

윤치호는 이날 담배 피우는 여성도 관찰했다.
"이곳에서 여성은 껌을 씹지 않고 남성은 담배를 피우지 않는다. 나는 오늘 담배를 피우는 멋진 여성 2명을 보았다. 하나는 농장에서, 다른 하나는 차에서 말이다. 담배는 예쁜 여성을 더 우아하게 보이게 한다."

이날 오후 5시 30분 사절단은 기분 전환을 위해서 빠블롭스끼 공원에 갔는데, 거기서 비프스테이크, 우유, 커피 등을 먹었다.[86]

6월 29일, 사절단은 농업 박물관에 갔다. 각종 곡식의 종자와 꽃, 과일, 채소, 삼, 무명, 비단 등을 전시했다. 연못을 파고 물레방아를 설치하여 기다란 물이 쉬지 않고 흘렀다. 어란魚卵을 유리 상자에 넣어 물이 그 아래로 흘러 물고기가 되기를 기다려 연못 안에서 길러 강으로 방사한다.[87] 이날 윤치호는 교도소와 병원을 포함해서 뻬쩨르부르크에 있는 모든 공공시설을 방문하자고 민영환에게 제안했다.[88] 러시아와 협상이 지지부진하자 사절단은 현장 답사를 통해서 견문을 최대한 넓히려고 노력했다.

뻬쩨르부르크 일상 체험

1896년 7월 2일에 민영환은 러시아 정부 관료를 만나 면담하고 손탁 여사의 동생 집을 방문했다. 먼저 오후 1시에 법부대신 무라비요프Н.В. Муравьёв, 학부대신 제랴노프И.Д. Делянов, 교통부대신 힐꼬프М.И. Хилков를 방문했다. 오후 4시에는 주한 러시아공사 베베르의 처남 마아크К.Р. Маак가 자기 집에서 만찬을 하자고 초청했는데 그의 부인이 주한 러시아공사관에 거주하는 손탁[花草夫人](러시아 이름 마리야 예고로브나)의 동생이었다. 접대가 매우 친절하고 술과 안주가 정결해서 즐겁게 놀다가 돌아왔다.[89]

7월 3일 오후, 사절단은 재판소와 감옥을 시찰했다.[90] 당시 감옥에는 508명의 죄수들이 수용되어 있었는데, 그중 147명이 정치범이었다. 감방에는 침대 하나, 세면대, 탁자, 선반, 컵 한 개, 성경 사본 하나가 있었다. 사할린섬으로 보내지는 죄수들은 수형 기간이 10년이 넘는 사람들이었다.[91]

7월 4일, 뻬쩨르부르크에는 모스크바에서 온 황제를 환영하느라 거리에 온통 빨강, 하양, 파랑 깃발이 나부꼈다. 이날 윤치호는 9시 반 뻬쩨르부르크대학 총장실의 직원 뽀즈드네에프Позднеев가 숙소로 찾아와서 만났다. 그의 동생 알렉세이A.M. Позднеев는 뻬쩨르부르크대학교 몽골어학과 학과장이었다.[92] 그는 윤치호가 뻬쩨르부르크에서 체류하는 문제로 고민하는 것을 파악하고 매년 1,000루블을 받으며 대학에서 조선어를 가르치면서 러시아의 제도를 익히는 것이 어떻겠냐고 제안했다. 윤치호는 구속당하고 싶지 않다며 정중히 거절했다.[93] 그 후 7월 17일 윤치호는 학부대신 제랴노프로부터 조선어 강사 제안에 관한 서신까지 받았다.[94]

이날 민영환은 오후 7시 네바강을 건너 끄레스똡스끼Крестовский섬을 두루 구경했다. 민영환은 마아크(베베르의 처남) 일행을 만나 걸어서 강에 인접한 술집을 찾아갔는데 해군 제독이 임시로 머무는 집이었다. 양측 언덕의 숲과 나무가 푸르고 울창한 데다 누각과 집이 크고 넓었다. 전망대에 대포를 놓아 엄숙하기가 마치 하나의 병영 같았다. 서쪽 바다 문을 통하여 가히 멀리 볼 수 있으니 아름다운 곳이었다. 술을 마시고 즐겁게 이야기하다가 자정에 숙소로 돌아왔다.[96]

7월 5일 오후 2시, 민영환은 교통부대신 힐꼬프가 찾아와서 만났고, 3시 외무대신 로바노프를 방문했다. 러시아 외무부 건물은 '겨울 궁전' 맞은편에 있었다. 겨울 궁전 앞에는 흰 돌로 쌓은 반원형의 높은 건물이 있고 중앙에 큰 아치가 걸려 있었다. 그 앞에는 아름답게 돌을 깐 광장이 있었고 광장 주위는 모두 건물로 둘러싸여 있었다.[96] 그 건물 뒤쪽에 외무부 건물이 있었다. 사절단은 오후 4시 기차를 타고 뻬쩨르고프로 가서 쁠란손 부부를 방문하고 함께 공원으로 이동하여 타르타틱Tartatic 식당에서 멋진 저녁을 먹었다. 일행은 비 내린 뒤의 맑은 경관에 감탄하며 오후 10시 숙소로 돌아왔다.[97]

7월 6일, 그들은 프랑스 음식을 먹었는데, 김득련은 프랑스 음식의 맛이 깔끔하고 호사스럽다고 생각했다. 옆 테이블에 앉은 사람들은 이탈리아인과 러시아인의 특징에 대해서 이야기했는데, 이탈리아 사람은 노래하지 못하는 곡이 없고 러시아인은 탐하지 않는 것이 없다고 했다.[98]

7월 7일은 러시아 황제 니꼴라이 1세의 탄생 100주년 기념일이었다. 명절이라 시가지에 깃발을 달아 축하했다. 오후 2시 학부대신 제랴노프의 요청으로 기술학교에 갔다. 엔진실과 작업실 등을 둘러보았다. 민영환은 설비한 기계를 자세히 살펴보았는데 석탄을 태워 물이 끓고 큰 바퀴가 겨우 움직이면 천 개, 백 개의 작은 바퀴가 아울러 그 밑에서 돌아가는 광경이 그저 신기할 따름이었다.[99]

7월 9일, 사절단은 재무부 관리의 안내로 제지 공장, 화폐 공장, 직조 공장 등을 방문했다. 오후 4시 주러 영국대사 오코너N.R. O'conner를 방문했다. 8시에 윤치호는 쉬떼인과 인근으로 산책을 나가서 맥주를 마셨고, 마아크를 만나 새벽 2시에 숙소로 돌아왔다.[100]

김득련은 한학자라 제지 공장에서 종이를 만드는 모습에 관심이 많았다. 증기로 쪄낸 패물敗物에 열기가 후끈하더니 잠깐 사이에 갈려서 흰 반죽이 되었다. 채에 펼치자 다양한 종이로 만들어졌다.[101]

7월 10일, 사절단은 오후 1시 외무대신 로바노프를 면담했다. 오후 7시 마차를 타고 네바강을 건너 산책하면서 더위를 쫓았다. 그리고 요기를 하기 위해 한 레스토랑에 들어갔다. 얼음 그릇에 담긴 말린 생선을 안주로 여러 종류의 술을 마셨다. 판매하는 술이 열 종류가 넘어 보였다. 식당 주인은 모스크바대관식 연회에 사용한 술도 모두 자기 식당에서 제공했다고 말했다.[102] 그후 그 레스토랑은 사절단이 러시아 정부 관료들을 만나는 사적 외교 장소로 활용되었다.

그 레스토랑의 이름은 무엇이고 위치는 어디일까? 윤치호는 영어로 'Restauran Erueste', 민영환과 김득련은 한글로 각각 '에레스떠'와 '얼레서떠'로 표기했다. 사절단이 표기한 것과 가장 비슷한 이름으로 당시 '에르네스트(에르네스뜨)'라는 레스토랑이 실제로 있었다. 이 레스토랑은 넵스끼 거리에서 네바강 건너편에 위치했다. 명칭과 위치를 고려한다면 '에르네스드 레스도링Peторан Эрнест'으로 확정할 수 있다. 그 레스토랑 건물의 소유주와 사장은 벨기에인 에르네스트 Эрнест Игель였다. 그는 뻬쩨르부르크의 5대 레스토랑 중 하나인 메드베지Медведь를 소유했고, 1894년 자신의 이름을 걸고 프랑스식 고급 레스토랑 '에르네스트'를 열어 1917년까지 운영했다.[103] 김득련은 이 레스토랑의 배치가 너무 단아하며 동산 속의 꽃들은 자수 놓은 융단을 깔아놓은 것과 같은데, 비 내리는 경관까지 더하니 아름다웠고 차린 음식 또한 정결하니 비교할 수 없는 최고의 식당이었다고 기록했다.[104] 이 레스토랑은 정원까지 갖춘 단독 건물이었는데 유리로 된 천장과 벽면은 나무와 그림으로 꾸며졌다. 민영환은 에르네스트 레스토랑이 상당히 마음에 들었는지 레스토랑 안에서 춤추는 소녀의 모습을 다음과 같이 표현했다.

십자가十字街 가의 정자井子 집에, 춤추는 소매와 노래 판자 [歌板]가 백 가지 꽃 앞이네. 관을 벗고 악수하니 정이 서로 흡족하고, 팔뚝을 드러내고 배꼽을 헤치니 태도가 다시 어여쁘네. 황혼은 전기와 석탄 기운에 이르지 않고, 극락에는 응당 구미歐 美의 하늘이 온전하라. 희롱하는 마당 술집은 공원 속인데, 날마다 몇 천 몇 만 금을 쓰네.[105]

7월 10일, 민영환과 김도일은 농업 박물관에 가서 농기구 판매상과 최종 계약을 맺었다. 이에 대해 윤치호는 조선에 가지고 가면 썩고 녹슬어버릴 농기구와 풍차 그리고 제분기를 사는 데 거의 1,500루블을 낭비했다고 생각했다.[106]

7월 11일 오전 11시, 러시아 아카데미 회원 화가 알렉산드롭스끼 C.Ф. Александровский가 방문했다. 그는 드디어 조선사절단의 초상화를 마무리할 수 있다고 말했다.[107] 윤치호는 초상화 작업을 끝낼 수 있도록 2시간 동안 앉아 있었다. 모델을 서는 동안 윤치호는 알렉산드롭스끼와 대화를 나누었다.

"뻬쩨르부르크나 모스크바 같은 부유한 도시의 길거리가 왜 보잘것없이 포장되어 있습니까?"

"러시아는 황제의 명령에 너무 익숙해서, 만일 황제가 거리를 더 좋게 포장하라고 명령한다면 금방 끝낼 수 있습니다."

알렉산드롭스끼는 그림 그리는 속도가 빨랐기 때문에 모스크바대관식에 참석한 아시아 사절단 38명의 초상화를 그렸다. 알렉산드롭스끼는 조선이 청국보다는 일본과 더 유사하다고 느껴지며, 윤치호의 외모가 청국인보다 유럽 사람을 많이 닮았다고 말했다. 이날 윤치호는 똘스또이의『전쟁과 평화』를 읽으며 저녁을 보내다가 새벽 1시에 잠들었다.[108]

7월 12일, 김득련은 러시아 과일을 보았다. 그가 본 과일은 수박, 참외, 복숭아, 산딸기 등이었다. 참외는 맛이 매우 담백했고, 복숭아는 맛이 달고 진했고, 산딸기는 모두 먼 지방에서 가져와 가격이 매우 비쌌다.[109]

이날 윤치호는 주러 영국대사 오코너의 무례함과 오만함에 분노했다. 오전 12시 조금 지나 오코너가 찾아와서 민영환에게 러시아와 어떤 협상을 했는지를 물었다. 그러자 민영환은 정중한 말로 영국과 빅토리아 여왕을 찬양하며 화제를 돌렸고, 오코너는 "귀하는 언제 조선으로 돌아갈 예정입니까?"라고 불쑥 물어서 대화를 마쳤다.[110] 이날 민영환은 불쾌감을 꾹 참으면서 오히려 상대방을 지치도록 만드는

조선사절단의 초상화를 그린 화가 알렉산드롭스끼

알렉산드롭스끼는 러시아 황실의 전속 초상화가로 활동했다. 그는 1884년 알렉산드르 3세 황제 대관식에 참석한 중앙아시아 대표 30명의 초상화를 그리기도 했다. 그는 다수의 러시아 정부 관료 등의 인물화를 그렸는데 사진과 흡사한 사실적인 그림을 추구했다.[111]

인내심을 보여주었다.

7월 13일, 조선사절단은 쁠란손 부부, 알렉산드롭스끼, 쉬떼인 형제를 초청하여 펠리시언Felician 식당에서 함께 저녁을 먹은 다음 교통부 소속의 작은 기선에 올랐다. 그 기선은 교통부대신이 유람을 즐기라고 사절단에게 빌려준 것이었다. 그들은 네바강에서 서쪽을 향해 바다 입구까지 갔다가 돌아왔다. 숙소로 돌아오는 길에 바다 운하와 뽄딴까Фонтанка를 통과했다. 운하의 양쪽에 관목과 나무 그리고 잔디가 심어진 강둑이 있었다.[112] 이날 김득련은 시야가 아득하고 탁트여 서늘한 기운이 들었다며 네바강의 풍경을 한시로 남겼다.

> 네바강 기슭에 궁궐이 우뚝해
> 아로새긴 돌집에 유리창이 투명하구나.
> 황실에서 놀이기구 미리 준비해
> 강 언덕에 화륜선을 길게 매어두었네.[113]

사절단은 러시아의 극진한 환대에 즐거웠지만 뻬쩨르부르크 체류기간이 길어지자 민영환의 속내는 까맣게 타들어갔다.

다시 만난 황제

1896년 7월 14일, 조선사절단은 '러시아의 베르사유 궁전'으로 알려진 뼤뜨르 궁전двор Петра(일명 뻬쩨르고프궁)을 방문했다. 사절단은 소례복을 입고 정오에 발틱Baltic역으로 나갔다. 그들은 12시 40분 특별열차를 타고 140리를 가서 1시 30분 뻬쩨르고프Петергоф에 도착했다. 궁내부의 마차 두 량이 그들을 기다리고 있었다. 사절단은 대궁전으로 갔는데 황제가 소궁전에서 기다리고 있어 다시 발걸음을 옮겼다. 황제가 일어나자 민영환은 앞으로 나아가 악수하고 김도일에게 통역을 지시했다.

니꼴라이 2세가 먼저 말문을 열었다.

"여러 번 공사를 보았는데, 군주를 사랑하고 나라를 사랑하는 마음이 겉모습에 나타나니 참으로 나라에 충성스럽고 선량한 사람이다."

"저같이 못나고 용렬한 자로서는 진실로 부끄럽습니다."

"언제 길을 떠나며 어느 길로 돌아가느냐?"

"남쪽 길에 괴질이 많다고 하여 장차 시베리아를 따라 돌아갈 것입니다."

민영환의 속내를 파악한 니꼴라이 2세는 고종에게 전달할 자신의 초상화까지 내주면서 강한 신뢰감을 보여주었다. 그러자 민영환은 악수에 그치지 않고 또다시 무릎을 꿇고 나오면서 최대한의 예우를 표했다. 니꼴라이 2세는 민영환이 자신에게 예의를 지키며 끈질긴 협상을 진행한다는 사실을 알고 있었다.

사절단은 다시 대궁전으로 이동했다. 궁내부는 술과 과일로 그들을 친절히 대접했다. 대궁전 앞의 뻬쩨르고프 분수대는 사절단에게 인상적이었다. 김득련은 뻬쩨르고프 분수대가 "지구상에서 최고"라고 기록했다. 분수대에는 동남북의 3면에 각종 모양의 분수기 수백 대가 설치되어 있었다. 혹 평지에서 네다섯 길 솟아올라 구슬 기둥과 같이 우뚝 서고, 혹 가느다란 물줄기는 마치 대숲을 바람이 흔드는 것 같고, 혹 사다리 위에 분수를 드리워 마치 수정 발을 높이 걸어놓은 것 같았다. 사람의 입과 어깨에서 물이 뿜어져 나와 가로 걸친 것이 갠 날 무지개와 같았다. 새와 짐승, 닭과 오리가 날고 헤엄치고 놀았다. 우러르면 뿜고 굽어보면 토해서 구분하기 어려운데 밤낮으로 쉬지 않았다. 이는 쇠로 만든 관으로 18리 밖 400척이나 되는 높은 산 위의 물을 끌어다가 갈래를 나누어 부딪쳐서 되는 것으로 참으로 기이한 장관이었다.[114]

윤치호도 뻬쩨르고프에서 뾰뜨르 궁전의 분수와 건물을 살펴보았는데 대궁전 앞에 있는 분수가 특히 아름다웠다고 기록했다. 분수의 물은 뻬쩨르고프에서 약 6마일 떨어진 곳에서 공급되었는데 오후 3~5시와 7~9시에 작동했다. 또한 윤치호는 알렉산드리야Александрия 궁전에서 뾰뜨르 대제가 손수 제작한 의자, 구두, 책상들을 살펴보았다. 이날 윤치호는 니꼴라이 2세가 돌아가는 여정에 대해서 상세히 물어보았다고 기록했다.

"황제가 내게 보인 이 친절한 관심이 나를 들뜨게 해 내 상처받은 자존심을 달래주었다. 나는 잘생기고 우아한 러시아 황제와의 아마 마지막일 알현을 마쳤다. 하늘의 은총이 그에게 있기를."

윤치호는 대궁전으로 돌아와서 차와 우유, 케이크와 와인 등 약간의 간식을 먹었다. 이날 사절단은 뻬쩨르고프 삼손 호텔Отель Самсон

에서 마아크와 의사인 그의 동생 등을 만났다. 이 호텔의 레스토랑은 그 지역에서 가장 유명한 식당이었고, 『전쟁과 평화』의 작가 똘스또이도 방문한 적이 있었다.[115] 마아크 박사는 둘째 딸 메리와 함께 왔는데, 윤치호는 그 소녀에 대한 인상을 남겼다.

"그녀는 내가 이제까지 본 가장 귀엽고 예쁜 소녀였다. 그녀는 러시아어, 독일어, 프랑스어, 그리고 영어를 할 줄 알았다. 정의로운 사람에게나 정의롭지 않은 사람에게나 똑같이 빛을 비추어주는 태양처럼 그녀의 매혹적이고 위로를 주는 미소 띤 얼굴이 아니었다면 나는 온종일 비참한 시간을 보냈을 것이다. 그녀에게 감사한다."

조선사절단은 오후 6시 삼손 호텔에서 저녁을 먹었다. 저녁 식사 뒤 바비곤Бибигон 궁전으로 마차를 타고 갔는데 그곳 경치가 아주 좋았다. 바비곤은 뾰뜨르 대제 시절 해발 100미터 정상에 그리스-로마 신화의 조각상을 만들어놓은 궁전이다. 궁전을 둘러본 뒤 10시 22분 열차를 타고 뻬쩨르부르크로 돌아갔다.[116]

7월 15일, 오전 재당질 비서랑 민경식과 참서관 주석면이 뻬쩨르부르크에 도착했다. 두 사람은 홍콩-싱가포르-이집트-터키를 거쳐서 러시아 오데사항으로 들어와 기차를 타고 도착했다.[117] 민경식과 주석면은 4월 4일 서울을 출발하여 7월 15일 오후 8시경 뻬쩨르부르크 숙소에 도착했다. 동행한 성기운은 배 멀미 때문에 상하이에서 서울로 돌아갔다.[118]

김득련은 러시아 육군과 해군의 운영과 규모에 대해서 기록했다. 러시아의 옛 군사제도를 살펴보니 군사들의 용맹함이 돋보였다. 러시아의 군사는 농사꾼이나 공업 근로자 중에서 모집되며, 병사의 자제들과 사민 중 자원하는 자를 보충하는 방식이었다. 그것을 관에 보고하고 각기 계급에 따라 칭호를 붙이고 제때에 불러 조련했다. 러시아 군사는 보병이 36만 4,000여 명, 마병은 3만 8,300여 명, 포병은 4만 1,000여 명, 공병이 1만 3,000여 명, 제대한 병사가 31만여 명, 무관은 3만 3,000여 명이었다.[119] 러시아의 화륜 군함은 189척, 해군은 3만, 해군 장교는 1,245명이다. 육군에 비하여 엉성한 수준인데, 이는 사방이 육지로 연결되어 바다 방어가 많지 않기 때문이었다.[120]

7월 16일과 17일, 사절단은 탄약 공장과 병기 공장에 갔다.[121] 그리고 18일 오전 9시에는 해군 제독 오스또로쁘프A.A. Остолопов와 함께 조선소를 방문했다. 그는 해군 대위 시절 1873년에 이쁘네츠Японец호의 함장에 임명되었는데, 1875년 동해 및 따따르해협Татарский пролив을 조사했고, 1876년에는 2차 미국 탐험에 참가했다. 1883년 끄레이세르Крейсер호의 함장으로 임명되었는데 1884년 태평양함대에 합류하기 위해서 극동 지역으로 이동했고, 제물포를 여러 차례 왕복하면서 조선 동해 연안도 측량했다. 그는 1892년에 해군 소장이 되었다.[122] 김득련은 오스또로쁘프의 친절한 안내에 감사하는 시까지 남겼다.

> 장군께서 전함 타는 것을 배워
> 호기롭게 오대주를 두루 돌아다녔지.
> 바다에 전운이 잠잠한 것을 기뻐해
> 전함에서 손님 맞아 밤놀이를 베푸시네.[123]

이날 윤치호는 조선소를 방문하면서 건조 중인 군함을 볼 수 있었는데 1만 2,000톤이 넘는 것이었다. 1급 함정을 완성하는 데에는

4~6년이 필요했다. 러시아에는 7개의 조선소가 있었는데 20척의 배를 동시에 건조할 수 있었다. 사절단은 조선소에서 기선을 타고 거대한 시설을 갖춘 대포 제조 공장에 갔다. 12인치 대포가 제조 중이었는데 완료되기까지 12개월이 소요되었다. 공장은 작은 포와 어뢰도 제조하고 있었다.[124]

김득련은 조선소에서 건조 중인 군함을 보고 놀라움을 금할 수 없었다.

> 삼나무를 써서 큰 군함 만드니
> 오층 철갑선에 세 폭의 돛을 걸었구나.
> 포와 창 줄지어 배열하고 천군千軍이 늘어선 다음
> 제독이 높이 올라 큰 깃발을 내거네.[125]

사절단은 이날 마지막으로 해군 박물관을 방문했는데, 그 박물관은 이전에 쓰던 군함과 각국의 군함 모형을 만들어두고 누구나 관람할 수 있게 진열해놓았다. 김득련은 육지에서 병기를 대량으로 만드는 것을 보면서 "하느님이 살아 있는 영혼을 편안케 하려면 반드시 병기를 녹여 부어서 농기구로 만들 날이 있어야 한다."라고 기원했다.

7월 19일, 민영환은 오후 4시 군부대신 반놉스끼П.С. Ванновский를 만났다.[126]

7월 20일 오전 8시, 사절단은 러시아 해군 기지 끄론쉬따뜨를 방문하기 위해 해군 제독 오스또로쁘프와 함께 출발했다. 네바강에서 황실 요트 오네가Онега호에 승선했다. 이 배는 황실 소유로 화려하고 편안한 것이 다른 배와 달랐다.[127]

사절단은 약 2시간 정도 서남쪽으로 140리 가서 끄론쉬따트 Кроштадт 항구에 도착하여 끄론쉬따트 총독과 책임자를 공식 방문했다. 이 항구에는 일반 건물들이 많았고 배들이 숲처럼 서 있었다. 바닷물 속 곳곳에 돌을 쌓아 좌우에 포대를 만들었다. 산에도 포대를 쌓아 올리고 이를 병사가 지키게끔 했다. 시험 삼아 몇 발의 포를 쏘아 올렸는데, 그 소리가 너무 크게 울려 천둥소리 같았다.[128] 조선사절단은 러시아의 길목을 지키는 꼰스탄찐 요새Форт Константин, 빠벨 요새Форт Павел 그리고 뾰뜨르 1세 요새Форт Пётр I 등을 방문했다.[129]

사절단은 황실 요트인 뽈랴르나야 스베즈다Полярная Звезда호를 시찰했다. 선실, 책상, 의자를 모두 무늬가 있는 나무로 장식하여 빛이 나고 밝았다. 여러 가지 것들이 잘 배치되고 잘 갖추어져 있어 하나의 궁궐처럼 보였다.[130] 윤치호는 '멋진 요트'라고 감탄했다. 김득련은 이 요트에 탄 소감을 한시로 남겼다.

> 러시아 황제 바다를 순시할 때 타는 배
> 3백명 수군이 늘 대기하네.
> 복도 좌우로 창문이 찬란히 빛나니
> 어엿한 궁궐이 물 위에 더 있구나.[131]

사절단은 오후 2시 제독의 초청으로 함께 식당에서 점심을 먹었다. 오후 3시 돌아오는 길에 발틱 함대의 최대 전함 중 하나인 장갑함 나바린Наварин호에 올랐다. 군함은 1만 톤이었고 600마력이었는데 수병 600명과 대포 80문으로 러시아 발틱 함대 중 가장 큰 것이었다.[132] 나바린호는 1891년 10월 건조되었고, 1905년 러일해전에서 파손되

황실 요트 뽈랴르나야 즈베즈다호

이 요트는 350명의 수병과 15명의 장교를 수용할 수 있는 규모였고,
말로 표현할 수 없을 만큼 아름다운 선실 목재 장식을 갖추었다.[133]

었다.

사절단은 오후 6시 뻬쩨르부르크로 돌아왔다. 윤치호와 김득련은
11시 반에 끄레스똡스끼Крестовский 정원으로 가서 자동차를 타고 사
진을 찍었다. 새벽 3시에 음식을 먹었고 4시 반에 숙소로 돌아왔다.[134]
이날 새벽까지 놀았던 김득련은 나중에 뻬쩨르부르크를 떠나면서 끄
레스똡스끼Крестовский섬을 가장 그리워했다.

> 철교가 무지개같이 강을 가로지르고
> 섬들이 이어져 도성 일대를 둘러쌌네.
> 해질녘 나무숲에 사람 그림자 어지러운데
> 마차馬車를 달려서 바람 쐬고 돌아왔네.[135]

그날 김득련은 숙소에 가까워질수록 저녁이나 아침과 흡사한 이 백야에 잠을 이룰 수 없다고 강하게 느꼈을 것이다.

뻬쩨르부르크의 이국적인 풍경은 조선사절단에게 문화적인 충격과 기쁨을 주었다. 그 와중에 민영환은 황제와의 짧은 만남이었지만 황제가 자신을 강력히 신뢰하고 있다는 사실을 파악하고 안도의 한숨을 쉴 수 있었다.

마침내 체결한 비밀협정

민영환은 7월 말부터 8월 초까지 러시아가 조선을 군사적으로 보호할 것을 약속하는 '한러비밀협정'을 추진했다. 민영환은 수원 윤치호조차도 구체적인 내용을 알지 못하도록 협상에서 배제하면서 러시아 외무부 관리들을 접촉했다. 윤치호는 비밀협상에서 자신이 제외된 것에 불만을 품고 파리 유학을 결심하게 된다. 김득련이 남긴 자료에도 러시아 외무부 관리를 만난 것을 제외하고 '한러비밀협정'에 관해서는 전혀 언급되지 않았다.

1896년 7월 22일, 민영환과 김도일은 오후 2시 로바노프를 만나러 갔다. 민영환과 주석면이 고종에게 각각 전보를 쳤는데, 민영환은 김도일이 조선사절단과 함께 돌아갈 수 있도록 요청한 반면, 주석면은 김도일이 자기와 함께 남을 수 있도록 간청했다. 이날 오후 김도일은 민영환이 시베리아 노선을 택하기로 결심했다고 윤치호에게 말했다. 윤치호는 "귀로를 선택하는 일에 무슨 비밀이 필요한지 모르겠다."라며 불편한 속내를 드러냈다.[136]

7월 23일, 사절단은 고종에게 보낸 전보의 회신을 기다렸는데, 육로 전신이 끊겨 회신을 받을 수가 없었다. 그러자 쉬뻬인은 해저선으로 전보를 보냈다. 해저 전보는 10여 일 걸렸고 육로 전선은 6일에 오갔는데, 한 글자에 육로는 2원이었고 해저는 3원 80전이었다.

7월 24일, 민영환은 오후 1시 외무대신 로바노프를 방문했다. 해 뜨는 시각은 오전 3시, 해 지는 시각은 오후 9시였다. 날이 조금 어두워지면 가로에 비로소 등불이 켜졌다. 7월 말이면 뻬쩨르부르크는 가을 날씨로 접어들어 벌써 추위를 느낄 수 있었다. 김득련은 이 도시의 추위를 중국 고대 지리서『신이경神異經』을 인용하여 표현했는데, 북쪽 지방에는 얼음이 수만 리나 되었다고 했다.[137]『신이경』의 내용을 조금 더 살펴보면 "북쪽에는 층으로 쌓인 얼음이 1만 리나 펼쳐져 있으며 두께는 100장이다. 얼음 밑의 흙 속에는 계서䃳鼠가 살고 있는데 생김새는 쥐와 같고 얼음 밑의 풀과 나무를 먹고 산다."라고 쓰여 있다.[138]

7월 25일, 사절단은 오후 1시 육군 부대의 병영과 숙소를 탐방했다. 방 한 칸을 3명씩 사용하였고 침상과 의자를 모두 갖추었다. 식당, 욕실, 의무실 및 겨울에 훈련할 강당 시설은 모두 깔끔했다. 육군 부대에는 옛날의 복장과 기계, 전쟁에 이겨 노획한 물건도 진열되어 있었다.

이날 사절단은 오는 길에 해군 제독 뽀시예트K.H. Посьет를 찾아가 만났다. 뽀시예트는 40년 전에 조선의 각 포구를 두루 살폈고, 블라디보스톡의 일부 땅을 개척하여 그 땅에 자기 이름을 붙였다고 했다. 각국을 돌아다닐 때 얻은 여러 가지 물건을 집 안에 진열해놓았는데, 마치 하나의 박물관 같았다. 다음 날 오후 7시에는 뽀시예트가 와서 인사했다. 나이가 일흔이 넘었는데도 기력이 아직도 좋아 괭이질을 할 정도였다.[139]

7월 26일, 오후 4시 황제와 황후가 뻬쩨르고프에서 관병식을 보려고 수레를 옮겼다. 민영환은 김득련, 민경식, 주석면과 함께 참관했다. 의식과 절차는 모스크바대관식 때 보던 것과 같았다.[140]

7월 27일, 윤치호는 비밀협상에서 제외되자 "최근 여러 날, 여러 주 동안 매우 불행했다."라고 기록했다. 오후 3시부터 억수로 비가 쏟아지면서 천둥이 울리고 번개가 쳤다. 쉬떼인은 민영환이 반복해서 러시아 정부에 베베르의 서울 유임을 요청하는 바람에 외무부를 골치 아프게 하고 있다고 윤치호에게 말했다.[141]

이날 조선사절단은 오후 6시 외무대신 로바노프, 외부 아시아국

해군 제독 뽀시예트
1852년 소령 뽀시예트는 전함 팔라다호를 이끄는 제독 뿌쨔찐의 전속 부관으로 임무를 수행했다.[142] 그는 1882년 해군 제독으로 승진했으며, 민영환을 만난 뒤 3년 후에 죽었다.[143]

장 백작 까쁘니스트П.А. Капнист와 아시아국 부국장 구바스또프К.А. Губастов를 에르네스트 레스토랑으로 초청했다.[144] 저녁 식사와 담화가 2시간 반 동안 진행됐는데 김득련은 "오랫동안 편하게 이야기하고 즐겁게 놀다 헤어졌다."라고 기록했다.[145]

7월 29일, 사절단은 각자 집에 편지를 써서 우편으로 부쳤다. 김득련에 따르면 러시아는 봄, 가을, 겨울 세 계절에는 일기가 춥고 땅이 언다. 8월부터 얼음이 얼고 눈이 내리고 깊은 겨울에 이르면 눈이 쌓여 거리에는 각종 차와 수레가 다닐 수 없어 말이 썰매를 끌고 다닌다. 집들은 문을 닫아놓고 모두 솜으로 막으며 벽에 화로를 설치하고 탄을 때어 덥힌다.

7월 31일 오후 7시, 사절단은 쁠란손과 함께 사륜마차를 타고 뿔꼬보 천문대Пулковская обсерватория에 갔다. 돔 안에 망원경 네다섯 대가 설치되어 있고 위에는 유리를 덮어 여닫는데, 먼 곳에 있는 물체를 250~260배 확대해 볼 수 있었다.[146]

도시에서 천문대로 가는 길은 양편에 그늘을 드리운 나무가 심어진 채로 화살처럼 쭉 뻗어 있었다. 전망대는 규모가 크고 잘 정돈된 공원에 둘러싸여 아름다운 외관을 갖추고 있었다. 망원경은 직경 약 34인치 렌즈를 갖추고 있었는데, 그날은 구름 때문에 달과 별을 볼 수 없었다. 사절단은 11시에 숙소로 돌아왔다.[147]

1896년 8월 1일 오전 11시, 대령 뿌짜따Д.В. Путята가 인사차 왔다. 사절단은 오후 2시에 겨울 궁전 에르미따쉬Эрмитаж를 보러 갔다. 황금으로 꾸며진 그 궁전은 짙푸른 방이 많고 복도와 회랑이 서로 연결되어 있으며 화려하고 넓고 컸다. 벽에는 역대 황제의 초상과 옛날의 전진도戰陣圖를 걸었는데 모두 유화였다. 궁전 옆에는 1852년에 문을

칼 페트로비치 베르고프의 화폭에 담긴 겨울 궁전 에르미따쉬

연 박물관이 있었는데, 과거 사용하던 투구와 갑옷, 창과 대포, 옛 귀
족들의 여러 가지 호사스러운 물건을 진열했다. 말로 설명할 수 없는
진귀한 보물들이 많았는데, 어느 방에는 가운데에 한 그루의 황금나
무를 심고 황금으로 만든 공작 한 마리와 황금 닭 두 마리를 세워놓
았다. 매시간마다 날고 울어서 종을 대신하여 시간을 알려주니 참으
로 진기한 물건이었다.[148] 윤치호는 2~3시간 동안 이곳에 전시된 귀
중하고 웅장한 소장품을 훑어보기에는 너무 시간이 짧아서 혼자 한
번 더 그 박물관에 가고 싶다고 기록했다.[149]

에르미따쉬 박물관은 영국의 대영 박물관과 프랑스의 루브르 박물

관과 더불어 세계 3대 박물관 중 하나이다. 겨울 궁전을 포함한 5개의 건물이 하나로 연결되어 있다. 이 궁전은 파리의 루브르 궁전과 튀일리 궁전Palais des Tuileries을 합쳐놓았다는 평도 있었다. 고대 그리스 조각상들이 지붕 위에서 네바강을 내려다보고, 연한 녹색의 파스텔 색조로 칠한 벽면을 하얀색 주름과 같은 열주들이 지탱하고 있으며, 창문마다 노란색 장식을 달고 있는 겨울 궁전은 18세기 중반에 꽃피운 러시아 바로크 건축의 대표적인 건물이다. 엘리자베따Елизавета 여제의 재위 기간인 1754~1762년에 새롭게 건축된 겨울 궁전은 뻬쩨르부르크를 대표하는 상징적 건물이자 러시아 황실의 겨울 거처이자 황제의 집무실이었다.

니꼴라이 1세는 1852년 에르미따쉬 건물을 박물관으로 만들어 1856년부터 일반인에게 공개하기 시작했다. 예까떼리나 여제 Екатерины II의 광적인 수집으로 이 박물관의 총 수집품은 270만여 점에 이른다. 이 박물관을 다 보려면 120여 곳의 계단을 올라야 하고, 1,800여 개의 출입문을 통과해서 27킬로미터에 달하는 복도와 홀과 전시실을 거쳐야 한다. 선사 시대의 예술품에서부터 스키타이 황금 유물, 그리스와 로마의 고대 예술품, 한국과 일본의 골동품을 포함한 동양 예술품, 스페인과 프랑스 등의 유럽 예술품, 19세기와 20세기의 근대 명화들이 전시되어 있다.[150]

8월 3일 오후 2시 반쯤 민영환은 윤치호를 배제하고 김득련, 김도일과 함께 외무대신 로바노프를 방문했다.[151] 윤치호는 장기를 두거나 똘스또이의 『전쟁과 평화』를 읽으며 마음의 안정을 찾으려고 노력했다. 이날은 황태후의 명명일命名日이었기 때문에 도시는 낮에는 깃발을 내걸었고 밤에는 조명등으로 장식됐다.[152] 이즈음 귀국이 얼마 남지 않은 시점에서 민영환은 러시아 주요 관료와 작별의 시간을 가진다는 명분으로 활발히 비밀외교를 전개했다.

8월 4일 오후 6시, 사절단은 에르네스트 레스토랑에 저녁을 차리고 해군 제독 오스또로쁘프A.A. Остолопов 등을 포함한 해군 장교 총 6명, 육군 대령 뿌짜따, 재무부 상공국장 꼬발렙스끼B.И. Ковалевский를 포함한 재무성 관료 총 2명, 외부 빨란손과 그루쉐쯔끼Грушецкий 등 많은 사람을 청하여 즐거운 시간을 보내고 헤어졌다.[153] 이에 대해 김득련은 그동안 사귄 사람과 또 각처를 구경할 때 같이 갔거나 안내해준 사람들과 회포를 풀고 그들의 노고에 보답한 것이라고 기록했다.[154]

이날 저녁 식사 장소에서 윤치호는 러시아인 중 뿌짜따 대령을 주목했다. 뿌짜따는 러시아 정부의 임명을 받아 조선의 군사 현황을 검토할 목적으로 조선에 파견될 예정이었다. 윤치호는 뿌짜따 대령이 조선의 군사 현황과 군대 조직 개혁의 총책임을 맡을 것이라는 사실을 알고 있었다. 그는 뿌짜따의 지적인 용모가 러시아인보다는 오히려 이탈리아인에 가깝다고 생각했다. 이날 윤치호는 뿌짜따 대령을 주의 깊게 살피며 군사교관으로서의 자질을 나름대로 평가했다.

"뿌짜따 대령은 군사 제도의 기술적 내용을 잘 알고 있었다. 하지만 문명인이라면 야만의 땅에서라도 가지고 있어야 할 가장 중요한 자질, 다시 말해서 인내심은 없는 것 같다. 조선 군대 재조직 업무를 담당할 사람이라면 이마가 넓으면서 사려 깊고, 뜻을 굽히지 않는 강인한 턱, 인간적 매력을 높여 주는 친절한 미소, 어려운 책임을 떠맡을 수 있는 넓은 어깨 등을 가졌으면 좋겠다."

이날 저녁 식사 뒤 일행은 아름다운 정원에 앉아서 뻬쩨르부르크의 시원한 저녁 공기를 몇 시간 즐겼다. 민영환이 손님들과 서로에 대한 애정, 결코 변하지 않을 우의를 다지는 동안 모임에 참석한 이들은 여러 가지 이해와 동기로 고무되었다. 하지만 윤치호는 "샴페인 거품만큼이나 애정과 우의는 곧 사라져버릴 것이다."라고 생각했다. 윤치호는 인간의 증오와 사랑, 행운과 운명이 모두 보잘것없다고 생각했다.

"나는 우리 모두가 시시한 성공이나 증오 또는 사랑, 두려움 또는 희망으로 인한 고통으로 얼마나 경멸스럽고 불쌍한지, 끊임없이 회전하는 행운과 운명의 수레바퀴에서 인간의 변화무쌍한 기분과 목소리에 전혀 신경 쓰지 않고 저녁나절 산들바람에 떨어지는 나뭇잎의 춤과 분수대의 연주를 바라보는 것이 얼마나 아름답고 상쾌한지 등을 생각하면서 스스로 위로했다. 불멸! 인간 지성의 우월성이 불멸에 대한 긍정적인 증거가 될까? 더 많은 빛을!"[155]

8월 5일, 사절단은 뻬쩨르부르크 시내에 있는 유리와 자기 공장, 양초 공장을 방문했다. 김득련은 유리그릇을 신기하게 보았다. 매우 큰 풀무 화로를 설치하고 그 재료를 녹여 즙이나 고약처럼 만든 다음 쇠 대롱으로 밀어냈다. 대롱을 돌리며 불어서 그릇을 만드는데 여러 가지 모양이 나왔다. 그릇이 크고 작거나 두껍고 얇은 것은 대롱을 부는 데 달려 있으니 사람들이 신기하다고 소리쳤다. 그다음 그것을 갈고 빛내고 조각하는 과정이 매우 정밀하고 교묘했다.[156] 김득련은 유리 공장을 구경하면서 느낀 신기함을 한시로 표현했다.

바다 모래 녹여서 유리를 만드니
쇠 대롱에 찍으면 옻처럼 늘어지네.

입으로 불고 돌려 그릇을 만드니

모양이며 빛깔이 묘하고도 기이해라.[157]

이날 윤치호는 양초 공장 견학을 자세히 기록했다. 하루 25~30만 개의 양초가 생산되었다. 작업 시간은 주야로 11시간이었다. 여성 1인이 하루 1,200개의 양초 상자를 제작하는데 1,000개당 4루블을 받았다. 크리스마스트리에 일반적으로 사용되는 작은 양초는 등불을 많이 필요로 하지 않는 농민들에게 대단한 수요가 있었다. 전년도 그 공장에서는 거의 1억 개의 작은 양초를 생산했다.[158]

8월 6일 오후 4시, 민영환은 재무대신 비테를 방문했다. 오후 7시 재무부 상공국장 꼬발렙스끼가 인사차 왔다.[159] 이날 윤치호는 학부대신 제랴노프И.Д. Делянов에게 뻬쩨르부르크대학 조선어 강사 권유를 거절하는 서신을 보냈다. 윤치호에 따르면 이날 민영환과 김득련은 온종일 문을 닫아걸고 긴 이야기를 나누었다. 그들은 무슨 서류를 준비하고 있는 것 같았다. 그 서류는 바로 '한러비밀협정' 초안이었는데 다음 날 오후 2시 민영환은 외무대신 로바노프를 방문하고 그 초안을 건넸다.

8월 7일, 윤치호에 따르면 아침부터 문을 잠근 채 민영환의 방에서 모종의 비밀 모임이 있었다. 윤치호만 조선의 이익에 반하는 적으로 간주된 것처럼 그들의 계획과 비밀로부터 배제되었다.[160] 민경식과 주석면은 나중에 뻬쩨르부르크에 도착해서 비밀협상에서 윤치호의 배제를 확인하고, 조선의 담보에 관한 구체적인 내용을 알려주었던 것으로 보인다.

8월 7일, 윤치호는 김득련이 『환구일기環璆日錄』를 작성하는 과정을 기록했다.

"그 주정뱅이 김득련은 여기서 자기 밥값을 잘하고 있다. 그는 우리 가운데 어느 누구보다도 더 열심히 일했고 현재도 하고 있다. 우리가 뻬쩨르부르크에 도착한 이후 김득련이 사절단의 기록을 계속 보완하는 작업을 진행했다. 그런데 김득련은 유사한 내용을 담은 어떤 중국 일지를 옮겨 적고 있다. 그것은 매일 같은 쪽을 적어 가는 작업이다."[161]

이것은 김득련이 『환구일기』를 쓸 때 청국 서적을 참고하고 있었다는 사실을 알려준다. 그 참고 서적은 『해국도지海國圖志』 중 「아라사국총기俄羅斯國總記」로 추정된다.

등잔 밑이 어둡다고 할까. 눈치가 빠른 윤치호가 민영환의 임무와 김득련의 역할을 왜 이제야 비로소 이해했을까? 그것은 그가 미국 유학생이라는 자신감과 우월감에 사로잡혀 주변 사람을 얕잡아 보았기 때문이었다. 또한 윤치호는 자신이 쓴 색안경에 한동안 빠져서 민영환이 그토록 신중했던 이유, 외교문서와 사행 기록에 관한 김득련의 역할, 조선사절단의 비밀 업무 등을 파악하는 데 오랜 시간이 걸렸다.

8월 7일 오후 6시, 사절단은 기차 편으로 뻬쩨르고프 근처 뿌짜따의 집을 방문했다. 김득련에 따르면 서양 풍속에 여자는 귀하고 천함을 따지지 않고 시집가기 전에는 남자 친구를 따라 놀다가 그 뜻이 부합되고 감정이 끌리는 사람이 있으면 직접 만나 청혼한다. 결혼식 날이 되면 남녀가 함께 예배당에 가서 촛불을 켠다.

8월 8일, 사절단은 뉴 클럽New Club에서 저녁 식사를 하자는 외부의 초청 편지를 받고 7시에 그곳으로 갔다. 외무대신 로바노프, 아시아국장 까쁘니스트П.А. Капнист와 아시아부국장 구바스또프К.А. Губастов 및 쁠란손이 이미 와서 기다리고 있었다. 식당이 강가에 위치하여 저녁 경치가 좋고 술안주 또한 풍성하고 정결하여 즐겁게 마시면서 회포를 풀었다. 10시에 숙소로 돌아왔다. 밤에 비가 많이 내렸다.[162]

윤치호에 따르면 민영환은 이날 아침 몸에 밴 묵직한 목소리로 쉬떼인에게 뿌짜따의 여행 비용을 지출하기 위해서 돈을 준비하라고 요구했다. 쉬떼인과 윤치호는 러시아 장교의 여행 비용을 대신 지불할 의무가 조선 정부에 없다며 이의를 제기하자, 민영환은 자신의 '명령'을 취소했다. 이날 민영환은 3,000루블이 넘는 러시아 군악대의 악기 일체를 구입했는데 이에 대해 윤치호는 쓸데없는 것에 공금을 낭비했다고 불만을 제기했다. 윤치호는 "그가 나를 좋아하지 않는 것이 이상할 게 없다."라고 기록했다.[163]

8월 11일, 민영환은 오후 3시 독일, 프랑스, 이탈리아, 오스트리아, 일본, 터키 공사를 두루 방문하고 돌아왔다. 김득련에 따르면 뻬쩨르부르크에는 서적관書籍館이 있었는데, 몽골문과 서장西藏 경전과 영국, 프랑스, 네덜란드의 책들이 수천 종 이상이었다. 그중 가장 오래된 것은 라틴과 유대의 글을 소가죽에 기록하여 쓰고 꿰매어 만든 책이었다. 책들은 천문, 지리, 산학, 의학, 화학으로 분류되었고, 서루 오른쪽에 있는 넓은 집 두 채에 길고 짧은 수십 곳을 만들어 학문을 좋아하는 자가 가까이 가서 보도록 하되 다만 밖으로 가지고 나갈 수는 없게 했다. 또 전등과 초를 갖추어 밤에도 와서 볼 수 있으니 참으로 학문을 권하는 큰 계획이었다.[164] 다음은 김득련의 시다.

러시아 민족도서관 열람실

수만 권의 진기한 책을 거둬들여

유리 상자에 넣고 제목을 붙여두었네.

가지런히 놓인 등불 모두가 정갈해

여기선 책만 볼 뿐, 술은 마시지 못하네.[165]

그 서적관은 러시아 민족도서관Российская национальная библиотека
이었다. 이 도서관은 1795년에 설립되었고, 1917년까지 황실 공공
도서관으로 불렸다. 2018년 기준, 서적과 출판물 등 3,800만여 점이
소장되어 있었다. 현재 뻬쩨르부르크 사도바야Садовая 18번지에 있
다.[166]

8월 12일, 민영환은 아우 민영찬이 보낸 편지를 받았다. 편지에는
집과 나라가 모두 평안하다고 쓰여 있어 민영환은 기쁘고 다행이라

고 생각했다. '한러비밀협정'을 마무리한 민영환은 비로소 안정을 찾아 아우가 보낸 편지를 읽으며 기쁨을 표현할 수 있었다. 오후 4시 일본공사 니시 도쿠지로西德二郞가 찾아와서 만났다.

8월 13일, 8월 중순의 추운 날씨가 기록되었다. 연일 바람이 찼고 낮에도 창문을 닫는 일이 많고 밤에는 솜이불을 덮어 마치 겨울철과 비슷했다.[167]

김도일의 일탈과 윤치호의 파리행

1896년 8월 4일 새벽 3시, 알렉산드라(쉬뻬인의 어머니)의 막내아들 모제스트Модест와 김도일이 벌인 웃지 못할 사건이 있었다.[168] 두 사람은 각자 여자를 데리고 숙소에 돌아왔다. 알렉산드라는 여자를 집으로 들이지 말라고 했지만 김도일과 모제스트는 그녀의 말을 무시했으며, 그들이 떠드는 소리에 숙소에 있던 모든 사람들이 잠을 깼다. 참다못한 알렉산드라는 여자들을 가까스로 쫓아냈고 아들 모제스트를 자기 방에 가두어버렸다. 알렉산드라는 이런 추행은 개인 집에서도 허용될 수 없는 일인데 공사관에서는 말할 것도 없다고 했다.

김도일은 러시아 국적으로 블라고베쉔스크에서 공부했다. 그는 160센티미터가 조금 안 되는 키에 오른쪽으로 가르마를 탔으며 눈꼬리와 눈매의 끝이 올라갔다. 그의 얼굴에는 마치 낡은 세대에게 '우리는 어쩔 수 없이 당신들을 존경하고 숭배하는 마음을 가지고 있습니다만, 어쨌든 미래는 우리의 것임을 잊지 마시기를' 하고 말하는 듯한 표정이 어려 있었다. 그는 넥타이와 정장 차림으로 조선사절단을 수행하며 조선인보다는 러시아인으로 보이고 싶어 했다. 그는 1896년 3월 19일 외부주사로 특채되어 러시아 특명전권공사 3등 참서관에 임명되었다. 1897년 1월 14일 궁내부 참리관에 임명되었는데 주로 주한 러시아공사관과의 통역을 담당하면서 고종의 신임을 받았다.[169]

윤치호에 따르면 민영환은 비밀 회담에 참가한 김도일을 통제하지 못했다. 고종과 민영환은 김도일이 무엇을 원하는지 잘 알았지만 '대단한 애국자'에게 국가 비밀을 공유했다. 민경식은 점심 식탁에서 새벽에 벌어진 일의 모든 책임을 김도일에게 지웠고, 그 '젊은 놈'은 한마디도 변명할 수 없었다. 민영환은 한숨을 쉬면서 온당하지 않은 행동에 대해 긴 연설을 했다. 민영환은 전보로 고종에게 김도일의 비행을 보고하겠다고 윽박질렀다. 하지만 김도일은 돌볼 가족도 추구할 명예도 없었으며, 조선에서 잃을 체면도 없었다. 고종이나 민영환, 그 누구도 김도일을 해칠 수도 없고 해치려 하지도 않았다.

윤치호에 따르면 쉬뻬인의 막내동생인 모제스트는 비뚤어진 망나니였다. 그러나 그는 당시 겨우 스무 살이었으므로 점차 나아질지도 모르는 일이었다. 윤치호는 자신의 인생에서 성격이나 처지가 놀랍게 변화되는 경우를 많이 보았기 때문에, "좋든 나쁘든 어떤 사람의 마지막 성격을 최종적으로 판단하기는 주저된다."라고 기록했다.[170] 모제스트는 음악가 아버지 밑에서 엄격한 교육을 받았는데, 이에 대한 반항으로 망나니가 되었던 것으로 보인다. 안타깝지만 망나니 모제스트는 12년 후 30대 초반에 짧은 삶을 마감했다.

쉬뻬인의 아버지 표도르Ф.Ф. Штейн는 유명한 독일계 피아니스트였다. 그는 8살에 아버지와 함께 독일 도시를 순회하며 피아노 콘서

트를 할 정도로 재능이 뛰어났고, 클라라 슈만Clara Schumann이 음악 잡지에서 그를 언급할 정도로 유명했다. 청소년기에는 코펜하겐에서 음악을 배웠고, 17세에 러시아 순회공연을 여러 차례 진행했다. 그는 1846년부터 1847년에 다시 코펜하겐에 거주하면서 실내악을 중심으로 정기 연주회를 개최했다. 1872년 러시아 작곡가 루빈쉬떼인 А.Г. Рубинштейн은 그를 뻬쩨르부르크 음악원의 교수로 초빙했다. 그는 사망한 1893년까지 뻬쩨르부르크에 거주하면서 실내악과 교향악 연주를 실험했다. 그는 당시 바흐, 헨델, 모차르트, 베토벤 등의 곡을 전문으로 연주한 피아니스트였다. 그의 첫째 아들은 외교관, 둘째 아들은 피아니스트, 외동딸은 화가가 되었다.[171]

8월 13일, 윤치호는 민영환과의 관계가 조금 개선되었다고 기록했다. 그 이유는 윤치호가 민영환과 시베리아 여행을 함께 가지 않기로 결심했고, 민영환과 조선 장기를 두면서 둘의 나쁜 감정이 조금 사그라졌기 때문이었다. 또한 민영환은 한러비밀협정을 마무리하면서 굳이 윤치호에게 불만을 쏟을 필요가 없었다. 이날 이별을 앞둔 윤치호와 김득련은 마음의 평온을 찾으면서 석별의 정을 나누었다.

> 춘삼월 늦게 한성을 떠났는데
> 러시아 수도에는 서늘한 바람이 불고 가을 소리 들리네.
> 한 배 타고 바다 거듭 건너며 우의를 다졌는데
> 남북으로 헤어지니 석별의 정 진실로 깊네.
> 나는 남아 어학을 깨치려 하니
> 그대는[君] 돌아가 나라를 문명文明시키는 데 힘써 주시길.

매화 피는 새 봄에 만날 약속해

밤늦도록 술[盃] 마시며 평생 이야기 나누네.[172] (윤치호)

삐쩨르부르크에서 서글프게 이별의 술잔 따르고

양관陽關 삼성三聲을 다시 부르네.

성실하게 배우라고 그대에게 부탁하니

힘내어 음식 드시라고 내게 화답하네.

지금은 부질없이 변경의 먼 산만 바라보지만

훗날 밤에는 고국의 달 보며 그리워하리.[173] (김득련)

민영환도 윤치호의 한시와 재능을 칭찬하며 윤치호의 자존심을 세워주었다.

"여러 해 동안 한시를 짓는 데 애써온 우리들도 그대처럼 그렇게 우아하게 율시를 지어내지 못하네. 그대는 많은 것을 이룰 수 있는 재능을 지니고 있으니 열심히 프랑스어를 공부하게."[174]

민영환은 러시아와 협상을 마무리하면서 홀가분해졌는지 조용히 삐쩨르부르크 숙소에 앉아 고향에 있는 어머니를 생각하며 한시를 지었다.

집 떠난 것이 4만 5천 리요

걸상을 마주한 것은 동서와 남북 사람이네.

구름이 태행太行으로 고향 산이 먼데

잠자는 것을 묻는 것이 끝내 어버이 생각이 나네.[175]

8월 14일 아침, 윤치호는 프랑스어를 배우기 위해서 파리에 체류하겠다는 구체적인 계획을 민영환에게 말했다.[176] 이날 오후 3시 이후 오스트리아공사와 이탈리아대리공사가 인사차 찾아왔다. 민영환은 한러비밀협상이 마무리되자 돌아갈 날을 8월 19일로 정했다. 귀로는 기차로 시베리아를 지나 흑룡강에서 배를 타고 블라디보스톡에 도착한 다음 배를 타고 원산과 부산을 거쳐 제물포로 갈 예정이었다. 이 여정은 고원이 많으며, 바람 불고 눈 내리는 추위에 미리 대비해야 했다. 러시아 군사교관단장 대령 뿌짜따는 러시아 정부의 명령으로 조선사절단과 함께 가기로 약속했다. 이날 오후 7시 조선사절단은 뿌짜따의 초청으로 기차를 타고 여름 궁전 예까떼리나 근처 빠블롭스크Павловск에 있는 그의 집에 갔다. 그 부부가 차와 술, 과일과 사탕을 내어 친절히 대접했는데 밤 11시에 출발해서 숙소에 돌아오니 자정이 되었다.

8월 15일, 사절단은 짐을 꾸리며 귀국 준비를 했다.

8월 16일, 러시아 외무부는 친서의 회답을 사절단에 가져왔다. 사절단은 친서의 회답과 국서의 답신을 하나의 문서함에 넣었다.[177] 이로써 조선사절단의 공식적인 업무는 마무리되었다. 저녁에 윤치호는 민영환, 김득련과 함께 마지막으로 섬으로 마차를 타고 갔다. 이날 날씨는 아주 서늘했고 돌아오는 길에 폭우가 내렸다. 네바강 둑과 거리에 늘어선 가스등과 전등이 매우 아름다웠다. 윤치호는 불확실한 자신의 미래를 이렇게 표현했다.

가스와 전기 불빛 불야성인데
젖어드는 가을비에 저녁 종소리

이내 반생 풍파는 언제 그칠까

흐르는 한 점 눈물 애간장 타네.

8월 17일, 윤치호는 여권을 준비했고 저녁 식사 자리에서 쉬뻬인에게 에나멜 장식이 된 냅킨 고리와 편지를 선물했다.

"내 우정과 귀하의 꾸준한 우의에 대한 감사의 표시로 이것을 받아 주기 바랍니다."

쉬뻬인은 그 선물을 받아 들고 미소를 지으며 부드럽게 윤치호의 손을 잡았다. 이날 민영환과 김득련도 작별 앞에서 마음이 약해져서 눈물을 보였다.

윤치호는 이날 저녁 8시 반에서 10시 사이 알렉산드롭스끼 다리까지 걸어갔다 오면서 러시아에서의 추억들을 떠올렸다. 윤치호는 그 다리가 525발짝으로 5분 정도에 건너갈 수 있다고 기록했다.[178]알렉산드롭스끼 다리는 뽄딴까강 남쪽으로 세묘높스끼Семёновский 다리 아래에 위치했는데, 1818년 설치되어 1970년 폐쇄되었다.[179] 이 다리를 꼭꼭 밟으며 윤치호는 다시는 러시아에 오지 못할 것이라고 예감했을 것이다.

8월 18일 오후 3시, 민영환은 외무대신 로바노프가 인사차 와서 담소를 나눈 뒤 작별했다. 이날 김득련은 윤치호와의 이별을 기록했다. 오후 8시 기차를 타러 같이 바르샤바역에 갔다. 악수하고 서로 환송하며 기차의 연기가 아득할 때까지 바라보니 암연함을 이길 수 없어 넋이 나간 것 같았다.[180]

그동안 여행 과정에서 윤치호는 속으로 민영환에 대한 자신의 화를 억누르며, 겉으로 친밀한 태도를 취해 민영환과 김득련이 자신의 감정을 눈치채지 못하도록 최선을 다했다. 윤치호는 이날 아침 민영환으로부터 100루블을 받으며 "시기적으로 매우 적절하고 친절한 행동이다."라고 기록했다. 또한 윤치호는 쉬떼인에 대해 "그의 애국심은 편협하다. 내가 파리로 갈 결심을 했다고 그에게 알려준 이후 나에 대한 태도가 아주 냉랭하게 변했다. 이런 것이 인간의 우정인가!"라고 기록했다. 윤치호는 그의 아버지와 어머니에게 올리는 편지를 써서 김득련에게 부탁했다. 김도일은 이날 아침 윤치호가 준 작은 선물에 감동을 받은 것처럼 보였다. 김도일은 윤치호에게 그의 사랑과 우정을 표시했다. 윤치호는 자신의 불편한 감정을 끝끝내 드러내지 않았다. 윤치호의 속마음을 몰랐던 김득련은 윤치호를 전송하면서 그에 대한 좋은 기억만을 떠올리며 윤치호의 발전된 미래를 기원했다. 김득련은 둔했지만 정이 많은 사람이었다.

나는 다른 나라 글에 어두워
눈 뜬 장님이나 다름없는데,
그대는 일찍이 영어를 배워
10년 만에 학업을 이미 마쳤지.
나는 귀머거리에 벙어리라서
그대를 기다렸다가 말을 주고받았으니,
일이 생기면 그대가 주선해
언제나 골몰하며 혼자 애썼지.
사신 임무 다행히도 이제 끝이 나
행장을 꾸려 돌아가는데,
부러워라! 그대는 어학에 부지런해

거리낌 없이 온갖 심력을 다 쏟으니,

불어까지 또 배우려고

예리한 뜻으로 다잡아 분발하네.

이처럼 총명하고 슬기로운 재주로

재빨리 이루어 공부를 마치리라.[181]

조선사절단은 18일 오후 6시에 저녁을 먹고 7시에 숙소를 떠났다. 민영환, 김득련과 김도일, 주석면과 김경식, 모제스트는 바르샤바역까지 윤치호를 환송했다. 이 역은 뻬쩨르부르크에서 출발하여 독일 국경으로 가는 기차가 경유하는 역이었는데, 1851년 건설되었다.[182] 민영환이 석별의 샴페인 한 잔을 주었다. 윤치호는 이 모든 이들과 매우 정중하게 작별의식을 마쳤다. 오후 8시 반 윤치호는 뻬쩨르부르크를 떠났다.

8월 19일, 윤치호는 오후 5시 독일의 국경도시 아이드스킨Eydskheen에 도착하여 독일 기차로 환승했는데, 성격이 맞지 않는 동료들과의 마찰이 더 이상 없다며 자유의 기쁨을 만끽했다.

"누군가의 비밀을 엿들어야 하는 두려움도 더 이상 없다. 군중 속에 있으면서도 고통스러운 외로움을 느끼는 일도 더 이상 없다."[183]

길었던 조선과 러시아의 협상 과정에서 윤치호는 명령을 실행할 의무는 있지만 모욕을 참을 의무는 없었다.

3장

명례궁 약정과
한러비밀협정

조선의 5개 조항 제안서

1896년 2월 아관파천 이후 일본과 러시아는 조선 문제를 둘러싸고 외교적으로 긴박하게 움직였다. 러시아와 일본은 1896년 5월 14일 서울에서 상호 협상에 따라 '서울 의정서(고무라-베베르 각서)'를 체결했다. 이때 일본은 군대 주둔에 관해 자국에 불리한 내용에 합의했다. 조선에 주둔하는 일본 군대의 전체 인원을 제한한 점, 조선에서 일본 군대의 인원만큼 러시아 군대도 동일하게 주둔하게 한 점 등이 바로 그것이다. 그래서 일본은 러시아와 새로운 협정을 추진하여 1896년 6월 9일 조선 문제에 관한 새로운 협정인 '모스크바 의정서(야마가타-로바노프 의정서)'를 체결했다. 그 결과 일본은 조선에서 일본 군대의 제한을 변화시켰고 조선에서 상호 군사 활동의 영역을 구분했다.[1]

그렇다면 민영환은 모스크바대관식에서 러시아와 어떤 협상을 전개했을까? 민영환은 1896년 6월 5일(러시아력 5.24.) 조선 정부의 5개 조항 제안서를 서면으로 외무대신 로바노프에게 전달했다.

"첫째, 조선 군대가 신뢰할 만한 병력으로 훈련될 때까지 국왕의 보호를 위한 경비병을 제공한다. 둘째, (러시아) 군사교관을 제공한다. 셋째, (러시아) 고문관을 제공한다. 국왕 측근에서 궁내부를 위한 고문 1명, 내각 고문 1명, 광산과 철도 고문 1명 등이다. 넷째, 조선과 러시아 두 나라에 이익이 되는 전신선의 연결, 즉 전신 문제 전문가 1명을 제공한다. 다섯째, 일본 빚을 청산하기 위한 300만 엔의 차관을 제공한다."[2]

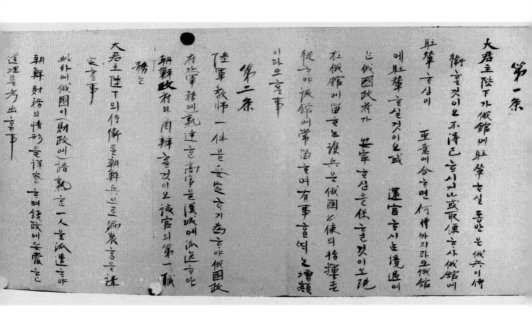

민영환이 모스크바대관식에서 로바노프에게 전달한
조선 정부의 5개 조항 제안서

1896년 6월 6일, 러시아 외무부는 니꼴라이 2세를 알현하고 국서
를 전달하라는 통지를 보내왔고, 러시아 궁내부는 칙명으로 황제를
알현하라고 통지했다. 사절단은 오후 3시 대례복을 입고 국서를 받
들어 끄레믈린 궁전에 들어갔다. 휴게소에 도착하니 예관이 영접하
였다.

민영환이 방 안에 들어가니 황제가 일어서는데 옆에 한 사람도 없
었다. 니꼴라이 2세는 민영환이 앞으로 나가자 악수를 청했다. 윤치
호가 영어로 통역했는데 민영환이 축사를 읽고 국서를 받들어 건네
니 황제가 직접 받았다. 지난번 경축 예식 때 친서를 전했고 지금 국
서를 전한다고 하니 황제는 알겠다고 답했다.[3]

국서를 제출할 때 민영환이 5개 조항 제안서에 대해 설명하자 니꼴라이 2세는 주의 깊게 들었다. 민영환은 을미사변을 설명하면서 "어떤 조선인 반역자들"이라고 언급했다. 그러자 바로 니꼴라이 2세는 그 반역자가 "대원군이오?"라고 물었다. 그는 대원군을 인지하고 있을 정도로 조선 사정에 밝았다. 민영환은 말했다.

"조선인이 바라는 것은 안정된 정부입니다. 조선인은 지난 3년 동안 생명과 재산의 안전감을 느껴본 적이 단 하루도 없었습니다. 지금 러시아의 힘은 조선의 안정된 정부를 만들었습니다."

민영환은 말을 이었다.

"러시아와 일본이 공동으로 영향력을 행사하면 조선 관료 사이에 당파적 음모가 조장되어, 러시아와 일본 사이에 심각한 분규를 가져올 것입니다. 그렇게 되면 결국 조선만 고통받게 될 것입니다. 황제는 그와 같은 협정에 결코 동의하지 말아주시기 바랍니다."

니꼴라이 2세는 러시아와 일본 사이에 공동 영향력이 언급될 때마다 "아냐, 아니야!"라고 강하게 부정하며 고개를 가로저었다.

1896년 5월 모스크바대관식에서 러시아와 청국, 러시아와 일본의 외교 활동은 조선을 둘러싼 러시아와 일본의 세력 균형(모스크바 의정서), 일본의 청국 침략 방어를 위한 러청 협력 및 러시아의 동청철도 획득(러청비밀협정) 등을 중심으로 진행되었다. 니꼴라이 2세는 청국과 일본의 비밀외교를 둘러싼 복잡한 상황을 고려하면서 러시아와 일본의 공동 영향력에 대해 부정적 반응을 보였다. 실제 러시아는 일본과 체결한 '모스크바 의정서'에서 러시아와 일본의 조선 공동 보호를 의도적으로 피했다.

민영환이 다시 5개 조항 제안서를 반복하자 황제가 말했다.

"공사가 내게 말한 것을 외무대신과 재무대신에게 전하도록 하시오. 두 대신은 공사를 위해 그 일을 주선할 것이고 공사는 우리의 도움을 믿어도 될 것이오."

그러자 민영환은 조선 국왕의 서한을 전달했다. 서한의 내용은 베베르와 쉬뻬이에르의 협력에 대해서 특별히 니꼴라이 2세에게 감사를 표현하는 내용이었다. 민영환이 두 사람이 동양에 오랫동안 체류할 수 있도록 허락해주시기를 바란다고 말하자 니꼴라이 2세는 "그런 얘기를 듣게 되어 기쁘오."라고 답변했다.[4] 니꼴라이 2세는 조선이 사신을 보내와 양국의 친교와 우의가 더욱 돈독해졌고 이 관계가 오래 지속될 것이라고 고종에게 전달토록 했다. 민영환은 조선 정부의 의사를 전달한 뒤 세 번 무릎 꿇고 그 자리에서 물러났다.

니꼴라이 2세는 1891년 일본 방문 중 괴한의 습격을 받은 경험이 있었던 데다가 조선에 대한 일본과의 공동 보호에 부정적인 생각을 가진 듯했고, 한편으로 대원군의 정치적 영향력까지 파악할 정도로 조선에 대한 정보를 충분히 알고 있는 듯했다.

러시아의 5개 조항 답변서

사절단은 1896년 6월에 전달한 5개 조항 제안서에 그치지 않고 1896년 7월 비공식적인 '한러비밀협정' 체결을 추진했다. 이미 러시아 외무대신 로바노프는 1896년 6월 30일(러시아력 6.18.) 5개 조항 제안서에 관한 답변서를 민영환에게 전달했다. 내용은 다음과 같다.

첫째, 고종이 주한 러시아공사관에 머무는 동안 러시아 경비병의 신변 보호를 받는다. 고종은 자신이 필요하다고 생각하는 만큼 그곳에 체류할 수 있다. 만약 고종이 환궁할 경우에는 러시아 정부는 고종의 신변 안전에 대한 도덕적인 보장을 제공한다. 현재 주한 러시아공사관에 주둔하는 러시아 부대는 러시아공사의 명령을 받을 것이며 필요한 경우 증강도 가능하다.

둘째, 러시아 정부는 군사교관단 문제를 해결하기 위해 가까운 시일에 최고의 경험을 갖춘 러시아 장교를 서울로 파견하며, 이 문제에 대해 협의할 권한을 위임한다. 러시아 장교는 우선 고종 수비대의 조직에 관한 문제를 전담한다. 러시아 정부는 조선의 경제 상황을 조사하고 필요한 재정적 대책을 수립할 수 있도록 경험 있는 인물을 파견한다.

셋째, 러시아 고문 파견 문제는 조선 정부에 협력하기 위한 위의 조항에 의해서 결정될 것이다. 상기 언급된 군사와 재정 부분에 위임된 전문가는 필수적으로 주한 러시아공사의 지시를 받아 근무한다.

넷째, 조선 정부에 대한 차관 제공은 조선의 경제적 조사 및 정부의 필요성이 설명되었을 때 결정된다.

다섯째, 러시아 정부는 러시아의 육로 전신선을 조선 전신선과 연결하는 데 동의하며, 이와 관련된 사안을 제공한다.[5]

러시아의 5개 조항 답변서에는 사절단의 요구가 제대로 반영되지 않았다. 러시아가 고종의 환궁 이후 안전에 대해서 '도덕적 지원'만을 보장했기 때문이었다. 민영환은 모스크바에서 러시아 경비병에 의한 고종의 신변 보호에 대한 구체적인 답변을 받지 못하자, 모스크바대관식이 끝났음에도 본국으로의 귀환을 포기하고 3개월가량 뻬쩨르부르크에 남아서 끈질긴 협상을 지속하였다. 그동안 민영환은 마음 속으로 생각했을 것이다.

'기다릴 줄 아는 자에게는 언젠가 좋은 때가 오는 법이야. 필요한 것은 인내와 시간이다. 인내와 시간, 이 두 용사보다 강한 것은 없어.'

민영환은 1896년 7월 5일 오후 3시 김도일과 함께 외무대신 로바노프를 방문했다. 민영환은 친서와 국서에 대한 공식적인 회답을 아직 받지 못했기 때문에 러시아에 여전히 체류 중이었다. 민영환은 니꼴라이 황제와의 면담 약속을 정해줄 것을 로바노프에게 요구했다.[6] 그런데 민영환은 로바노프와의 면담 약속을 윤치호에게 숨겼다. 민영환은 이미 1896년 5월 1일 아침 캐나다 퍼시픽Pacific 열차 안에서 고종의 비밀 전문을 윤치호에게 알려주었다. 비밀 전문의 내용은 민영환이 중요한 협상을 할 경우, 통역에서 윤치호가 배제되고 김도일이 수행한다는 것이었다.[7] 고종은 모스크바에서 공식적인 협상 이외에도 비공식적인 협상을 지시했고 윤치호를 사절단의 한러비밀협상에서 제외시켰다. 실제 민영환은 고종의 명령과 전보에 따라서 중요한 협상에서 윤치호를 배제하고 김도일만 동행시켰다. 윤치호는 사절단의 비공식 협상에서 제외된 쓰라린 심정을 표현했다.

"사람을 반쯤 믿는 것은 아무것도 신뢰하지 않는 것보다 더 나쁘다."[8]

윤치호에 따르면 러시아 외교관 쁠란손은 민영환이 1896년 6월 30일 고종의 서신을 러시아 황제에게 전달하려 했을 때, 고종의 친서와 신임장을 한꺼번에 모두 올리지 말도록 조언했다. 쁠란손은 신임장을 보류해두면 러시아 황제를 다시 한 번 면담할 기회를 가질 수 있을 것이라고 말했다.[9] 쁠란손의 조언은 적절했다. 민영환은 러시아 황제의 면담 기회를 활용하여 한러비밀협정 체결을 추진했다.

민영환은 1896년 7월 10일 오후 1시 외무대신 로바노프를 김도일과 함께 방문했다. 로바노프는 민영환이 14일 뻬쩨르고프 행궁에 가서 러시아 황제를 알현하게 될 것이라고 말했다.[10] 윤치호에 따르면 민영환은 조선을 판매하는 협상자처럼 많은 비밀을 가졌다. 윤치호는 민영환이 이중성, 기만, 비밀, 음모 등을 외교 활동으로 생각한다고 판단했다.[11]

서울에서부터 사절단을 안내한 외교관 쉬뻬인은 1896년 7월 12일 (러시아력 6.30.) 오후 민영환에게 다음과 같이 알려주었다.

"로바노프는 고종이 경운궁으로 환궁한다면 러시아 경비병을 제공할 가능성을 고려하고 있습니다. 이 문제에 대한 최종 조정은 주로 베베르의 권고에 달려 있습니다."[12]

이것은 조선에서 베베르의 영향력이 강력하였음을 의미했고, 고종이 지속적으로 베베르를 유임시키려는 이유였다. 그런데 러시아 정부는 민영환이 끈질기게 러시아 경비병에 의한 고종 신변 보호를 요청하자 민영환의 요구를 수용하려는 태도로 바뀌고 있었다.

베베르는 165센티미터가 조금 안 되는 키에 떡 벌어진 어깨를 갖고 있었다. 사각 얼굴에 이목구비는 뚜렷했고 콧수염과 턱수염을 기르고 있었다. 그는 무표정한 미소를 갖고 있었다. 눈자위에서 시작하여 때로는 눈자위에서 사라져버리기도 하는, 그런 느릿느릿한 미소였다. 차가운 인상을 소유한 베베르는 독일계 러시아인이었다. 그는 서구의 근대화를 모방할 것을 주장한 서구주의자의 면모를 갖고 있었다. 베베르는 1874부터 1875년까지 요코하마 주재 러시아부영사,

1876년부터 1884년까지 톈진天津 주재 러시아영사로 근무했다. 그는 1882년 조선 정부와 조약 체결을 협상하라는 훈령을 받고 조선으로 출발하였고, 1884년 '조러수호통상조약'을 직접 체결했다. 이를 계기로 조선과 인연을 맺은 베베르는 초대 주한 러시아공사에 임명되어 1885년부터 1897년까지 업무를 수행했다. 청일전쟁 이전까지 베베르는 고종과의 특별한 개인적 관계를 형성하면서 러시아의 조선에 대한 현상 유지 정책을 충실히 수행했다. 그 후 그는 1902년 고종 즉위 40주년을 기념하기 위해서 러시아 대표로 서울을 또다시 방문했다. 조선에 주재하는 외교관 중 베베르만큼 조선 문제에 정통한 인물은 드물었다. 그는 조선인을 연민의 시선으로 보았지만 러시아의 이익을 위해서 행동하였다.[13]

외무대신 로바노프는 공식적인 한러 협상이 종결되자 그 결과를 주한 러시아공사 베베르에게 통보할 필요가 있다고 판단하여, 1896년 7월 14일(러시아력 7.2.)에 문서를 작성해서 보냈다.

로바노프는 경운궁에서 러시아 경비병에 의한 고종 보호의 어려움을 설명하면서 해결 방법을 찾으려고 노력했다. 로바노프에 따르면 러시아는 두 가지 사항만 약속했다. 하나는 조선 군대, 특히 고종의 경비대 조직을 논의할 전문가를 조선으로 파견한다는 것과 또 하나는 재정적 조치를 위해서 조선의 경제적 상황을 파악한다는 것이었다. 그런데 민영환은 고종의 환궁이 왕권에 대한 존경심을 유지하기 위해서 필요하며, 러시아 군대의 궁궐 수비가 없다면 환궁을 실행하지 않을 것이라고 주장했다.

로바노프는 러시아가 궁궐 경비를 수행할 수 없는 이유를 구체적으로 기록했다. 첫째는 러시아 수비대가 궁궐에서 고종을 경호한다면 조선의 자주권을 훼손할 수 있다는 것이었고, 둘째는 이것이 다른 열강, 특히 일본의 노골적인 불만을 불러일으킬 수 있고, 조선의 정치적 상황을 복잡하게 만들 수 있다는 것이었다. 야마가타 아리토모山縣有朋는 모스크바에 체류할 때 러시아 수비대의 경운궁 보호에 대해 강력한 반대 의사를 로바노프에게 전달했다. 야마가타는 "일본의 사회적 여론은 주한 러시아공사관에 고종이 체류하는 것을 받아들였습니다. 하지만 고종이 경운궁으로 환궁할 때 러시아 수비대가 궁궐에 머문다면, 일본 지식인들 사이에 큰 동요가 일어날 것이고, 이는 일본 정부가 수습하기 어려운 수준일 것입니다."라고 말했다.

로바노프는 고종에 대한 러시아의 외교적 보호 약속만으로도 신변 보호에 충분하다고 민영환을 설득했다. 로바노프는 고종에 대한 '도덕적인 보장', '러시아의 보호'라는 용어를 사용하며 고종 신변 안전에 관한 러시아의 지원을 표현했다. 로바노프는 조선의 질서 유지를 희망한다는 러일의 공동성명까지 추진했다.

로바노프에 따르면 고종은 자신이 필요하다고 판단할 때까지 주한 러시아공사관에 체류할 수 있지만, 고종의 환궁 이후의 안전은 도덕적인 보증만 가능했다. 러시아 정부는 '러시아의 보호'라는 외교적 문구 하나만으로도 고종의 신변을 보호하는 데 충분하다고 판단했다. 로바노프는 고종에 대항하는 모든 적대적 행동을 자제한다는 약속을 받기 위해서 일본 정부와 대화하였고, 일본 정부로부터 매우 긍정적인 답변을 받았다. 로바노프는 주한 러시아공사관과 일본공사관이 조선의 질서를 유지한다는 양국의 공동성명을 제안했다.

"그 성명은 국가와 수도의 평온을 깨려는 국내의 음모를 차단하는 가장 좋은 수단일 것이다. 필요할 경우 주한 러시아공사는 일본공사와 회의하여 양국의 공동성명서를 발표할 수 있다."

로바노프는 5개 조항 답변서를 첨부하면서 첫째 조항을 "러시아가 주한 러시아공사관의 수비대를 귀환시키지 않으며, 필요할 경우 수비대를 증강시킬 것이다."라고 해석했다. 그런데 민영환은 "고종이 궁궐에서 공격을 받을 경우, 러시아 수병에 의지할 수 있습니까?"라고 로바노프에게 질문했다. 로바노프는 갑작스러운 상황을 예측할 수 없지만, 러시아 수병이 주한 러시아공사의 지휘하에 경운궁에서 가까운 거리에 주둔할 것이라고 답변했다.[14]

로바노프는 5개 조항 답변서의 핵심이 러시아 수비대의 증강이라고 기록했다. 또한 주한 러시아공사관의 경비병이 경운궁(명례궁) 가까이에 주둔하여 갑작스러운 궁궐 습격에 대비할 수 있을 것이라고 주장했다.

조선과 러시아의 명례궁 약정

민영환은 1896년 7월 14일 12시 공식적으로 러시아 황제와 작별 인사를 나누기 위해서 소례복을 입고 발틱역으로 출발했다. 특별열차가 이미 와서 기다렸고, 영접관(예관) 한 명도 대기했다. 13시 30분 140리를 가서 노브이뻬쩨르고프Новый Петергоф역에 도착했다. 궁내부의 마차 2량이 이미 기다리고 있었다. 뻬쩨르고프궁 안에는 위아래로 2개의 공원이 있었다. 아래 공원에는 15개의 강력한 물줄기를 뿜어내는 분수와 4개의 화려한 계단식 인공 폭포가 있었다. 16미터 높이의 고대高臺 끄트머리에 뻬쩨르고프궁의 중심 건물인 뻬쩨르고프 대궁전이 우뚝 솟아 있었다.[15] 민영환은 대행궁에 도착했지만 황제는 소행궁에 머물렀다. 영접관이 인도하여 소행궁에 들어갔다. 이날 통역은 김도일이 맡았고 김득련은 공식적이고 의례적인 상황만 기록했다.[16] 그런데 뜻밖에도 윤치호도 이날의 비공식적인 협상 내용을 목격하고 기록했다. 윤치호에 따르면 민영환은 1896년 7월 14일 오후 2시 15분 니꼴라이 2세를 알현하기 직전에 김득련과 윤치호를 뒤에 남으라고 지시했다. 그러나 의전 책임자가 사절단 모두를 안내하여 윤치호도 황제의 개인 서재에 들어갈 수 있었던 것이다. 민영환은 윤치호가 함께 있는지를 알지 못한 상태에서, 러시아가 조선에 보인 관심에 대해 감사를 드리라는 고종의 전언을 전달하고 있었다. 그 순간 윤치호는 민영환의 다음과 같은 놀라운 발언을 들었다.

"제가 이미 로바노프에게 언급했듯이 '명례궁 약정'을 실행해주시기 바랍니다!"[17]

잠시 후 민영환은 뒤를 돌아보다가 윤치호를 우연히 발견했는데 순간 당혹해하며 일그러진 표정을 지었다. 황급히 민영환은 김득련과 윤치호에게 잠시 동안 나가 있으라고 지시했다. 윤치호는 그곳을 나올 수밖에 없었다. 그리고 30분쯤 뒤에 민영환은 김득련과 윤치호를 불렀다.

'명례궁 약정'은 아관파천 이전에 러시아가 고종의 신변 보호를 보장한 조선과 러시아의 비밀 약정이었다. 이에 근거하여 러시아 외무대신 로바노프는 1896년 7월 14일 작성한 문서에서 러시아 경비병에 의한 고종 보호를 집중적으로 언급했다. 윤치호도 1896년 7월 14일 자신의 일기에서 '명례궁 약정'을 언급하면서 고종의 환궁을 제안한 인물이 바로 자신이라고 기록했다. 더구나 쉬페인은 1896년 7월 12일 로바노프가 러시아 경비병을 제공할 가능성을 고려하고 있다고 민영환에게 알려주었다. 결국 민영환은 고종의 환궁 이후 러시아 경비병에 의한 고종의 신변 보호를 로바노프에게 강력하게 요청했다. 쉬페인에 따르면 러시아는 이미 고종의 환궁 이후 러시아 경비병에 의한 고종의 신변 보호를 고려했다. 그 과정에서 민영환과 로바노프는 러시아 경비병에 의한 고종의 신변 보호에 합의하였고, 민영환은 최종적으로 면담을 통해서 니꼴라이 2세의 결정과 실행을 요구한 것이었다.

고종은 먼저 경운궁 환궁 이후 러시아 경비병의 호위를 확보하려고 노력했다. 그다음 고종은 일본이 경운궁을 침범했을 때 주한 러시아공사관으로 도피할 수 있는 여지를 만들려고 했다. 이런 합의에 따라, 뿌짜따는 1897년 2월 고종을 호위하여 경운궁으로의 환궁을 실행한 것이다.

그 후 1896년 7월 27일 민영환은 오후 6시 외무대신 로바노프, 아시아국장 까쁘니스트, 부국장 구바스또프를 '에르네스트 레스토랑'으로 초청했다.[18] 그날 쉬페인에 따르면 민영환은 베베르의 주한 러시아공사 유임을 러시아 정부에 반복적으로 요청했다. 베베르의 유임 요청은 러시아 외무부를 난처하게 만들었다. 윤치호는 오히려 베베르가 피해를 입을 것을 걱정했다.[19]

민영환은 1896년 8월 3일 오후 1시에도 로바노프를 방문했는데,[20] 이날 8월 1일 작성된 한러비밀협정 관련 민영환과 로바노프의 협상이 사실상 완결되었음에 틀림없다. 윤치호는 민영환이 자신 몰래 극

100년 전의 세계 일주

비로 로바노프를 방문했다고 기록했다.[21]

　아관파천 이전 조선은 고종의 신변 보호를 약속하는 '명례궁 약정'을 러시아와 비밀리에 체결했고, 이것에 기초하여 민영환은 모스크바대관식에 참석하여 러시아 경비병에 의한 고종의 신변 보호를 추진했던 것이다.

재무대신 비테·외무대신 로바노프와의 비밀협상

　민영환은 외무대신 로바노프뿐만 아니라 재무대신 비테와도 비밀협상을 진행했다.

　민영환은 1896년 8월 6일 오후 4시 재무대신 비테를 방문했다. 오후 7시 재무부 상공국장 꼬발렙스끼В.И. Ковалевский가 인사차 왔다.[22] 윤치호에 따르면 8월 6일 민영환은 하루 종일 문을 걸어 잠그고 민경식, 김득련과 함께 긴 이야기를 나누며 서류를 준비했다. 8월 7일에도 민영환은 아침부터 자신의 방에서 문을 잠그고 윤치호만 배제한 채 모종의 비밀회의를 진행했다.[23] 이날 민영환은 오후 2시 외무대신 로바노프를 만났고, 오후 6시 기차 편으로 뻬쩨르고프 근처에 있는 대령 뿌짜따의 집을 방문했다.[24]

　로바노프에 따르면 민영환은 1896년 8월 7일(러시아력 7.26.) 로바노프와 대담하면서 조선과 러시아의 상호 관계에 관한 문제를 언급했다. 그 자리에서 민영환은 러시아어로 작성된 조선 정부의 서신을 로바노프에게 전달했다. 러시아 문서에 따르면 '서신'에는 "조선은 러시아와 공평하게 수립되고 있는 상호 우의를 지속적으로 강화할 것을 희망합니다. 조선 정부는 조선의 이익 수호를 위해서 러시아의 보호와 협력을 요청합니다."[25]라고 쓰여 있었다. 로바노프는 이 서신에 러시아 정부의 이름으로 약속할 수 없는 사항들이 포함되었다고 기록했다. 이것은 민영환이 한러비밀협정 체결을 요구한 증거였다.

로바노프는 1896년 8월 13일(러시아력 8.1.) 민영환이 전달한 '서신'에 다음과 같은 회신을 작성하여 제공했다.

> 나는 특명전권공사 민영환의 '서신'을 황제에게 전달하는 것을 잊지 않았습니다. 나는 즐거운 의무로써 다음과 같이 공사에게 보증합니다. 러시아 정부는 양국 사이에 오랫동안 존재하는 우호적 관계를 지지하면서, 조선 정부에 대해서 변함없는 위치와 확고한 노력을 확인합니다.[26]
>
> 러시아 정부는 앞으로 과거의 지속적인 보호 대상인 조선 왕실의 이익 수호를 위해 가능한 협력을 제공하고 동일한 행동 양식을 유지할 것입니다. 나는 이런 약속을 러시아 특사에게 전달하며 조선 정부에도 알려줄 것을 부탁합니다.[27]

이는 로바노프가 최소한 조선과 러시아의 우호와 발전을 기원하는 서신을 작성하여 민영환에게 제공했다는 사실을 알려준다. 무엇보다 주목해야 할 것은 로바노프가 민영환의 서신을 러시아 황제에게 보고했다는 것이다. 러시아 황제는 민영환의 의사를 충분히 인지하였고, 로바노프는 외무대신의 지위에서 서신을 작성했다. 이 서신 내용

중 '러시아 정부가 조선 왕실의 이익을 보호하는 가능한 협력과 행동을 제공한다'는 대목은 러시아의 조선 보호를 의미했다. 결국 로바노프는 러시아 황제의 승인 아래 한러 우호와 협력을 보증한다는 서신을 민영환에게 전달했던 것이다.

이미 1896년 6월 13일 민영환은 로바노프와 대담했다. 당시 로바노프는 고종의 신변 안전에 대해 러시아가 최선을 다하고 있다고 주장했다.

"황제는 러시아가 언제나 조선을 향한 외부의 공격으로부터 그리고 조선의 독립을 방해하려는 일본의 음모로부터 조선을 보호해줄 준비가 되어 있으며, 고종을 보호하기 위하여 러시아 수병을 서울에 파병했습니다."[28]

1896년 6월 15일 윤치호에 따르면 쉬뻬인은 한러비밀조약의 핵심 내용을 윤치호에게 이렇게 말했다.

"청국이나 일본의 위협으로부터 조선 왕실을 보호하는 것입니다."

쉬뻬인은 한러비밀협정의 내용을 사전에 파악하고 비밀 정보를 윤치호에게 알려주었던 것이다.[29]

외무대신 로바노프А.Б. Лобанов-Ростовский

로바노프는 1844년 귀족 학교인 알렉산드롭스끼를 졸업한 그해부터 외교관으로 활동했다. 1867년부터 내무부 차관, 터키 주재 대사, 영국 주재 대사, 오스트리아 주재 대사를 역임했다. 1895년 외무대신으로 임명되었으나 이듬해 8월 심장병으로 사망했다. 그는 1895년 '삼국간섭'을 주도하여 일본의 요동 진출을 저지했고, 1896년 조선 문제에 관한 모스크바 의정서(로바노프-야마가타 협정) 및 동청철도 건설을 위한 '러청비밀협정' 등을 체결했다. 그는 재무대신 비테와 함께 일본의 동북아 침략 방지, 조선의 중립 유지, 러시아의 만주 진출 등을 추진한 핵심 인물이었다.[30]

주한 일본공사 가토 마쓰오의
한러비밀협정 파악

주한 일본공사 가토 마쓰오加藤增雄는 1897년 12월 14일 고종의 한일밀약 제안을 보고하면서 1896년 조선사절단의 활동에 관한 정보를 일본 외부성에 보고했다. 고종은 1897년 12월 3일 가토가 신임장을 제출할 때 배석했던 궁내부와 외부대신 및 시종관들을 배제하고 독대했다. 고종은 1896년 조선사절단의 한러비밀협정을 가토에게 언급했다.

"사실 1896년 민영환을 러시아로 파견할 때, 이범진李範晉 등이 '한러비밀협정'의 필요성을 강력히 주장했다. 그때 나는 러시아가 야심을 품고 있지 않을 것으로 판단해서 '한러비밀협정'과 관련된 업무를 위임했다. 러시아의 시위대侍衛隊 훈련은 외면상으로는 군사 교육이라는 명목으로 실행되었다. 그런데 러시아는 군사의 전권을 장악하고 모든 임무에 간섭해왔다. 이런 상황에서 나는 신변의 큰 위협을 느끼고 있다."

가토 마쓰오는 민영환의 '한러비밀협정' 내용을 고종으로부터 확인하고 문서까지 입수했다. 일본이 입수한 문서는 바로 1896년 8월 러시아어로 번역된 민영환의 '서신'이었다. 이 '서신'은 실제 민영환이 8월 7일(러시아력 7.26.) 작성했으며, 8월 10일 수정한 것이었다.

"조선과 러시아는 강토가 서로 접하고 우호로 화목을 다져온 지 여러 해가 되었고, 어떤 일이 있으면 서로 상의하여 협력을 강화했습니다. 조선에 어려움이 발생하면 러시아는 병력兵力으로 도와주고 혹은 다른 나라가 조선의 자주독립권을 방해하면 러시아는 특별히 공평히 처리하여 조금도 손상됨이 없도록 해야 합니다."

가토에 따르면 로바노프는 1896년 8월 13일 조선 정부의 러시아 병력 지원 요청에 따라 러시아의 보호를 약속하는 문서를 보냈다. 로바노프가 보낸 '서신'은 다음과 같았다.

"이러한 내용을 본 대신은 러시아 황제에게 주달奏達해서 윤허允許를 받아 러시아 정부의 명령을 귀 공사에게 통고합니다. 앞으로 양국 정부의 교정交情이 더욱 친밀해지고, 조선 정부에 어려움이 있거나 또는 다른 나라가 자주권을 침해하는 일이 있다면, 러시아는 당연히 공평하게 처리하여 도울 것입니다. 공사는 귀국하는 대로 이러한 약속을 귀국 정부에 전달하고 이 신뢰를 상호 지켜서 영원히 화목할 것입니다."[31]

서신에 따르면 로바노프는 러시아 황제에게 민영환이 작성한 서신을 보고하고 그의 승인을 받아 러시아의 우호를 증명하는 회신을 보냈음을 알 수 있다. 민영환은 로바노프가 보낸 문서를 한문으로 번역하는 과정에서 러시아 황제의 '승인[允許]'이라는 단어를 강조했다. 이것은 로바노프의 서신의 효력을 더욱 강조하려는 의도였다.

정리하면 로바노프는 러시아 황제의 승인 아래 한러 우호와 협력을 보증한다는 서신을 민영환에게 전달했다. 이것은 러시아가 조선을 자국의 영향 아래에 두려는 전략이었다. 조선의 입장에서 러시아와의 협력은 일본의 군사적 침략을 방어하기 위한 외교적 노력이었다.

윤치호는 1896년 8월 13일 오후 4시 주러 일본공사관 해군무관 야시로八代 중령을 방문했다. 야시로는 조선사절단의 전보 내용까지 파악하고 있었다.[32] 또한 주한 일본공사관은 조선 정부의 고위 관료들 중 일부를 매수하여 각종 정보를 얻기도 했다.

주한 일본대리공사 가토는 1896년 6월 30일 민영환의 전보 내용을 파악하여 본국 정부에 보고했는데 그 내용은 다음과 같았다.

"민영환이 근래 발송한 전보를 파악해보니, 고문顧問과 사관士官은 뜻한 대로 되었고, 차관借款은 줄 것 같지 않으며, 환궁은 성의聖意에 맡긴다."[33]

이는 일본이 조선사절단의 전보 내용을 완전히 파악하고 있었다는 사실을 알려준다.

주한 일본공사 하라原敬는 1896년 8월 30일 러시아 군대의 궁궐 수비 및 러시아 정부의 차관 제공 등이 불가능하지만 러시아 군사교관의 조선 파견이 진행되고 있다고 보고했다. 하라는 러시아가 조선 군대 훈련을 검토하고 있지만, 자국 경비병에 의한 고종 호위를 거절했다는 사실도 파악하고 있었다.[34]

일본은 민영환의 조선사절단 활동을 비밀리에 파악하면서 한국과 러시아의 협상 과정을 주시하고 있었다. 하지만 일본은 1896년 당시 공식적인 협상 이외에 비공식적인 '한러비밀협정'을 파악하지는 못했다.

니꼴라이 2세의 공식 회답과
한러비밀협정의 대가

러시아 외무부는 1896년 8월 16일 공식적으로 친서의 회답과 국서의 답신을 모두 함께 민영환에게 전달했다.[35] 니꼴라이 2세는 1896년 7월 2일(러시아력 6.21.) 고종의 친서에 대한 회답을 작성했다. 그 주요 내용은 민영환을 자주 접견하였고, 모스크바대관식 선물에 대해서 감사하다는 것이었다.

러시아 황제의 회답은 다음과 같았다.

"러시아 대황제 니꼴라이 2세는 조선 군주에게 알립니다. 나는 특명전권공사 민영환이 모스크바에 도착하여 대관식에서 접견했습니다. 나는 민영환이 전달한 조선 군주의 친서를 확인하고, 기쁨을 이기지 못했습니다. 정의가 확실하고, 보배로운 선물이 많았습니다."[36]

또한 니꼴라이 2세는 민영환을 여러 차례 만나면서 "일마다 협의하여 진심으로 서로 기뻐했습니다."라고 기록했다. 이것은 러시아 황제가 최소한 민영환과의 협의 과정을 인정하면서 결과에 만족했다는 사실을 알려준다. 니꼴라이 2세는 "함께 평화를 누리고 영원토록 지켜나가기를 바랍니다."라고도 했는데 이것이 외교문서 상의 예의적 발언이라 할지라도 최소 한러의 우호 관계를 인정한 것으로 해석할 수 있다.

그 후 민영환은 1896년 10월 하바롭스크에서 연흑룡강 총독 두홉스꼬이C.M. Духовской를 만났다. 민영환은 두홉스꼬이를 만난 자리에서 러시아 군사교관단장 이외에 군사교관단원을 보강하기 위해서 노

력했다. 민영환은 두홉스꼬이에게 러시아 군사교관단원의 파견을 강력히 요구하면서 마지막까지 노력했다.[37]

양국의 상호 협력을 추진한 민영환이 귀국할 때 러시아 군사교관단장 뿌짜따는 1896년 10월 20일에 포함 그레먀쉬호를 타고 제물포에 도착했다. 육군 중위 아파나시예프Афанасьев, 소위 식스뗼Сикстель, 의사인 치르빈스끼Червинский와 10명의 하사 등을 포함한 1차 러시아 군사교관단은 10월 21일 서울에 도착했다.[38]

윤치호는 1896년 11월 7일 한러비밀협정 내용을 추정하여 자신의 일기에 기록했다. 그가 들은 소문에 따르면 조선 정부가 러시아의 차관을 제공받는 대신 함경도를 담보로 제공했다고 한다. 그는 민영환이 비테를 만날 때 그러한 담보 조건을 제시했을 가능성이 있다고 보았다.[39]

그렇다면 조선은 러시아에게 무엇을 제공했을까? 아관파천 이후 한러의 이권과 차관 교섭을 살펴보면 '한러비밀협정'의 대가를 유추할 수 있다.

러청은행장 뽀꼬찔로프는 1896년 8월 17일 부인과 함께 서울에 도착했다. 뽀꼬찔로프는 실제 2개월 정도 조선의 경제 상황을 조사하여 조선에 차관 제공을 위한 준비를 진행했다. 그 후 1896년 11월 17일 뽀꼬찔로프는 톈진天津으로 출발했다.[40]

러시아 상인 브리네르Ю.И. Бри́нер는 1896년 9월 조선 정부로부터 압록강, 두만강, 울릉도의 삼림 채벌권과 압록강과 두만강의 벌목 특허권을 획득했다. 뽀꼬찔로프는 1896년 10월 7일(러시아력 9.25.) 브리네르가 두만강과 압록강 지역의 풍부한 삼림 이권의 획득에 성공하였고, 러시아가 조선 북부 지역에 대한 정치적 영향력을 강화할 수 있다고 주장했다.[41] 뽀꼬쩰로프는 1897년 8월 12일 러시아의 함경도 이권 획득을 위한 노력을 북경에서 보고했다. 함경도 길주의 삼림 자원 이권, 함경도 삼수와 담천 지역의 이권이었다. 뽀꼬쩰로프는 주한 러시아공사 베베르가 2개의 이권 획득을 지원했다고 보고했다.[42]

주한 일본대리공사 가토는 1896년 11월 30일 러청은행을 통한 조선의 차관 도입 예약서를 입수하여 본국 정부에 보고했다. 가토는 러시아 차관 도입을 위한 조선의 조세와 해관세의 구체적인 담보 내용을 보고했는데 그 내용은 "조선은 자국의 조세와 해관을 담보로 하고 기한을 정하여 원리를 상환한다. 담보는 인천, 덕원, 부산항의 해관세이다. 만약 해관세가 부족하면 조선의 조세로 충당하여 원리를 상환한다."[43]라는 것이었다.

조선은 '한러비밀협정'에 따라 러시아에 비싼 대가를 지불해야 했다. 러시아는 아관파천 이후 조선의 북쪽으로 압록강, 두만강, 울릉도의 삼림 채벌권, 함경도 길주의 삼림 자원 이권 및 함경도 삼수와 담천 지역의 이권을 획득했다. 또한 러시아는 러청은행을 통한 조선의 차관 도입을 약속하면서 인천, 덕원, 부산항의 해관세 및 조선의 조세까지 담보로 확보했다.

1896년 모스크바대관식에서의 한러, 러청, 러일의 외교 활동은 조선을 둘러싼 러시아와 일본의 세력 균형(모스크바 의정서), 일본의 조선 침략 방어를 위한 한러 협력(한러비밀협정), 일본의 청국 침략 방어를 위한 러청 협력 및 러시아의 동청철도 획득(러청비밀협정) 등의 결과물을 만들었다. 그것은 일본의 동북아 침략 방지, 조선의 중립 유지, 러시아의 만주 진출 등이 핵심이었다.

4장

민영환의
시베리아 노선

험난한 시베리아 노선

민영환의 귀환은 1890년 러시아 작가 안톤 체홉А.П. Чехов의 시베리아·사할린 여행과 비슷하게 기차, 선박, 마차로 이동하는 긴 여정이었다.

체홉은 1890년 4월 21일 모스크바에서 야로슬라블Ярославль까지 기차를 타고 갔다. 그곳에서 배를 타고 볼가Волга강을 따라 내려가서 볼가강의 지류인 까마Кама강을 거슬러 올라 27일 우랄산맥의 서쪽에 위치한 뻬름Пермь에 도착했다. 다시 기차로 우랄산맥을 넘어 쮸멘Тюмень까지 갔다. 당시 쮸멘의 동부에는 아직 철도가 깔리지 않았기에 마차로만 여행이 가능했다. 5월 3일 쮸멘을 출발하여 옴스크Омск를 거쳐 범람한 톰Томь강을 배로 건너서 톰스크Томск에 도착했다. 20일 톰스크를 출발하여 시베리아 대로의 악명 높은 꼬줄까Козулька 구간에서 악전고투를 거쳐 6월 4일 이르쿠츠크Иркутск에 도착했다. 6월 11일 이르쿠츠크를 떠나 배를 타고 바이칼호를 건넌 후 치타Чита를 거쳐 스레젠스크Сретенск까지 다시 마차로 여행했다. 그곳에서 예르막Ермак호를 타고 아무르Амур강을 따라 7월 5일 태평양 연안의 니꼴라옙스크Николаевск 항구에 도착했다. 7월 8일 기선 바이칼호를 타고 따따르해협을 따라 남쪽으로 내려와 데까스뜨리Де-Кастри에서 1박을 한 다음 7월 11일 사할린 중부의 알렉산드롭스크Александровск 진에 도착했다.[1]

대체로 시베리아 철도 완공 이전 모스크바에서 시베리아까지의 여행은 먼저 기차를 타고 볼가강에 가서 배를 타고 이동하여 다시 기차를 타고 우랄산맥을 넘은 뒤 마차를 타고 바이칼까지 가서, 다시 배를 타고 바이칼을 건너서 또다시 마차를 타고 가다가 스레젠스크에서 배를 타고 아무르강을 따라서 니꼴라옙스크에 도착하는 것이었다. 체홉의 여행도 그러했다. 체홉은 그 과정에서 길바닥에서만 2달이 넘는 시간을 보냈다. 이에 비해 민영환은 그나마 철도의 연장(1890년과 1896년 사이 쮸멘에서 끄라스노야르스크까지 철도가 건설되었다)으로 보름 정도의 시간을 단축할 수 있었다.

귀향의 시작과 이별의 아쉬움

민영환은 1896년 6월부터 8월까지 5개 조항 제안서와 한러비밀 협정을 마무했다. 마침내 8월 19일 민영환은 전날 윤치호를 배웅하고 뻬쩨르부르크를 떠날 수 있었다. 민영환은 민경식, 주석면과 한 달 넘게 함께 생활했기에 서로 아쉬움을 달래고 위로해주었다. 외무부 쁠란손과 그루쉐쯔끼A. Грушецкий도 찾아와 작별 인사를 나누었다. 밤 12시, 민영환은 참서관 김득련, 김도일, 쉬떼인과 함께 기차 정거장에 도착했다. 민경식, 주석면, 해군 제독 오스또로쁘프A.A. Остолопов, 쉬떼인의 어머니와 그 동생 모제스트가 모두 기차역에서 기다리고 있었다. 마침내 조선사절단은 기차에 올랐고 기차가 서서히 움직이자 남은 사람들을 향해 손을 흔들었다. 민영환과 김득련은 기차 바퀴 소리를 들으며 한러협정 체결 과정에서 느꼈던 무거운 마음의 짐을 내려놓을 수 있었다.

"이제 북쪽 길을 좇아 모스크바 방향으로 나와 바퀴 소리를 요란히 내며 곧장 달리니 몇 달 동안 답답하고 응어리졌던 나그네의 찌꺼기가 확실히 시원하게 트임을 깨닫겠다."[2]

러시아에 도착한 첫날부터 불안감에 잠을 제대로 이루지 못했던 민영환은 기차가 출발하자마자 깊은 잠에 빠져들었다.

김득련은 뻬쩨르부르크를 떠나는 아쉬움을 느끼며 지난 7월 20일 사절단 모두가 자동차를 타고 끄레스똡스끼섬(엘라긴섬)에 가서 밤새 놀았던 기억을 다시 떠올렸다.

> 하늘 끝에 나그네 되어 가을바람을 맞으며
> 러시아 서울을 떠나 동쪽으로 향하네.
> 바람 쐬던 엘라긴섬이 가장 그리워라.
> 선창가 위아래로 온통 등불이 붉었었지.[3]

민영환은 조선 상황의 변화를 주시하면서 신속히 귀환하려는 마음을 한시로 남겼는데, 3개월가량 뻬쩨르부르크에 남아 끈질기게 협상해서 성과를 만들었던 그의 충실한 성품을 엿볼 수 있다.

> 끝내 안개 속에 숨기 어려운 것은 남산南山의 표범이요,
> 홀연히 보니 바람이 북해의 물고기를 치네.
> 새로 들으니 날로 세계 속에서 부강해질 때니,
> 때때로 고향 소식은 전보를 친 나머지네.
> 사신의 일이 러시아 서울에서 이제 끝났으니,
> 돌아가는 행장 속히 차려 배와 수레를 빌리리.[4]

니쥐니노브고로트 박람회와 볼가강

1896년 8월 21일, 민영환은 오전 7시 니쥐니노브고로트Нижний Новгород에 도착하여 박람회를 구경했다. 재무부가 조선사절단의 방문을 미리 통지하여 총독의 관리 시모노프Симонов와 끼세료프 Киселёв가 정거장에서 마차를 준비하고 기다리고 있었다.

니쥐니노브고로트는 볼가강과 오까Ока강이 합류하는 지점에 있는 러시아의 5대 도시 중 하나이다. 1221년 건설된 성채를 시작으로 1500~1515년 끄레믈린이 건설되었고, 16세기에는 페르시아와 교역했다. 1896년 러시아 예술·산업 박람회가 개최되었다. 주민은 10여 만 명이나 되었고 제반 시설이 뻬쩨르부르크와 비슷했다. 오까강이 그 사이를 지나는데 강의 남쪽에는 산이 있고 산 위에는 집이 많아 사절단도 이곳의 숙소에 여장을 풀었다. 오까강은 길이가 1,500킬로미터로 러시아 남부 오룔Орёл 지방에서 발원하며 니쥐니노브고로트에서 볼가강과 만난다.[5]

오후 1시 바라노프Н.М. Баранов 총독이 인사차 사절단을 찾아왔다. 그는 해군사관학교를 졸업하고 1856년 크림 전쟁, 1877년 러시아-터키 전쟁에 참전했다. 육군 중장으로 1882년부터 1897년까지 니쥐니노브고로트의 총독으로 근무했고 1897년에 상원의원에 올랐다. 그는 일찍이 제독을 지냈고 수십 년 전에 조선 바다까지 항해했다.[6]

오후 3시 사절단은 총독에게 가서 사례하고 곧 박람회에 갔다. 박람회는 강의 북쪽 넓은 들에서 열렸는데, 이곳은 본래 나무가 거칠게 우거졌던 숲이었으나 이 박람회를 위해 새로 개척한 곳이었다. 둘레

는 10여 리나 되고 층층으로 된 누각과 큰 창고가 숲처럼 솟구쳐 서
있고, 화원의 풀밭 길이 펼쳐져 있었다. 누각과 창고에는 러시아에서
생산한 각종 물건을 모아 분류하여 나열했다. 이 박람회는 러시아 재
무부에서 개최한 행사로 6월 초에 처음 열렸고 10월 초에 문을 닫을
예정이었다.[7]

김득련은 니쥐니노브고로트의 풍경을 기록했다.

> 사신의 배를 하신주下新州에 대어 놓고
> 박물원에서 잠시 머무르네.
> 달이 뜬 긴 강에서 밤새 노니노라니
> 오늘이 바로 소동파蘇東坡 놀던 칠월 기망旣望이구나.[8]

8월 22일 오전 11시, 민영환은 박람회에 가서 기기소機器所, 직조소
織造所, 화회소畫繪所 등을 관람했다.[9] 김득련은 박람회의 전시품을 살
펴보며 신기함을 느꼈다. 온갖 물건과 그림들이 눈부시게 빛났고, 종
과 북, 거문고, 비파로 옛 음악을 연주했다. 무기를 만들고 옷감을 짜
는 데 모두 기계를 썼고 금, 돌, 석탄, 소금 등 온갖 광물도 전시했다.
가죽옷을 입고 얼굴을 가린 잠수부가 물고기처럼 출몰하여 물결을
일으켰다.[10]

8월 23일, 민영환과 김득련은 박람회에서 열기구에 직접 탑승했
다. 김득련에 따르면 열기구는 대나무로 광주리를 만들어 가히 네 사
람이 앉을 수 있었다. 위에 바람을 넣은 가볍고 둥근 물체가 끈으로
묶여 있었다. 행사 관계자가 그들에게 권유해서 열기구에 올랐는데,
막상 기구가 떠올라 하늘 사이를 배회하니 마치 날개를 단 신선과 같

왔다. 사절단은 오후 6시에 숙소로 돌아왔다.[11] 김득련은 열기구에 탑승한 느낌을 생생하게 한시로 남겼다.

> 가벼운 기구 안에 앉아
> 하늘에 올라 차츰 나아가니,
> 바람 타고 위아래로 오르내리고
> 전기를 저장해 종횡으로 움직이네.
> 삼천계三千界를 유희하면서
> 구만정九萬程을 쉽게 오가니,
> 신선이 만나기로 약속한 적 있어
> 나를 맞이해 봉래산蓬萊山과 영주산瀛洲山에 이르게 하네.[12]

하지만 열기구 위에서 민영환은 인생 전체가 밝은 대낮의 광선 위에서 실타래처럼 엉킨 현실과 너무나 짧은 인생을 깨달았을 것이다.

8월 26일, 민영환은 니쥐니노브고로트를 떠나 볼가강으로 출발했다. 정오에 주지사 바라노프가 와서 작별 인사를 나눴다. 민영환은 볼가강에서 주지사가 마련한 화륜선 뿌쉬낀Пушкин호를 기다렸다. 배는 오후 2시 선창에 도착했다. 뿌쉬낀호는 밝은색의 화륜선으로 그리 크지 않으나 만든 모양새가 매우 정밀해 보였다. 배는 물의 흐름에 따라 남쪽을 향해 갔다. 양쪽 언덕의 봉우리들은 접혀 있고 수목이 울창했다. 마을이 끊임없이 이어져 있고, 수많은 배가 오고 갔다.[13] 김득련은 뿌쉬낀호를 타고 가면서 고향 생각에 빠져들었다.

> 박물원에서 유람 끝내고

볼가강 가에서 돌아갈 배에 오르니,

등불 밝힌 범선들 물길 따라 그치지 않고

푸른 사당나무 둑 따라 이어졌구나.

남으로 갈수록 가을 다시 더워지고

북에서 멀어질수록 초저녁 길어지는데,

서풍에 갑자기 고향 생각 떠오르니,

농어[鱸膾]와 순채[蓴羹]에 차조술[秫酒, 고량주] 향기 그리워
라.[14]

8월 27일, 민영환은 11시 45분에 까잔Казань에 도착하여 배를 대고 잠시 쉬었다가 오후 1시 30분 다시 출발했다.

볼가강은 모스크바 북서쪽에서 발원하여 남쪽으로 3,530킬로미터를 흐른 다음 까스삐해Касийское море로 들어간다. 볼가강은 백해-발트 운하를 통해 발트해Балтийсое море와 연결되며, 아조프해Азовское море와는 볼가-돈 운하에 의해 연결된다.[15] 물이 깊고 노란색이며 강옆의 양 언덕에는 나무를 심어 마을을 이루었고 배가 머무는 곳마다 선창을 설치하여 부두를 대신했다.[16] 볼가강은 모스크바를 중심으로 러시아의 북쪽 끝과 남쪽 끝을 연결해주는 인적 교류와 물류 수송의 심장이었다.

이반 아이바좁스끼의 〈볼가강〉(1887)

100년 전의 세계 일주

시베리아 횡단철도: 사마라, 옴스크, 노보시비르스크, 끄라스노야르스크

1896년 8월 28일, 볼가강 시찰을 마친 민영환은 오전 11시 사마라Camapa에 도착했다. 사마라는 볼가강이 사마라강과 합류하는 지점에 자리 잡았는데 1586년 볼가강 교역로를 보호하기 위해 요새로 건설되면서 교역의 중심지로 발전했다.[17] 사마라의 인구는 1만 5,000명 정도였고, 가로와 시가의 점포가 가지런히 정렬되어 있었다.

선창에서는 대기 중이던 사마라 부총독 꼰도이지B.Г. Кондоиди가 사절단을 영접했다. 그는 1885년 내무부 근무를 시작하여 1896년부터 1904년까지 사마라 부총독으로 근무했으며 1906년부터 1907년까지 내무부 소속 위원회 위원으로 활동했다.[18]

러시아는 조선사절단을 특별히 대우했는데, 주요 도시마다 사절단만 태울 특급열차가 대기했고 도시의 총독이 영접하고 환대했다. 민영환은 이에 대해 "뻬쩨르부르크에서 출발한 기차가 이미 대기했다. 이 차의 방은 다섯 칸으로 단지 우리 일행만 올라타고 다른 사람은 태우지 않아 매우 편하고 쾌적했다."[19]라고 적었다.

사절단은 오후 3시 45분 기차를 타고 시베리아로 출발했다. 김득련은 시베리아로 향하는 초입 길을 기록했다.

> 며칠 밤낮을 가고 가도 벌판은 끝없는데
> 가을 기운이 완연해 단풍 들었네.
> 만 리 길 지났는데도 이제 겨우 반이니

가는 길 어디쯤에서 한양을 볼 수 있으려나.[20]

8월 29일 오전 8시, 사절단은 우빠Уфа에 도착했다. 기차 안에서 본 창밖 풍경은 거의 모두 넓은 들이었고 종종 유목지도 있었다. 기차는 길이가 1리나 되는 철교를 건너기도 했다. 우빠에는 관청이 있고 민가가 조밀하게 들어서 있었다. 사절단은 오전 11시 45분 아샤Аша에 도착하여 식사를 하고 다시 출발했다. 이곳부터는 산길이 험준하여 기차가 나아가는 것이 조금 더디다고 했다. 그들은 오후 4시 30분 뱌조바야Вязовая에 도착하여 5시에 다시 떠났다. 이제 시베리아에 들어서게 된 것이었다.[21]

8월 30일 12시 30분, 사절단은 슈미하Шумиха에 도착하여 아침을 먹었다. 그리고 오후 5시에 꾸르간Курган에 도착하여 차를 마시고 바로 출발했다.[22]

8월 31일, 민영환은 12시 30분 옴스크Омск에 잠시 머물다가 오후 1시 45분에 출발했다.

옴스크는 러시아 중남부의 시베리아 도시로 1716년 군사 요새로 건설되었는데 평원과 늪지로 이뤄졌다. 이곳은 러시아 작가 도스또옙스끼가 1850년부터 1854년까지 유배 생활을 한 지역으로 유명하다. 옴스크는 이르띄쉬Иртыш강 중류 유역에 있었다. 이르띄쉬강은 알타이산맥에서 발원하여 카자흐스탄을 지나 시베리아 서부에서 오비Обь강에 합류하는데 길이는 4,248킬로미터이다.[23]

옴스크 총독은 부관 마모노프Мамонов를 보내 술과 안주를 대접했다. 옴스크는 몽골과 접해 있고 몽골 사람으로 입적한 자가 50여만 명, 생산되는 것 중 소와 말이 가장 좋다고 했다. 지나가는 곳 역시 모두 넓은 들이었다. 오후 11시에 쩨빅스갓야에 도착하여 저녁을 먹고 떠났다. 날씨가 점점 추워져 나뭇잎이 누레지니 길옆의 풍경은 이미 잎이 흔들려 떨어지는 가을이었다.[24]

도스또옙스끼Ф.М. Достоевский는 매주 금요일 사회혁명 사상가 뻬 뜨라셉스끼М.В. Петрашевский가 주도하는 모임에 참석했는데 1848년 2월 반정부 선전용 비밀 인쇄소를 차리는 데 협력했다는 죄명으로 체 포되었다. 그는 사형을 언도받았다가 4년간의 시베리아 징역과 4년 간의 시베리아의 병역 의무로 감형되었다. 도스또옙스끼는 시베리 아 귀향지로 가는 도중 제까브리스트 당원의 아내들을 만날 수 있었 다. 그는 자신이 시베리아 옴스크 감옥에서 4년 동안 어떤 생활을 했 는지 그 체험의 실상을 『죄와 벌』의 종결 부분 「죽음의 집의 기록」 에 묘사했다. 그는 1854년 2월 25일 형기를 마치고 세미빨라찐스크 Семипалатинск 보병 연대에서 4년 동안 근무했다. 세미빨라찐스크는 카자흐스탄과의 접경 지역으로 인구 5,000명의 벽지였다. 그는 옴 스크의 감옥에서 추위, 굶주림, 학대, 위장병, 신경 발작에 시달렸는 데 감옥에서 성경책 외에는 단 한 권의 책도 읽지 못했다. 그는 틈이 나는 대로 군중 속에서 고독한 명상에 잠기며 인간이란 어떤 정치적 인 틀에 매여 살기엔 너무나도 복잡한 존재라는 확신을 갖게 되었다. "나는 감옥에서 이 세상엔 여러 가지 인간형과 성격이 있다는 것을 알 수 있었습니다. 죄수들과 함께 살면서 비로소 민중을 분명하게 이 해했습니다."[25] 도스또옙스끼는 인간의 밑바닥, 그것을 성찰해야 인 간이 신의 존재를 인식할 수 있고 구원받을 수 있다고 생각했다.

9월 1일, 민영환은 추륌Чулым에서 아침을 먹고, 오전 1시 노보시비르스크Новосибирск에서 저녁을 먹었다.

1893년 시베리아 철도가 오비Обь강을 횡단하는 지점에 노보시비르스크가 건설되었다. 오비강은 길이가 3,650킬로미터로 알타이 지방 제2의 도시 비스크Бийск의 남서쪽 25킬로미터에 위치해 있다. 오비강은 노보시비르스크 등의 대도시를 지나 북쪽과 서쪽으로 돌아 톰스크Томск주에 도달한다. 이어서 한튀만시스크Ханты-Мансийск 부근에서 이르트쉬강에 합류한다. 서시베리아 평원을 흐른 후 동쪽 오비만으로 들어간다.[26]

당시 오비강에 철교를 놓는 중이어서 사절단은 기차에서 내려 배를 타고 강을 건너 거기서 숙박했다. 다음 날 오전 10시 기차로 바꾸어 타고 출발할 계획이었다. 철도 위원 길몬Гилмон과 경무관 뽀뽀프Попов가 차에 같이 타서 호위했다.[27]

9월 2일, 사절단은 오전 10시에 노보시비르스크를 떠나 오후 3시 45분 뽀로트나야Поротная에 도착하여 저녁을 먹고 오후 5시 45분에 다시 출발했다. 지나는 길에 톰Томь강 철교가 있었는데 길이가 1리 정도 되었다. 톰강은 오비강의 오른쪽 지류로 길이가 827킬로미터였다.[28] 오후 9시에 기차가 멈췄다. 이 철도는 새로 놓인 것이어서 기차 운행이 원활하지 않아 자주 멈췄다.[29] 이곳에서부터 사절단은 매우 느리게 이동했다.

9월 3일 오전 11시, 사절단은 마린스크Маринск에 도착했다. 이곳에서는 마린스크시 부관장 니꼴스끼Никольский가 경계에 나와 영접했다. 오후 1시에 마린스크를 떠나 오후 8시 이따뜨스끼Итатский에 도착하여 차를 마시고 출발했다.[30]

9월 4일, 민영환 일행은 오전 6시 아친스크Ачинск에 도착했다. 그곳에 추림Чулым강이 있었는데 철교가 완성되지 않아 배를 타고 건넌 뒤 기차로 바꾸어 타고 오전 7시에 그곳을 떠났다. 추림강은 오비강의 오른쪽 지류로 길이가 1,799킬로미터이다.[31] 여기서부터는 산길이 험하고 사나워 흙을 보태거나 언덕을 깎아 땅을 만들어 쌓아 새 길을 만들었다. 기차 바퀴가 훼손되어 나아감이 매우 느렸다. 역이나 식당이 없어 기차에서 간단하게 차를 마시고 점심을 먹었다. 오후 2시 사절단은 끄라스노야르스크Красноярск에 도착했다. 끄라스노야르스크는 예니세이강의 하류에 위치했다. 1628년 요새로 건설되었고 금광이 발견되었으며 1895~1896년 사이 시베리아 철도가 건설되면서 급속하게 발전했다.[32] 사절단은 앞길에 철로 궤도가 없어서 마차를 타고 가기로 하고 차를 멈춰 그대로 잤다.[33] 당시 크라스노야르스크까지만 철도가 놓였다는 사실을 알려준다.

민영환은 끝없는 들판과 단풍으로 물든 시베리아 초입 길을 특별열차를 타고 편안히 달려왔는데 이젠 고달픈 마차 여행이 그를 기다렸다.

시베리아의 파리, 이르쿠츠크 마차 여행

1896년 9월 5일, 사절단은 총 4대의 마차를 이용했다. 마차를 빌릴 수가 없어서 사륜마차를 아예 구매했다. 말은 역마를 쓰고 갈아탔는데 4필 또는 3필의 말이 마차를 끌었다. 한 차에 두 명씩 앉을 수 있었다. 민영환은 손희영을 데리고 같이 탔고, 김득련과 김도일, 뿌짜따와 쉬뗴인이 같이 탔다. 행장은 따로 다른 차에 싣고 오전 2시에 떠났다. 경무관 고발퍄프Гобалёв가 순검 두 명을 데리고 동행 호위했다. 러시아는 30~60리(러시아의 1리는 조선 2리) 사이마다 역참을 두고 관리의 출장을 지원했다.

이날 뿌짜따와 쉬뗴인은 전보국에 다녀왔다. 그들은 외무대신 로바노프가 9월 1일 니꼴라이 2세를 따라서 끼예프에 갔다가 갑자기 병을 얻어 사망했다고 알려주었다. 김득련은 로바노프가 비록 늙었으나 기골이 굳세고 강건했는데 갑자기 사망했다며 불쌍하고 슬픈 일이라고 기록했다.[34] 김득련은 마차 여행의 소감도 남겼다.

철도가 중간에 끊겨 사천여 리를
구불구불 산길로 마차 몰고 가네.
부딪치고 흔들리는 걸 면할 계책 없으니
지난날 요동 벌판을 지날 때 같구나.

험난한 고개 벼랑을 평평히 깎아내어
네 마리 검은 말이 수레를 끌고 가네.
철로와 연결해 외딴 곳까지 통하고
우편물 배달해 먼 길까지 전하네.
아름드리 늙은 나무는 나이를 알기 어렵고
절로 핀 한가한 꽃은 이름조차 모르겠구나.
밤낮 마차 달리다 몹시 지루해지면
찬바람에 울리는 말방울 소리를 시름겹게 듣네.[35]

9월 6일, 사절단은 오전 8시 35분에 끄라스노야르스크를 출발하여 중간에 두 개의 조그만 강을 건너 베료좁까Берёзовка에 도착하여 차와 점심을 간단히 먹었다. 두 개의 강 중 하나는 예니세이Енисей강이었다. 이 강은 러시아와 몽골 사이의 국경 산악지대에서 발원하여 중앙시베리아고원의 기슭에서 서시베리아 평원의 동부 경계선을 따라 북쪽으로 흘러 예니세이만을 거친 후 북극해로 흘러든다. 길이는 3,487킬로미터이다.[36] 밤 11시에 깐스크Канск에 도착하여 차를 마시고 곧 떠났다.[37]

9월 7일 오후 4시, 사절단은 뽈로비노체렘호바Половино-Черемхово에 도착하여 차와 점심을 먹었다. 역에 말이 늦게 와서 조금 쉬고 떠났다. 마차를 탄 뒤로는 길가에 먹거나 잘 만한 여관이 없었다. 식사는 매번 싸가지고 온 음식을 들고 우체국에 잠시 들러 해결했다. 잠은 밤을 새워 달리는 마차 안에서 자야 했는데 마차가 여기저기 부딪치고 요동을 쳐 눈을 붙이기가 어려우니, 비로소 행로가 어려운 것을 깨달았다.[38] 마부와 마차 소리, 진창 속에서 발을 구르는 말굽 소리가 하나의 둔한 음향으로 녹아들었다. 사절단은 마차를 통해 시베리아 횡단의 극한 상황을 체험했는데, 특히 밤에 마차가 흔들려서 잠을 잘 수 없는 상황은 고통 그 자체였다.

9월 8일, 사절단은 새벽 2시에 니쥐니우딘스크Нижнеудинск에 도착하여 잠시 쉬었다. 마차를 탄 뒤 날마다 지나는 곳이 비록 산길이었지만 높은 언덕이나 험준한 고개는 없었다. 길의 양쪽 주변에는 하늘을 찌를 듯 높이 솟은 나무가 즐비했다. 길은 더럽고 습한 진흙으로 덮혀 마차가 나아가기가 너무 힘들었지만 다행히도 길의 너비가 한 자가량으로 다닐 만하여 두 차가 서로 오가더라도 부딪칠 우려는 없었다.

9월 9일, 사절단은 오전 7시 30분에 출발하여 108리를 가서 오후 2시에 후도베란스꼬예Худовеланское에 도착하여 차와 점심을 먹고 곧장 떠났다. 길가에는 단지 역과 촌사가 있을 뿐 개척해서 마을을 이룬 곳이 없었지만 철로를 만드느라 토굴을 파거나 천막을 설치하여 역부들이 거처할 수 있었다.[39] 김득련은 이날 서리가 내린 산길 풍경을 한시로 남겼다.

> 달력을 보니 오늘 아침이 중양절重陽節일세.
> 절기는 백로白露를 지나 밤이 처음으로 길어지네.
> 북쪽 땅은 추위가 빨리 와 이미 서리가 내렸으니
> 온 산에 가득한 단풍잎이 중양절을 알려주네.[40]

9월 10일, 사절단은 오후 9시 30분에 뛰레찌Тыреть에 도착했다. 두 개의 작은 강을 지나 앞으로 나가는데 지나는 역촌의 가옥 구조는 네 귀퉁이를 둥근 나무로 겹쳐 쌓고 사이사이에 구멍을 뚫어 창을 냈다. 산과 들에 소나 말, 염소와 양을 방목하는데 말은 그리 크지 않았고 흰색의 소가 많았다.

9월 11일, 정오에 미쉘룝까Мишелёвка에 도착했다. 마차 바퀴가 훼손되어 잠시 머물며 고쳤다. 오후 2시 두 개의 작은 강을 건너서 밤 10시 이르쿠츠크Иркутск에 도착했다. 두 개의 강 중 하나는 안가라Ангара강이었다. 이 강은 시베리아 남동부를 흐르는 강으로, 전체 길이가 1,779킬로미터이다. 예니세이강의 지류로 바이칼호에서 흐르기 시작하는 유일한 강이다. 안가라강은 바이칼호의 남서단 근처

이르쿠츠크에 위치한 제꼬 호텔

제꼬 호텔은 3층 건물로 1층에는 바르샵스끼 상점과 레스토랑 '제꼬'가 있었고 2~3층에 객실이 있었다.[41]

에서 흐르기 시작해, 북쪽으로는 이르쿠츠크를 통과해서 스뜨렐카 Стрелка 근처에서 예니세이강에 합류하고, 시베리아를 거쳐 북극해로 흘러 들어간다.[42]

이르쿠츠크는 시베리아의 한가운데 위치한 도시로 총독부가 있었다. 사절단은 여러 날 동안 마차 여행으로 심신이 고단하여 부내의 제꼬 호텔Гостиница Центральное Деко에 들어가 묵기로 결정했다.[43]

9월 12일, 민영환과 김득련은 묵은 피로가 계속되었는데 하룻밤을 편안히 잤더니 몸이 가볍고 상쾌해진 것을 확실히 느꼈다. 오전 11시 동시베리아(이르쿠츠크) 군사 총독 겸 사령관 고례뮈낀А.Д.

Горемыкин을 만나기 위해 총독부를 방문했는데 건물의 제반 시설들이 마치 궁궐과 같았다. 오는 길에 이르쿠츠크 총독 스베뜰리쯔끼 К.И. Светлицкий를 방문하고 돌아와 쉬었다.

거리와 시가와 상점을 보니 가지런하고 정밀하고 호사스러움이 모두 뻬쩨르부르크의 제도를 모방한 것 같았다. 길거리 위에는 수레바퀴 소리가 시끄럽고 끊임이 없었다. 수천 리 떨어진 이 황량한 물가에 이토록 눈을 휘둥그렇게 할 곳이 있으리라 생각이나 할 수 있었겠는가? 사절단은 부러움과 감탄을 감출 수 없었다.

고례뮈낀 군사 총독

고례뮈낀은 1889년부터 1899년까지 이르쿠츠크(동시베리아) 지역의 군사 총독으로 근무했다. 1900년에는 국가 평의회 위원으로 임명되었다.[44]

스베뜰리쯔끼 총독

스베뜰리쯔끼는 1887년 육군 소장으로 승진했고, 1889년부터 1897년까지 이르쿠츠크 총독으로 활동했다.[45]

오후 2시 총독이 인사차 왔다. 김도일의 친척인 신익록申益祿(20세)과 강사손姜四孫(17세)은 블라디보스톡 근처에서 태어나고 자라 일찍이 학교에 들어가 공부했고, 작년에 이곳에 와서 대학교에 들어가 3년 후에 졸업할 예정이었다. 행장을 실은 마차가 훼손되어 다음 날 고쳐야 하므로 출발을 늦추어야 했다.[46]

김득련은 이르쿠츠크의 개발된 모습을 본 놀라움을 한시로 남겼다.

> 이곳은 시베리아에 속한 성으로
> 원대한 경륜이 있어 지금의 총독부를 설치했네.
> 백성과 물산이 몰려들고 시가지가 정비되니
> 번화하기가 러시아 수도에 못지않구나.[47]

시베리아는 서, 중, 동의 세 곳으로 나뉘는데 중부와 동부 지역에는 총독을 두어 다스렸다. 이르쿠츠크는 중부 지역의 중심이었다. 인구가 약 1만 5,000명으로 역시 물산이 풍부하여 중경中京이라 불렸다. 사절단은 총독이 저녁 식사에 초청하여 오후 5시에 식사 장소로 갔다. 총독 부부 및 모든 소속 관리의 부부가 모여 환영했다. 오후 10시 마차를 타고 동쪽을 향해 떠났다.[48]

이르쿠츠크는 1686년 시로 승격되었는데 '시베리아의 파리' 또는 '시베리아의 뻬쩨르부르크'라는 별명을 가졌다. 17세기 말부터 중국과 몽골로 통하는 무역으로 인해 도시가 급격히 발달되었는데, 1698년 '네르친스크 조약'이 체결된 이후 청국과의 교역이 급증했다. 1822년 동시베리아 군사 총독부가 이르쿠츠크에 설치되었다. 제까브리스트들은 1825년 12월 체포되어 1826년 이르쿠츠크로 유배당했다. 1884년 동시베리아 군사 총독은 연흑룡강 군사 총독의 설치로 바이칼 인근으로 관할구역이 축소되었고, 1887년 이르쿠츠크 군사 총독으로 명칭이 바뀌었다. 1898년 시베리아 철도가 설치되었다.[49]

민영환은 구불구불 산길로 마차를 타고 가는 불편함을 느꼈지만 시베리아의 파리인 이르쿠츠크를 보면서 충격을 받았고, 자신과 협상했던 로바노프의 사망 소식에 인생무상을 느꼈다.

시베리아와 제까브리스트

19세기 말, 시베리아 이르쿠츠크와 치타 등에는 러시아에서 최초의 근대적 혁명을 꾀하였던 제까브리스트декабрист들의 흔적이 곳곳에 남아 있었다. 1825년 뻬쩨르부르크에서 일어난 제까브리스트 혁명은 실패로 끝났지만, 제까브리스트들이 시베리아 유형지에서 쌓아온 지식과 기술은 시베리아 지역 사회 발전의 발판이 되었다. 조선사절단은 당시 러시아 역사 지식 부족으로 제까브리스트들의 희생이 시베리아 개발에 기여한 바를 파악할 수 없었지만 시베리아 이르쿠츠크와 치타 같은 도시의 발전된 모습을 생생히 목격할 수 있었다.

사절단 중 윤치호는 뻬쩨르부르크에서 똘스또이의 소설을 읽었다. 똘스또이는 1856년 시베리아 유형지에서 사면을 받고 돌아오는 제까브리스트들의 활동을 주목했다. 똘스또이는 제까브리스트의 자료를 검토하면서 청년층에 커다란 영향을 준 나폴레옹과의 '조국 전쟁'까지 거슬러 올라갔다. 그러면서 똘스또이는 제까브리스트에 관한

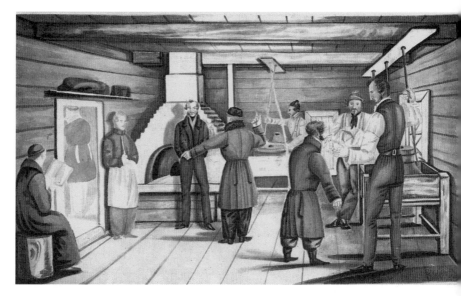
레삔의 〈치타 공장에 있는 제까브리스트들〉(1830)

장편 계획을 중지하고, 1812년 조국 전쟁 전후 역사적 사건을 둘러
싼 이야기로 주제를 바꾸며 1869년 『전쟁과 평화』를 완성했다.[50]

　원래 시베리아는 16세기 초 시베리아 칸국汗國이 통치하고 있었
고, 시베리아 칸국의 구성원은 주로 몽골족의 후손인 부랴트인이었
다. 16세기 후반에 까작인 예르막Ермак Тимофеевич이 군대를 일으켜
시베리아 칸국을 공격했다. 1581년 예르막은 약 800명의 병사를 이
끌고 따따르татар족의 수도 시비리Сибирь에 이르는 긴 원정길에 나섰
다. 예르막은 시비리에서 북쪽으로 오비Обь강을 따라 그리고 남동쪽
이르틔쉬Иртыш강 상류를 따라 따따르족을 공격하며 약탈했다. 그들
은 총포류로 무장한 이점을 활용한 반면 따따르족과 기타 원주민들
은 단지 활과 화살만을 지녔을 뿐이었다. 그런데 예르막을 포함한 러

시아 원정대는 겨울이 되자 기동성 있는 따따르족에 포위되어 물자 공급을 받지 못한 채 1585년 8월 예르막과 대부분의 부하들은 죽임을 당했다.

그 후 러시아는 1586~1598년 사이 수차례의 원정을 강행하였고 따따르족의 도시들에는 러시아인들의 새로운 도시가 건설되었다. 그 첫 번째 도시가 1586년에 건설된 쮸멘Тюмень이다. 1594년에는 이르틔쉬강의 동쪽 멀리에 따라Тара가 건설되었다. 따라는 바라바 초원 지대를 정복하기 위한 그리고 이 지역에서 쿠춤 칸에 대항하기 위한 사령부 역할을 담당했다. 러시아는 알타이산맥의 변경 지대를 이용해서 남진할 수 있었는데, 톰Том강의 비옥한 계곡 지대에 진입했고 1604년 톰스크Томск시를 건설했다. 1620년에 이르러 러시아는 서쪽으로 우랄산맥에서부터 동쪽으로 예니세이강 계곡까지, 북쪽으로는 북극해로부터 남쪽으로는 초원 지대와 알타이산맥으로까지 영토를 넓혔다.[51]

1650년 러시아 탐험가이자 모피상 하바로프Е.П. Хабаров는 까작 군대와 함께 아무르강 하류를 따라 시베리아 원주민을 대량 학살했다. 하바로프는 배를 이끌고 아무르강을 따라 원주민 마을들을 공격했는데 병력의 3분의 1 이상을 잃어버린 까작 군대는 지휘관에게 반란을 일으키고 강 하류에서 항해를 중단했다. 1689년 러시아와 청국은 아무르강의 북쪽과 스따노보이Становой산맥의 남쪽을 국경으로 정하는 네르친스크 조약Нерчинский договор을 체결했다. 그 결과 러시아는 쉴까강의 네르친스크 서쪽까지 국경선을 공고할 수 있었다. 또한 1727년 러시아와 청국은 러시아와 외몽골 사이의 국경 등을 확정하는 캬흐타 조약Кяхтинский договор을 체결했다.

1760년대 톰스크 등의 시베리아 서부 지역에는 약 19만 6,000명의 러시아 이주민이 살고 있었고, 예니세이강 상류의 이르쿠츠크 지역에는 6만 2,000명의 인구가 살고 있었다. 그런데 러시아에 의해 시베리아가 개방된 중요한 사건은 우랄산맥에서 이르쿠츠크에 이르는 육로와 철도 건설이었다. 1763년 숲을 없애고 바퀴 달린 탈것과 썰매로 화물을 운반할 수 있는 평평한 도로를 만드는 작업이 시작됐다. 이는 도로 주변에 세워진 쮸멘, 톰스크, 옴스크, 이르쿠츠크 같은 도시들의 발전을 가져왔다. 또한 1891년 시작된 시베리아 횡단철도의 부설도 시베리아의 개방에 큰 몫을 담당했다.[52] 이러한 정치적·경제적 변화로 19세기 시베리아에는 다양한 계급과 민족이 거주하게 되었는데 그들은 러시아 관리와 러시아 이주민, 유형수들, 시베리아 원주민, 중국인과 한국인 등이었다.

제까브리스트는 니꼴라이 1세의 자유주의자 탄압에 반발하여 전제정치와 농노제 폐지를 주장했다. 그들은 1818년에 만들어진 '복지동맹Союз благоденствия'이라는 비밀 조직을 바탕으로 두 개의 세부 조직으로 구성되어 있었다. 그것은 대령 뻬스쩰П.И. Пестель이 군부대 지휘관으로 있던 우크라이나의 뚤친Тульчин을 본거지로 한 '남부 결사Южное сообщество'와 뻬쩨르부르크에 거점을 두고 대위 무라비요프Н.М. Муравьёв가 책임자로 선출된 '북부 결사Северное сообщество'였다. 제까브리스트에 소속된 러시아 귀족 청년 장교들은 독재 체제로 고통받는 농민들과 농노들을 구원하는 '해방자'로서의 사명 의식을 가지고 있었다.

1825년 니꼴라이 1세는 제까브리스트 봉기 가담자들을 모두 검거해 뻬뜨로빠블롭스끼 요새 감옥에 감금한 후, 직접 그들을 심문하고 판결을 내렸다. 봉기에 가담한 죄로 검거되어 러시아 고등법원의 즉결 심판에 회부된 정치범은 총 121명이었다. 1826년 7월 13일, 봉기 가담자로 판명된 120명 중 5명은 사형되었고, 99명은 시베리아로 유형을 선고받았다. 115명의 제까브리스트들은 형량에 따라 11등급으로 나뉘어 강제 징역형과 추방형을 선고받았다. 최고 등급인 1급 중형으로 분류된 제까브리스트 31명에게는 종신 징역형이 선고되었고, 이들 중 반역 지도자급 8명은 특별 감시 대상으로 지목돼 호송 부대의 삼엄한 감시를 받으며 시베리아로 제일 먼저 이송되었다.[53]

제까브리스트의 시베리아 유형지는 이르쿠츠크, 네르친스크, 치타, 뻬뜨롭스끼 등지였다. 19세기 초의 시베리아 지역은 척박한 오지였다. 발목에 무거운 족쇄를 찬 그들은 시베리아 여러 도시의 형무소로 분산 배치되었지만, 주기적으로 황제의 명령에 따라 다른 지역의 형무소로 이감되었다.

1826년 8월 말에 첫 번째로 이송된 제까브리스트들은 이르쿠츠크에서 멀지 않은 소금 광산에서 강제 노역을 했다. 두 달 후에는 네르친스크의 블라고다츠키 광산 형무소로 이감되었고, 그곳에서 매일 150미터 깊이의 지하 광갱에서 새벽부터 6시간 이상 노역을 하고 50킬로그램이 넘는 광석을 캐내어 지상으로 끌어올렸다. 그들은 1827년 9월에 치타 형무소로 이감되었다. 그곳에는 85명가량의 제까브리스트 정치범들이 수용되어 있었다. 수용소에 정원을 초과하여 수감한 탓에 낡고 좁은 감방 안에 열두 명이 함께 기거해야 했다. 수감자들은 자신들을 가둘 감옥을 짓는 건설 현장에 투입되어 구덩이를 파고 울타리를 세웠다. 거대한 협곡의 참호를 메우는 작업에도 동원되었는데, 시베리아와 모스크바를 잇는 이 협곡을 그들은 '악마의 무덤'이라 불렀다. 정치범들은 이곳에서 3년 동안 수감 생활을 했다.

1830년 8월에 시베리아 최악의 교도소로 불리는 뻬뜨롭스끼 Петровский 감옥으로 이감 명령이 내려졌다. 이 감옥은 황제가 정치범들을 가장 잔인하고 고통스럽게 죽게 할 목적으로 직접 설계까지 관여한 곳으로, 야블로놉스끼 협곡의 늪지대에 창문도 없이 건설되었다. 치타에서 450킬로미터 떨어진 그곳까지 제까브리스트들은 걸어서 이동했다. 뻬뜨롭스끼 공장 은광의 지하 광갱에서 하루 종일 일하고 돌아와도 지하 감옥에서 햇빛을 볼 수 없는 생활이 이어지자 수감자들은 병들어갔다.

상대적으로 낮은 형량이 선고된 제까브리스트들이 감형을 받아 징역에서 풀려난 것은 1833년경이었고, 중형을 선고받은 이들도 그로부터 2년 후 출소하기 시작해 정착지로 이주해갔다. 그들 대부분은 시베리아 각지로 흩어져 여생을 보냈다.

절망적인 유배 생활에서도 빛났던 제까브리스트들의 동료애와 학구열은 대단했다. 그들은 치타와 뻬뜨롭스끼 수감 시절에 교도소 내에 '아카데미'라는 모임을 만들어, 각자가 알고 있는 전문 지식과 학문을 서로에게 전수하는 작업을 했다. 낮에는 힘든 강제 노역을 수행하고, 저녁에는 촛불도 없는 캄캄한 감방에서 나눈 그들의 지적 대화와 치열한 논쟁들은 이후 시베리아 지역 사회와 문화를 밑바닥에서부터 개혁해나가 놀랄 만한 발전을 이루게 한 강력한 동인들을 배태하고 있었다.[54]

사면을 받고 출소한 제까브리스트들은 시베리아 도시에서 학교를 세우기 시작했다. 교육에 종사한 제까브리스트들만 해도 서른 명이 훨씬 넘었으며 그들의 부인들과 누이들도 교육 과정에 참여했다. 또

제까브리스트 베스뚜제프의 〈뻬뜨롭스끼 공장〉(19세기)

한 경작할 땅 없이는 농사를 지을 수 없었기 때문에 제까브리스트들은 황제와 지방 당국에 청원서를 보내 경작지를 할당해줄 것을 요구했다. 그중 볼꼰스끼C.Г. Волконский 공작은 뻬쩨르부르크의 황제 앞으로 여러 차례 청원서를 보내 40년 동안 55데샤찌나десятина(1데샤찌나=10,930제곱미터)의 경작지를 개간하게 해줄 것을 요청했고, 그의 제안이 일부 받아들여져 시베리아 행정 당국은 15데샤찌나의 토지를 제까브리스트들에게 할당해주었다. 제까브리스트들은 전문적인 농업기술의 도입과 새로운 농작물과 가축의 품종 개발, 생산량을 높이는 데 필요한 유용한 농기구들을 확산시키는 방식으로 시베리아 지역에 선진화된 기술을 소개함으로써 농업 문화에 일대 혁신을 불러일으켰다.[55] 현재 이르쿠츠크에는 제까브리스트 박물관이 소재하고 있다.

당시 체포된 제까브리스트들의 소지품에서는 손으로 쓴 뿌쉬낀의 시가 예외 없이 발견되었다. 1827년 낭만주의 시인 뿌쉬낀은 '시베리아 광산 깊숙한 곳'이라는 제목으로 제까브리스트 무라비요프A.Г. Муравьёв에게 가슴 깊이 지지하는 시를 전달했다.

"시베리아 광산 깊숙한 곳에서 긍지에 찬 인내 고이 간직하라. 그대들 가슴에 담긴 드높은 지향과 고달픈 노동 헛되지 않으리니."

"불행의 진실한 자매, 희망은 침침한 땅굴 속에서도 활기와 즐거움 깨우치리니 기다리던 때는 반드시 돌아와 사랑과 우정이 어두운 빗장을 뚫고, 그대들에게 찾아가리라."

"지금 내 자유의 목소리가 그대들의 힘겨운 감옥까지 울려가듯이, 무거운 족쇄 풀어지고 감옥이 무너지는 그때, 자유가 문가에서 그대들을 반겨 맞고 형제들은 칼을 건네주리라."[56]

화륜선과 마차:
바이칼호, 치타, 네르친스크

1896년 9월 14일, 민영환은 오전 5시 바이칼호에 도착하여 화륜선을 타고 160리를 가서 정오에 호수를 건너 뮈숍스크Мысовск에 도착하여 점심을 먹었다.[57] 바이칼호Озеро Байкал는 러시아의 시베리아 남쪽에 있는 호수로, 북서쪽의 이르쿠츠크주와 남동쪽의 부랴트

Бурятия 공화국 사이에 자리 잡고 있다. 이름은 따따르어로 '풍요로운 호수'라는 뜻의 '바이쿨'에서 왔다. 약 2,500만~3,000만 년 전에 형성된 지구에서 가장 오래되고 가장 큰 담수호淡水湖이다. 길이 636킬로미터, 면적 3만 1,722제곱킬로미터, 깊이 1,642킬로미터이며 세계에서 가장 깊은 호수이다.[58]

오후 2시, 일행은 또 마차를 탔는데 밤 10시에 까반스크Кабанск에 도착하여 차를 마셨다.[59] 하루 종일 호수를 끼고 지나왔는데, 돌길이 구불구불하고 산봉우리들이 돌고 돌아 마차가 매우 흔들려 견디기 힘들었다. 밤이 되자 비가 내렸다.[60]

김득련은 바이칼호를 건너는 순간을 한시로 남겼다.

맑고 투병한 백 리 바이칼호를
무사히 배로 건너 산길로 접어들었네.
가을 풍경 즐기며 느릿느릿 마차를 모노라니
내 몸이 단풍 든 어촌漁邨 그림 속에 있구나.[61]

9월 15일, 사절단은 198리를 가서 정오에 울란우데Улан-Удэ에 이르러 차와 점심을 먹었다. 울란우데는 1666년에 까작 부대가 우데강 하류에 건설한 요새에서 유래되었다. 울란우데의 의미는 '붉은 우데 강'이다. 1934년까지 베르흐네우딘스크Верхнеудинск로 불렸는데 현재 부랴트Бурятия 공화국의 수도이다.[62]

오후 6시에 오노호이Онохой에 도착했다. 마차 바퀴가 훼손되어 잠시 멈추어 수리하고 8시에 출발했다. 지나는 곳에 이따금 들을 개간한 마을이 보였다. 몽골 사람이 섞여 살면서 가축을 놓아기르는데,

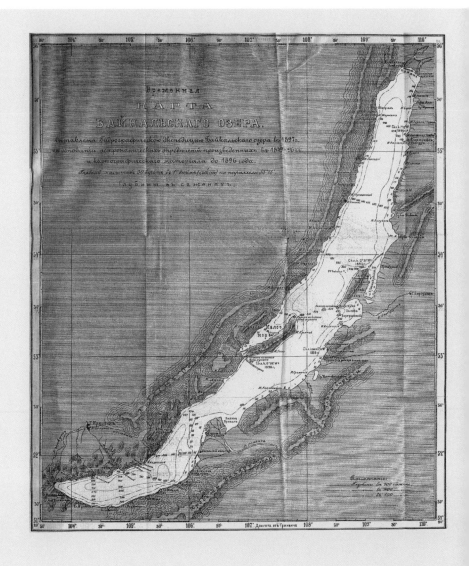

1897년 수로 탐험을 거쳐 그려진 바이칼호 지도

그 변발과 긴 겉옷은 아직도 바꾸지 않고 있었다.[63]

9월 16일, 사절단은 222리를 가서 오전 11시에 호린스크Хоринск에 도착하여 차와 점심을 먹고 출발했다. 며칠 동안 밤낮으로 피곤하여 병이 나지 않을 수 없었다.

9월 17일, 오전 5시에 출발하여 오후 6시에 벡레미쉐보Беклемишево에 도착했다. 길은 험하고 질척거려 마차가 매우 흔들리니 사람은 피곤하고 말은 기운이 빠졌다. 일행은 어쩔 수 없이 마차에서 그대로 잤다. 매일 지나치며 본 것은 산과 들뿐이었고, 우체국과 시골집은 모두 나무를 겹쳐서 만들었는데 누추해서 잠시도 머물기 어려웠다.

9월 18일, 오전 5시에 출발하여 오전 11시에 치타Чита에 도착했다. 이곳은 인구가 1만여 명이나 되는 도회지였다. 치타는 시베리아 남동부의 도시이자 자바이칼 지방의 중심지이다. 1653년에 건설되었고, 1827년 제까브리스트들의 유형지가 되었다. 1851년에 시로 승격되어 자바이칼 지역의 중심지가 되었다. 1900년에는 시베리아 철도가 개통되었다.[64]

사절단은 잠시 쉬다가 호텔에 들어가 잤다. 오후 3시 자바이칼 군사 총독 마찌엡스끼E.O. Мациевский가 인사차 왔다. 그는 1870년 육군참모본부 소속 니꼴라옙스키 군사학교를 졸업하고 1893년부터 1901년까지 자바이칼주 군사 총독으로 활동했다. 1900년 육군 중장으로 승진했다. 그는 만주 철도 지선 건설을 지원했고, 자바이칼 지역에 철도 군대를 설립했다.[65]

새벽이 되자 비가 오고 찬 바람이 크게 불었다. 김득련은 치타의 거리 풍경을 "연로의 자작나무가 많다. 서리에 물들어 누런 잎이 소나무와 삼나무 사이에 섞이니 완연히 한 폭의 풍경화를 그린 것 같다. 사람이 그 가운데로 가니 또한 하나의 진기한 경관이다."라고 표현했다.

9월 19일 오전 9시, 사절단은 총독 마쩨옙스끼에게 답례하러 갔다. 행장을 실은 마차 바퀴가 다시 훼손되어 고치는 데 시간이 걸렸다. 사절단은 오후 5시 총독이 저녁 식사에 초대하여 다녀왔다. 한적한 시골이어서 모든 것에서 시골 그대로의 풍치가 느껴졌다. 풍찬노숙한 지가 수십 일 가까이 되어 독감과 찬 기침으로 몸 마디마디가 쑤셔 괴로움이 이루 말할 수 없을 정도였다. 그러나 마차는 아직도 700여 리를 더 가야 했다. 청나라와 인접한 곳을 지나기도 했는데, 청나라 사람이 왕래하면서 장사를 했고 만주 사람이 많이 살았다.

9월 20일, 사절단은 오전 6시에 출발해 오후 8시에 까이다로보 Кайдалово에 도착하여 차와 밥을 먹고 떠났다. 하루 종일 강을 끼고 가는데 산길이 비좁고 봉우리는 높고 길이 굽어 있었다. 김득련은 "찬 바람이 소슬하고 누런 잎은 어지러이 날리니 나그네의 쓸쓸한 회포를 막을 수 없다."라고 시베리아의 매서운 추위를 표현했다.[66]

9월 21일(음력 8월 15일), 오후 7시에 미르산노보 Мирсаново에 도착해서 차와 점심을 먹고 새벽 3시 네르친스크 Нерчинск에 도착해서 잠시 쉬고 곧 떠났다. 네르친스크는 러시아 자바이칼 지방에 위치한 도시로, 1653년 요새로 건설되었다. 1689년 청국과 러시아 제국 사이에 '네르친스크 조약'이 체결된 곳이다. 19세기 네르친스크는 정치범 유형지였다. 길이 580킬로미터의 네르차 Нерча강이 왼쪽으로 흐른다.[67]

김득련은 밤이 되자 한가위 보름달을 쳐다보며 고달픈 여정을 기록했다.

"지나는 길이 강을 낀 산길이라 바다처럼 질척거려 말이 가지 못하고 차가 흔들려 견디기 어렵다. 오늘은 추석으로 아득히 우리나라의 풍경을 생각하니 가을의 수확을 즐기고 집집마다 술에 취한 사람을 부축해 돌아갈 것인데, 행역의 어려움을 돌이켜보니 갈수록 더욱 심해 심지어 자는 것도 잊고 먹지도 못하니 괴롭다고 한탄한들 어찌할 것인가?"

9월 22일, 오전 11시에 조그만 강을 건너 꾸엔가Нижняя Куэнга에 도착하여 차와 점심을 먹었다. 날이 너무 차가워 겨울과 같았다. 땅과 건물 모두가 얼어붙었고, 극심한 추위에 사절단의 고통도 심했다. 18일간 마차를 타고 오면서 많은 고초를 겪었지만, 큰 사고 없이 지나온 것이 참으로 행운이었다.[68]

민영환은 마차 바퀴를 여러 번 수리하며 시베리아 노정의 험난함을 몸소 체험했는데 3년 안에 준공될 철로의 대공사 현장을 살펴보면서 블라디보스톡까지 보름 안에 가겠다는 그 계획이 얼마나 원대한 것이었는지 파악할 수 있었다.

화륜선 베스닉: 쉴까, 흑룡강, 블라고베쉔스크

1896년 9월 23일, 민영환은 오전 4시에 쉴까Шилка강에 도착했다. 쉴까강은 러시아 자바이칼 지방의 강으로, 길이는 560킬로미터이다. 쉴까, 네르친스크, 스례쩬스크 등을 흐른다. 오논Онон강과 인고다Ингода강이 만나 만들어지며, 아르군Аргунь강과 합류하여 아무르

조선사절단이 이동한 강과 인근 지역

Амур강(헤이룽강, 흑룡강)을 이룬다.[69]

사절단은 베스닉Весник이라는 화륜선을 타고 오전 8시에 쉴까강을 출발하여 86리를 가서 잠시 쉬었다. 배에 타는 사람이 있었고 장작을 실었다. 1890년대 쉴까강을 운항했던 기선은 베스닉Весник호와 예르막Ермак호였다. 예르막호는 1890년 안톤 체홉, 베스닉호는 1891년 니꼴라이 2세가 승선한 적이 있었다.[70] 이곳에서는 석탄이 없어 배나 차는 모두 장작을 연료로 썼다. 오후 9시에 649리를 가서 그리쉬끼나Гришкина에 도착하여 정박했다. 강이 좁고 물이 얕고 암초가 많아 깊은 밤에는 배가 나아갈 수 없었다. 강류가 동남쪽으로 굽이쳐 많이 꾸불꾸불한데 양 언덕에 서리 맞은 나뭇잎이 붉고 누렇고, 경관이 기이하고 절묘한 곳이 많았다. 산 위에는 눈이 희고 북풍이

크게 불었다.[71]

김득련은 마차에서 배로 갈아타는 즐거운 마음을 기록했다.

마차를 타고 20일 가노라니
고되고 지쳐 마음까지 흔들리네.
길 험한 것은 말하기도 겁나고
날씨가 추워 병도 쉬이 드네.
지친 몸 새벽 꿈에서 깨면
숙취에 절었는지 몽롱하구나.
서둘러 재촉하며 흑룡강黑龍水에 이르니
가로질러 떠 있는 화륜선이 반갑구나.[72]

9월 24일, 사절단은 오전 5시에 출발해서 649리를 가서 오후 3시에 이그나쉬노Игнашино 땅에 도착했다. 여기서부터는 장차 흑룡강이 되는데 강폭이 조금 넓고 물은 누렇고 탁하며 깊지는 않았다. 남쪽은 만주 모허漢河 땅으로 청국 사람의 가옥이 강가에 있었다. 북쪽은 러시아 경계인데 가끔 마을이 있었다. 장작을 싣기 위해 배가 쉬었다가 오후 6시에 떠났다.

김득련에 따르면 우리나라 사람은 모두 말하기를 '장백산(백두산)' 위에 큰 못이 있어 둘레가 80리로 나뉘어 세 개의 강이 되었는데 동은 토문, 남은 압록, 북은 흑룡이라 했다. 지도를 보니 러시아와 몽골의 양쪽 경계에 사얀Саяны산맥이 있었다. 사얀산맥에서 북으로 쉴카강으로 나가 러시아의 경계가 되었고, 남으로 아르군강으로 나가 몽골의 경계가 되었다. 동쪽으로 몇백 리를 흘러 합쳐서 흑룡강이 되어

오천 리를 흘러 동해로 들어갔다. 흑룡강 남쪽 언덕이 비로소 만주의 경계가 되는데 백두산은 흑룡강 동남쪽에 있었다. 그 북쪽으로 흐르는 물은 쑹화강(숭가리강)이 되어 역시 흑룡강에 합류되니 흑룡강의 근원은 백두산에서 나온 것은 아니었다.[73]

실제 사얀산맥은 몽골 북서부와 남시베리아 사이에 있는 산맥이다. 사얀산맥은 서부와 동부로 나뉘는데 서부 사얀은 알타이산맥의 동부 시작 부분이며, 동부 사얀은 예니세이강과 바이칼호 남서부까지 뻗어 있으며, 타이가와 툰드라 지역이다. 고고학적으로 청동기 시대 문화와 연결되어 있는 미누신스크 분지Минусинская котловина가 있다. 미누신스크 분지는 지리적으로 시베리아의 예니세이강 기슭을 따라 형성된 스텝 분지로, 남쪽과 동쪽을 동서 사얀산맥이 둘러싸고 있다.[74]

김득련에 따르면 숙종 때에 청나라는 목극등을 파견하여 북쪽 경계를 조사하여 정했다. 그때 김득련의 선조 김지남과 김경문은 무산에서 800리를 거쳐 토문강의 근원을 거슬러 장백산 정상에 올라 큰 못을 두루 살펴보고 그 경계를 상세히 정했다. 물이 나뉘는 곳에 비석을 세우고 지형을 그림으로 그렸고, 돌아와 조정에 보고했다. 숙종은 어제시御製詩를 지어 "그림으로 보아도 장관인데, 산에 오르면 그 기운 어떠할까? 그동안 경계를 다투던 시름이 이제부터 모두 사라지리라." 하고는 상을 내렸다. 김득련은 "지금 내가 강 동쪽을 따라 내려오니 장백산이 손으로 가리킬 만한 곳에 있지만, 길이 먼 데다 내 마음대로 올라가 선조의 자취를 찾아볼 수도 없기에 부끄럽고 아쉬움을 견딜 수 없다."라고 기록했다.[75]

김득련은 백두산정계비가 세워질 당시 그의 조상 김지남과 김경문의 활약에 존경심을 가졌고 자부심도 대단했던 것으로 보인다. 그런데 김득련은 백두산이라는 명칭보다 장백산이라는 명칭을 훨씬 많이 사용했는데, 이는 그가 한문을 주로 사용했기 때문에 무의식적으로 중국의 용어를 선택했던 것으로 보인다. 윤치호에 따르면 김득련은 청국을 대단히 예찬했는데, 베이징에 있는 천자의 여름 궁궐만큼 아름다운 궁전은 이제까지 유럽에서도 본 적이 없다고 얘기할 정도였다.[76] 김득련은 소중화 의식을 갖고 있는 조선의 유교 지식인이었다.

1896년 9월 25일, 배는 680리를 가서 오후 1시 30분에 체르냐예보Черняево에 도착하여 잠시 머물렀다가 출발했다. 이날은 음력 8월 19일로 다음 날이 명성황후가 시해당한 날이었다. 민영환과 김득련은 1년 전 음력 8월 20일 을미사변의 기억을 떠올렸다. 그들은 시베리아에 들어온 뒤로 밤낮으로 달려가도 끝이 보이지 않는 상황에서도, 이번 새벽 곡하는 반열에 참석할 수 없다며 마음 아파했다. 선실에 국기를 걸고 탁자를 설치하여 향불을 피우고 촛불을 밝히고 공복을 입고 동쪽을 바라보며 네 번 절하며 서로 마주 보고 눈물을 흘렸다.[77] 특히 명성황후를 특별하게 기억하는 민영환은 명성황후의 죽음을 애도하며 매우 안타까워했다.

똑같은 마음이었을까? 윤치호도 1896년 9월 26일 프랑스 파리에서 명성황후의 죽음을 기억하며 그녀를 추모했다. "폭풍 같은 삶과 죽음! 그녀는 대단한 여성이었다."[78]

9월 26일, 추운 날씨가 좀 풀렸다. 704리를 가서 정오에 비비꼬보Бибиково 땅에 정박하고 장작을 실었다. 200리를 더 가서 오후 4시에 블라고베쉔스크Благовещенск에 도착했다. 이곳은 행정도시로 인구가 4만여 명이며 민가가 즐비했다. 김도일이 10년 전에 여기에 머물며 공부했고, 당시 조선 학도 3인이 있다고 했다. 배를 바꿔 타야 해서 며칠 동안 배를 기다려야 했다.[79]

블라고베셴스크는 아무르주의 행정도시이며, 왼쪽으로 아무르강과 오른쪽으로 제야Зея강의 합류 지점에 위치한다. 1856년 군사 요새로 건설되었고 1858년 도시를 형성했다. 19세기 후반 상업 도시로 발전했는데 '꾼스트와 알베르스Кунст и Альберс'라는 상업·산업 건물이 유명했다. 이곳은 1900년 러시아가 의화단운동을 빌미로 청국인을 학살한 장소다. 철도는 1913년 블라고베셴스크에서 뻬쩨르부르크로 처음 출발했다. 제야강은 스따노빅Становик산맥에서 발원하여, 아무르강의 남쪽으로 흐르는 강으로 길이가 1,242킬로미터이다.[80]

김득련은 흑룡강 항해 과정을 다음과 같이 기록했다.

흑룡강 물줄기가 어찌 이리도 긴지,
동쪽으로 큰 바다까지 만 리를 흘러가네.
강 언덕 따라 러시아와 만주가 나뉘니
수시로 배를 띄워 통상을 하네.

북풍이 물결 일으켜 한밤이 싸늘하니
강 언덕에 서리 내려 달빛 더욱 밝구나.
뼛속까지 차가워 잠이 달아나니
선창에 누워서 닭 울음소리를 세어보네.[81]

이역에서 만난 조선 이주민들

9월 27일, 베스닉호의 선주 네뽀꼬이치쯔끼Непокойчицкий(그는 본래 뻬쩨르부르크 사람인데 이곳에 와서 머물다가 이 배를 사서 이익을 얻었다)가 와서 인사하니 기꺼이 맞아 점심을 차려 친절히 접대했다.

김득련은 블라고베셴스크 지역 조선 이주민에 대해서 기록했다.

"조선인으로 러시아 땅으로 흘러들어온 자가 블라디보스톡에서 이곳까지 없는 곳이 없다. 스스로 촌락을 이루었는데 몇 만 명인지 알 수 없다. 이미 러시아 국적에 입적한 자도 많다. 이곳에도 현재 50여 명이 된다. 이곳에서 700리 거리에서 금광을 하면서 먹고사는 사람 중 여섯이 와서 보았다. 원산의 박기순朴基淳은 일찍이 우두머리를 하던 자로 아직도 상투를 틀고 있다. 경성의 김봉률金鳳律, 길주의 황필용黃弼龍과 한만성韓萬聖, 경흥의 한명성韓明星, 동래의 정운서鄭云瑞 등은 모두 10여 년 전에 들어온 자들이다. 그들의 말로는 오늘날 다행히 본국의 위의威儀를 볼 줄 생각지 못했는데, 기쁨과 감격이 교차하는 것을 이기지 못하며 만일 조정에서 소환 명령이 있으면 유민들은 당연히 모두 떠나겠다고 한다. 김봉률은 이 지역에 집이 있어 떡을 만들고 국을 끓여 가지고 왔는데 하나같이 우리 방식과 같다."[82]

9월 28일 오전 11시, 민영환은 아무르 지역 군사 총독 아르셰니예프Д.Г. Арсеньев가 인사차 왔기에 우리 유민들을 잘 보호해달라고 거듭 부탁했다. 그는 마땅히 지시대로 하겠다고 말했다. 아르셰니예프는 1875년 대령으로 승진했고, 1877~1878년 러시아-터키 전쟁에 참전했다. 1890년 연흑룡강 군사관구 포병 본부장으로 임명되었다.

1892년 6월부터 1897년 6월까지 아무르 지역 군사 총독을 수행했다.[83]

오후 1시, 사절단은 배 안에 음식을 차려놓고 선주와 선장 등 여러 사람들을 청하여 같이 먹고, 오후 3시 군사 총독에게 인사하고 돌아왔다. 기다리는 배는 아직도 도착하지 않았는데 장차 물 흐름에 역류해서 올라갈 예정이었다. 사절단은 선창으로 옮겨서 잤다.

9월 29일, 블라고베쉔스크 주변 조선 이주민이 사절단을 찾아왔다. 목천의 민봉선閔鳳善, 경성의 황석보黃碩甫는 이곳에 살았다. 이원의 이호연李浩然은 상투를 틀었고, 단천의 윤봉진尹鳳珍은 망건을 썼고, 명천의 천학선千學善은 하바롭스크에 살면서 장사하느라 이곳에 왔다. 민영환과 김득련은 일들을 서둘러 수습하고 고국에 돌아가서 살라고 타일렀고, 이주민들은 약간의 이익을 얻었으니 자본을 조금 더 만드는 대로 돌아가겠다고 대답했다.[84] 대기근으로 시달린 것도 모자라 탐관오리의 학정을 피해서 달아난 블라고베쉔스크 지역 조선 유민들이 뜻밖에 방문한 민영환 일행을 피하지 않고 음식으로 환대했으니 민영환의 심정은 착잡하고 복잡했을 것이다.

당시 흑룡강 총독부는 아무르 지역과 연해주 지역 등을 총괄했다. 1858년 러시아는 청국과 아이훈 조약을 체결하여 아무르강의 북쪽 지방 전부를 자국의 영토로 만들었다. 러시아는 캄차트카주, 우다 지방, 연흑룡 지방을 포괄하는 연해주가 만들어지면서 아무르 지역을 다시 차지했다. 1860년 러시아는 베이징 조약으로 우수리강 동쪽을 획득했는데 북으로 우다 지방, 서로는 만주, 북서로 우수리 꼬사크 관구, 남으로 만주와 조선의 일부, 동으로 따따르해협과 뾰뜨르벨리끼만을 접하는 광대한 남우수리 지방이 연해주에 포함되었다. 1861년

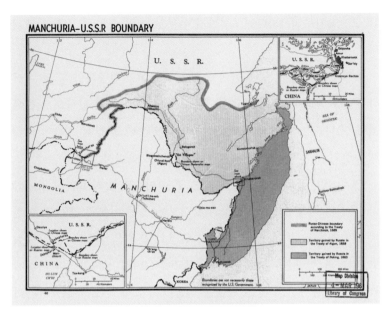

MANCHURIA–U.S.S.R. BOUNDARY

아이훈 조약의 결과로 그어진 러시아와 청국의 경계

한까Ханка호에서 해안선으로 이어지는 러시아와 청국 사이의 가장 끝 접경 지역에 경계비가 설치되었고, 연해주 남쪽 국경이 두만강까지 내려오면서 러시아는 극동에서 조선과 접하게 되었다. 1884년 이전 연해주는 이르쿠츠크에 총독부를 둔 동시베리아 총독령에 속해 있었다. 그런데 1884년부터 하바롭스크에 소재한 흑룡강 총독부는 자바이칼, 아무르, 연해주, 사할린을 관할했다. 총독부 산하에는 주임 관방, 특별 건축과, 형무소 감독관, 학교 관리사, 광산 기사, 촉탁 관리 등이 있었다.[85]

한편 1869년 조선 북부 지역에 발생한 대기근 전후 한국인이 두만강 이북과 우수리 지방으로 이주하기 시작했다. 연해주 지신허智新河 =地新墟 마을은 1863년 최초의 이주민 13가구에서 1864년 가을에는

30가구 140명으로, 1866년에는 100여 가구로 주민 수가 증가했다. 1871년 1월 통계에 따르면 당시 남부 우수리 일대에는 총 3,750명의 한인들이 정착했다.[86]

1880년대 초반 약 8,800명의 한국인이 연해주로 이주했는데, 그중 수백 명은 아무르강 가에 블라고슬로벤노예Благословенное라는 마을을 건설했다. 1897년 무렵 우수리와 아무르강 지역에는 6만 5,000명이 넘는 청국인과 한국인이 살고 있었다. 1910년경 한국인은 우수리 지방에 5만 1,000명이 넘게 있었고, 아무르 지방에는 약 1,500명 정도 살고 있었다. 이들은 조용한 성격, 좋은 체력, 양심적 행동 등으로 좋은 이주자들이란 평판을 받았다. 이들은 주로 농민이거나 금광 노동자였으며, 특히 많은 사람들이 러시아정교로 개종했다. 청국인에게 노동 금지령이 내려진 후에도 한국인들은 여전히 아무르 철도 공사에서 일할 수 있었다. 한국인 농민들은 많은 농토를 지닌 러시아 까작인보다 훨씬 더 많은 성과를 거뒀다.[87] 시베리아 횡단철도의 마무리 공사에 참여한 사람이 바로 한국인이었다.

화륜선 바론 꼬르프: 탐험가의 도시 하바롭스크

1896년 9월 29일, 사절단이 기다리던 배는 관용선 바론 꼬르프 Барон Корф호였다. 이 배는 1893~1894년 상업 수송 기선이었는데 1895~1896년 군대 수송 기선으로 이용되었다.[88] 사절단은 다음 날 출발을 위해 오후 4시 짐을 선방으로 옮겨놓고 그대로 잤다.

9월 30일, 선방 안에 쇠 대롱으로 증기를 끌어들여 추위를 면할 수 있었다. 바론 꼬르프호는 오전 8시 출발하여 동쪽으로 244리를 가서 오후 5시 뽀야르꼬보Поярково에 도착하여 잠시 머물다가 곧 출발했다. 강에 접해 있는 두 언덕은 아직도 남쪽은 만주, 북쪽은 러시아로서 종종 마을이 서로 마주 보고 있기도 했다.

10월 1일, 정오에 496리를 가서 라제Радде에 정박하고 장작을 실었다. 동풍이 크게 불고 파도가 쳐서 배가 갈 수 없었다. 오전 2시에야 떠날 수 있었다.

10월 2일, 배로 250리를 가서 오전 7시 예까떼리노니꼴스꼬예Eкатерино-Никольское에 도착하여 잠시 머물다 곧 출발했다. 이날은 동풍이 크게 불어 배가 거슬러 252리를 가서 오후 6시에 '미해로셰면옴쓰갓야'[89]에 도착하여 정박했는데, 배에 타는 사람이 있었기 때문이다. 지나는 길 강 언덕 몇 리쯤에 블라고슬로벤노예Благословенное 라는 촌이 있었다. 조선 유민이 2백여 호 살고 있었는데 모두 러시아에 입적했다고 했다. 이 마을 사람 중 남석창南錫昌이라는 자가 찾아와서 만나보았다.[90]

10월 3일, 오전 5시에 출발하여 246리를 가서 '루고왓야'[91]에 잠시 정박하여 장작을 실었다. 뱃사람의 말을 들으니 새벽에 숭가리강(송화강)이 북쪽으로 합류하는 곳을 지나는데 '장백산(백두산)'이 아직도 남쪽 방향에 멀리 있어 볼 수 없었다.[92] 김득련은 숭가리강을 지나며 '백두산'이라는 용어를 사용하면서 토문강에 대해서 기록했다.

뱃사람들 다투어 백두산白頭山이라 떠들며

동남쪽 아득한 곳을 손으로 가리키네.

큰 못이 세 줄기로 나뉘어 흘러가서

숭가리강(송화강) 북쪽에서 흑룡강과 합류하네.

토문강 나뉘는 곳에 비석을 세웠으니

이백 년 전 경계를 정했네.[93]

10월 3일, 사절단은 북쪽을 향해 190리를 가서 오후 4시 하바롭스크Хабаровск에 도착했는데 바람이 세차고 물이 얕아서 배를 댈 수 없었다. 하바롭스크는 아무르강의 우안에 있고, 우수리강이 합류하는 지점의 하류에 자리 잡고 있다. 하바롭스크는 1649년부터 1652년까지 아무르강 유역을 탐사한 러시아 탐험가 하바로프Е.П. Хабаров의 이름을 따서 명명되었다. 1858년 러시아와 청국의 아이훈 조약에 근거하여 군사 기지가 세워졌고, 1880년 하바롭스크 도시로 발전했다. 1884년 동시베리아 군사 총독부가 분리되면서 연흑룡강 총독부의 행정도시가 되었다. 1897년 하바롭스크부터 블라디보스톡까지 철도가 연결되었는데 그 당시 인구가 1만 4,900명 정도였다.

우수리Уссури강은 시호테알린Сихотэ-Алинь산맥에서 발원하여, 왼쪽의 아르셰니예브까Арсеньевка강과 순가차Сунгача강 등이 합류하면서 우수리강이 되었다. 러시아와 중국의 국경을 따라서 아무르강과 합류한다. 길이는 897킬로미터이다.[94]

조선사절단이 도착했을 당시에 하바롭스크에는 시베리아 동쪽의 총독부가 있었고 인구는 6,000명이었는데 청국인이 절반이었고 일본인도 약간 있었다. 이곳 연흑룡강 총독 두홉스꼬이С.М. Духовской

하바롭스크 기차역 광장에 세워진 탐험가 하바로프 기념비

하바롭스크라는 명칭은 아무르강 유역을 탐사한
하바로프의 이름에서 유래되었다.

100년 전의 세계 일주

는 이미 모스크바에서 서로 알던 사람인데 사절단이 왔다는 말을 듣고 사관 루빈쩨프Рубинцев를 시켜 조그만 화륜선을 마련했다. 사절단은 오후 8시에 육지에 내렸는데, 이미 숙소를 공관으로 정해놓아 그대로 갔다.[95] 모스크바에서 민영환은 1896년 6월 1일 두홉스꼬이를 방문하여 우리나라 유민을 소환하는 일에 대해서 이야기한 적이 있었다. 그때 두홉스꼬이는 유민 중에 잡된 무리가 있으니 잘 조치하는 것이 좋겠다고 말했다.[96]

두홉스꼬이는 육군참모본부 소속 니꼴라옙스키 군사학교를 졸업하고 1859년 소위로 임관되었다. 1862년 까프까스Кавказ 전쟁과 1877~1878년 러시아-터키 전쟁에 참전했다. 그 후 1886년 육군 중장으로 승진했다. 1893년 3월부터 1898년 3월까지 연흑룡강 군사 총독으로 활동했고 1898년부터 1890년까지 뚜르께스탄Туркестан 군사 총독으로 활동했다.[97]

김득련은 하바롭스크의 인상을 기록했다.

> 총독부 건물이 하바롭스크에 자리 잡아
> 겹겹이 성을 쌓아 동쪽 변방을 지키네.
> 황무지가 번화한 땅으로 변했으니
> 사십 년 사이에 경관이 달라졌네.[98]

10월 4일, 사절단은 조선 유민들을 만났다. 하바롭스크에는 '오시뽑까Осиповка'라는 이름의 조선 유민 촌락이 있었는데, 그 우두머리 김복길金福吉이 수십여 명의 사람들을 데리고 사절단을 찾아왔던 것이다. 유민들은 농사를 짓거나 상업에 종사했다. 민영환은 그날 어쩔 수 없이 나라를 등진 그들의 마음을 헤아리며, 고국을 잊지는 말라는 내용의 말을 많이 했다.

민영환은 오후 3시 연흑룡 총독 두홉스꼬이와 연흑룡강 군사관구 참모본부장 그립스끼K.H. Грибский를 만났다.[99] 오후 6시엔 총독이 초청한 저녁 식사 자리에 갔다. 여러 소속 관리 10여 명이 모두 모였고 접대가 매우 친절했다.

사절단은 4일 오후 4시 하바롭스크 시립박물관에 갔다. 이 박물관은 1894년 건설되어 하바롭스크 시립박물관 또는 그로제꼽스끼 박물관으로 불렸다. 그로제꼬프H.И. Гродéков는 두홉스꼬이의 후임으로 1898년 3월부터 1902년까지 연흑룡강 군사 총독이었다. 그전에는 1893년 3월부터 1898년 3월까지 연흑룡강 군사 부총독이었다. 그는 러시아 지리협회 연흑룡강 지부를 설립했고, 하바롭스크 도서관을 설치했고, 고고학과 민속학 분야의 하바롭스크 시립박물관 건립을 주도했다.[100] 박물관은 새로 만들어서 아직 완전하지는 못했지만 조선 의복과 기구 등을 갖추었고, 청국과 일본 두 나라의 물건도 전시했다. 러시아인에 따르면 흑룡강의 북쪽 경계는 원래 청국 영토였는데, 40년 전에 무라비요프가 새로 개척하여 러시아에 소속시키고 강가에 부를 설치하고 관청을 두어 중요한 경계를 보호했다. 그 사람의 공적을 칭송하여 높은 탑 위에 동상을 만들어 기념했다.[101]

무라비요프H.H. Муравьёв-Амурский는 1827년 귀족 자제가 다니는 육군유년학교Пажеский корпус를 졸업하고, 1828~1829년 러시아-터키 전쟁에 참전했다. 1841년 육군 소장으로 승진했고, 1846~1847년 뚤라Тула 군사 총독에 임명되었다. 그는 1847년 9월부터 1861년 2월까지 동시베리아 군사 총독으로 활동했다. 1861년부터 국가 평

하바롭스크 시립박물관

의회 위원으로 활동했다. 그는 1849~1855년 해군 대위 네벨스꼬이 Г.И. Невельской의 아무르 지역 탐사를 지시했고, 1856년 블라고베쉔 스크의 군사 요새 설치, 1858년 하바롭스크의 군사 기지 설치 등을 주도했다.[102] 러시아의 아무르와 연해주의 개척은 그의 노력과 자신 감에서 시작되었다.

10월 5일 오전 10시, 참모본부장 그립스끼와 사관 루빈쩨프가 사절단을 찾아왔다. 그들은 마병의 조련 등 각처의 볼 만한 것들을 함께 보러 가자고 요청했고, 사절단은 함께 마차를 타고 교장敎場으로 갔다. 마병 1대대 100명이 진陳을 펼치고 기다리고 있었다. 군례軍禮 를 다 마치고 나서 마병들은 달리고 쫓고 오가면서 총을 쏘고 칼을 휘두르는 시연을 펼쳐 보였다. 영방營房을 보니 몇백 명이 상비군으로 머물며 주둔하는데 여러 가지 설비가 뻬쩨르부르크와 동일했다. 그곳에는 기기창機器廠이 있어 총과 탄약을 만들어 부근 각지에 보냈다.

김득련에 따르면 하바롭스크는 30년 전에는 조그만 마을에 지나지 않았는데 그 사이에 총독부를 두고 점차 발전하여 지금은 큰 도시가 되었다. 곳곳에 요충지를 설치하여 그 방어가 강력했다. 사절단은 사관청士官廳에 머물렀는데 장군 및 사관 48인이 일제히 모여 음식을 갖추어놓고 군악을 연주하며 하루가 다 가도록 환대했다. 조선 유민이 한국 음식으로 성대한 저녁을 차렸다. 김복길金福吉이 여러 사람을 데리고 와서 권유하니 그 온정이 너무 고마워 취하고 배가 부를 때까지 마시고 먹었다.

10월 6일, 사절단은 점심을 차려놓고 참모본부장 그립스끼와 사관 10여 명을 초청했다. 총독은 공무가 바빠 오지 못했다. 이날 사절단은 소방서를 방문했는데 여러 물그릇과 물통을 항상 수레 위에 두고 불이 나는 곳이 있으면 높은 망루 위에서 사람이 바라보고 종을 치고 즉시 말을 몰고 가서 화재를 진압했다.

사절단은 오후 5시 조선 거류민의 회관[都所]에 갔다. 우두머리가 조선인 100여 명을 데리고 회관으로 왔다. 민영환은 조선 이주민들 앞에 서서 다음과 같이 타일렀다.

"두 나라가 지금 더욱 돈독하게 잘 지내니 모름지기 잘 살고 혹시라도 일을 만들지 말 것이다. 스스로 법규를 지켜야 업신여김 받는 것을 면할 수 있다."[103]

민영환은 오후 6시 하바롭스크에서 기선 치하체프Адмирал Чихачев라는 배를 탔다. 이 배는 1893년부터 아무르 지역에서 운송선으로 이용되었다.[104] 사절단은 참모본부장 그립스끼와 사관 다섯 명이 선창에 와서 그들과 작별 인사를 나누었다. 오후 8시 동남쪽을 향하여 출발했다. 김득련에 따르면 당시 날씨가 좀 따듯했지만 풀과 나무가 시들어 떨어지고 삭풍이 불었는데 조선과 비교하면 가히 초겨울 기후였다. 쉬떼인과 뿌짜따는 급한 일이 있어 뒤에 남아 수일 후에 블라디보스톡에서 만나기로 약속했다.[105] 급한 일이란 아마도 러시아 군사교관단 중 하사관 선정 문제였던 것으로 파악된다.

10월 7일, 배가 90리를 가서 오전 8시 까자께비체보Казакевичево에 도착해 잠시 머물고 다시 190리를 가서 오후 3시에 벤뉴꼬보Венюково까지 도달해 또 잠시 머물렀다. 사절단은 밤이 컴컴해 나가지 못하고 오전 4시에 다시 떠났다. 연강의 화륜선 꼬리마다 목판의 배를 매달았는데 여기에 3척을 매니 더욱 느렸다.

10월 8일, 남쪽을 향해 140리를 가서 오전 8시 뽀끄롭까Покровка[106]에 도착하여 잠시 머문 뒤 계속 나갔다. 밤이 되자 가랑비가 내렸다.

하바롭스크에서 조선 유민들에게 연설을 하는 민영환의 마음은 어땠을까? 러시아에 협력하며 안정적인 정착을 기원하는 한편 조선의 실정을 뼈저리게 느꼈을 것이다.

기차: 달리네레첸스크, 블라디보스톡

1896년 10월 9일, 조선사절단은 새벽까지 배로 이동한 끝에 321리를 가서 달리네레첸스크Дальнереченск 땅에 내렸다. 이어 기차역으로 이동하여 오후 6시 기차를 타고 블라디보스톡으로 향했다. 이곳은 본래 황량한 들판이었는데 최근 4~5년 동안 철로를 만들고 점차 마을을 개척하여 집과 상점이 갈수록 늘어 엄연히 하나의 도회를 이루었다.[107]

달리네레첸스크는 1859년 동시베리아 총독 무라비요프를 기념하기 위해서 그라프스까야Графская라는 이름으로 설치되었다. 러시아 혁명 이전까지 제1 시베리아 공병대대가 주둔했다. 1897년부터 1972년까지 이만Иман이라는 이름으로 불렸는데 볼샤야우수르까Большая Уссурка강의 이전 이름인 이만Иман강에서 비롯되었다. 이 도시에는 우수리강과 볼샤야우수르까강 등이 흐른다. 볼샤야우수르까강은 시호테알린Сихотэ-Алинь산맥에서 기원하고 길이는 440킬로미터이다.[108]

10월 10일, 기차는 남쪽을 향해 566리를 가서 정오에 우수리스크Уссурийск에 이르렀다. 우수리스크에는 1866년 니꼴리스꼬예Никольское라는 이름으로 마을이 설치되었다. 이 마을은 1898년 니꼴리스크우수리스크Никольск-Уссурийский로 이름이 변경되었다. 1880년 동시베리아 보병여단이 설치되었다. 1893년 블라디보스톡과 우수리의 철도가 연결되었다. 1897년 인구는 대략 9,000명이었다. 현재 시베리아 횡단철도와 중국 헤이룽장성黑龍江省 하얼빈哈爾濱행 철도의

연결지이다.[109]

사절단은 204리를 더 가서 블라디보스톡Владивосток역에 도착했다. 블라디보스톡은 연해주 남부에 위치한 뾰뜨르대제만залив Петра Великого을 들어가면 아무르스키만залив Амурского과 우수리스키만залив Уссурийского 사이에 위치한 항구도시이다. 1860년 러시아 군사기지로 세워져 블라디보스톡이라고 명명되었다. 1872년 니꼴라옙스크Николаевск에서 블라디보스톡으로 러시아 태평양 해군기지가 이전되었고, 1880년 대규모의 군사도시가 되었다. 1888년부터 연해주 Приморская область의 행정도시였다. 1897년 인구 조사에 따르면 약 2만 9,000명의 인구가 블라디보스톡에 거주했다. 1903년 블라디보스톡에서 모스크바까지 시베리아 철도가 완전히 개통되었다.[110]

사절단이 도착하자 연해주 부총독 빠블렌꼬Я.П. Омельянович-Павленко, 조계租界 주관위원主管委員 표도로프Фёдоров, 경무관 뻬뜨로프Петров가 와서 영접했다. 빠블렌꼬는 1886년부터 1910년까지 연해주 부총독으로 활동했다.[111] 머물 곳은 찌히 아케안Тихий океан 호텔로 정했는데, 그 정결하고 치밀하고 화려함이 뻬쩨르부르크의 호텔에 뒤지지 않았다.[112]

김득련은 드디어 러시아 영토의 끝 블라디보스톡에 입성한 소감을 한시로 남겼다.

러시아 영토의 동쪽 끝자락
블라디보스톡 항구가 배를 숨길 만하네.
삼국의 경계가 맞닿은 요충지라서
수륙에 병사를 주둔시키면 필승할 계책일세.

삼 년 예산으로 철도를 완성하니

열흘이면 뻬쩨르부르크까지 통한다네.

심원한 계책에다 온 힘을 쏟아부으니

동양으로 직행하려면 반드시 이곳을 지나야 하리.[113]

　10월 11일, 김득련은 블라디보스톡에 대해서 기록했다. 인구가 2만
6,000명인데 조선인이 2,000여 명이고 청국인이 1만여 명이고 일본
인이 400~500명이었다. 이곳은 러시아의 동쪽 끝으로 조선의 북쪽
경계와 서로 접했다. 청국과는 강 하나로 떨어져 있고 동쪽으로는 동
해와 접해 있다. 동쪽 바다로 오고 가는 군함이 정박했는데 러시아는
블라디보스톡과 뻬쩨르부르크를 철도로 연결하기 위해서 이 항구에

연해주 군사 총독
운떼르베르게르

해군 소장
에네겔름

모든 힘을 쏟아부었다.

오전 10시, 사절단은 연해주 군사 총독 운떼르베르게르П.Ф. Унтербергер를 방문했다.[114] 사절단은 이미 모스크바에서 만났던 그에게 다시 만난 기쁨의 감정을 전했다.

오후 3시에는 해군 소장 에네겔름Ф.П. Энегельм이 인사차 사절단을 찾아왔다.[115] 사절단은 그와 함께 포병 장관 그로모프Громов를 방문했다. 에네겔름에 따르면 해군 5,000명이 이곳에 상주하면서 번갈아 각 함대의 수군을 살폈다. 4시에는 부총독 빠블렌꼬가 인사차 왔고, 5시에는 조계 주관위원 표도로프를 방문했다.[116]

한편 오전 11시에는 선창 주관인船廠主管人 브리네르Ю.И. Бринер가 민영환을 찾아왔다. 그는 여름에 주한 러시아공사관에서 머물다 열흘 전에 돌아왔다면서 서울 소식을 간단하게 전했다. 브리네르는 스위스에서 태어난 독일계 러시아인이었다. 1880년대 독일과 영국 자본을 투자받아 '브리네르 상업회사Торговый дом Бринер и Ко'를 설립했다. 1890년 러시아 시민권을 획득했다. 1891년 꾸즈네쪼프А.Н. Кузнецов와 합자하여 블라디보스톡 항구에서 물품의 보관과 수송 등의 창고와 하역을 수행하는 '브리네르와 꾸즈네쪼프' 합자회사를 설립했다. 그래서 김득련이 그를 만날 당시 '선창 주관인 무림열'이라고 기록했다. 그 후 1908년 사할린에서 벌목과 올리긴스끼Ольгинский에서 광산 개발을 시작했다. 그는 우수리광산 합자회사의 설립자였고, 시베리아 상업은행과 산업은행 설립위원회 위원이었다. 1914년에는 아무르만 연안에서 탄광을 소유했다. 그는 영화배우 율 브리너Yul Brynner의 조부이기도 했다.[117] 그는 1896년 조선 정부로부터 압록강, 두만강, 울릉도 삼림 채벌권을 획득한 인물이었는데 극동 지역에서 돈이 되는 곳이면 어디든 마다하지 않았다.

김득련은 10월 11일 블라디보스톡 거주 한인에 대해서 기록했다.

"블라디보스톡 주변까지 포함해서 1만여 호가 살고 있다. 대체로 1869년(기사년) 대흉년으로 인하여 북쪽 백성들이 들어오기 시작하여 지금에 이르러 팔도 사람들이 끊이지 않고 들어와 돌아가지 않아서 많아진 것이다. 10월 11일 오후 민영환이 한인 마을 도소都所에 찾아가니 안세정 등 몇 사람이 와서 맞았다. 도소에는 대한제국의 국기 하나가 있었는데 매년 고종의 만수성절에 이를 걸고 송축한다고 했다. 민영환은 그들의 조국을 향한 그 정성이 가상했다."[118]

10월 12일, 민영환은 블라디보스톡에 거주하는 조선인들을 숙소에서 만났다. 그중 김경찬金景贊은 영변 사람으로 1876년에 들어와 일찍이 도헌都軒을 지내기도 했는데 그의 경험은 쓸 만한 것이 많았다. 김경찬에 따르면 처음 왔을 때 이곳은 도시 개발 초창기로 사람이 드물었는데, 당시엔 많은 가옥이 서로 붙어 있었고 항구도 점차 활기를 띠고 있었다.[119]

10월 13일, 민영환은 인천항에서 탔던 러시아 군함 그레먀쉬호가 마침 항구에 정박해 있어 함장 멜리니쯔끼А.А. Мельницкий를 만났다. 이날 오후 7시에 쉬뗴인과 뿌짜따가 기차 편으로 블라디보스톡에 도착했다.

10월 14일 오후 1시, 민영환은 안세정 등의 초대를 받고 도소에 다녀왔다. 그들은 도소에 점심을 차려놓고 수레와 말을 준비했다. 민영환은 한국 방식으로 깔끔하게 차려진 음식을 배불리 먹고 돌아왔다.[120] 민영환과 김득련은 조선 이주민에 대해 안타까운 시선을 가지고 있었다. 그들은 탐관오리를 피해 이곳으로 이주해 열악한 생활을 이어가는 조선인들이 한없이 불쌍하게 여겨졌다. 김득련과 민영환은 조선 유민들을 위한 한시를 남겼다.

> 슬프다, 수만 명의 조선 유민들
> 날마다 품을 팔면서도 편안히 여기네.
> 탐관오리의 가혹한 정사야 피한다 해도
> 이국 땅 거친 벌판에서 차마 어찌 살려나.
> 고향 그리워 망건[巾]과 상투[髻]를 그대로 한 채
> 성명을 연달아 써서 새 문서에 올리네.
> 응당 쇄환刷還하라는 조정朝廷의 명령[命]이 있을 것이니
> 조국[國] 향한 진실한 마음 변치 않기를.[121] (김득련)

> 유민은 흔히 흉년을 당하는데,
> 농부와 품팔이꾼 및 상인과 공장이가 만과 천을 헤아리네.
> 모양이 모두 파리하니 비녀와 상투만 남았고,
> 굶주리고 배부름에 수고로움을 잊으니 모두 칡과 솜일세.
> 한 번 즐기고 한 번 우는 은근한 뜻은 모두가
> 어진 하늘이 옛 허물 용서하기만 하네.[122] (민영환)

10월 14일 오후 2시, 관찰사 운떼르베르게르는 병중임에도 인사 차 와서 만찬에 민영환을 초청했다. 오후 7시 관청에 갔더니 주지사 이하 각 관원 20명이 모여 술과 음식을 즐겁게 나누었다. 군악으로 흥을 돋우니 즐겁게 놀다 밤이 깊어 돌아왔다.[123]

10월 15일 정오, 태평양함대 사령관 알렉세예프Е.И. Алексеев가 인

사차 왔다.[124] 민영환은 이미 봄에 나가사키에서 만난 그에게 특별한 곳에서 만나는 반가움을 표시했다.

10월 15일, 민영환은 오전 10시 연해주 부총독 빠블렌꼬와 경무관 뻬뜨로프가 요청해서 대학교와 소학교, 여학교를 방문했다. 모두 하바롭스크에 설치한 것과 같았다. 사절단은 이날 개업한 찌히 아께안Тихий океан 호텔을 방문했다. 호텔 사장이 예배당에 청하여 신부[教主]는 향을 피우고 기원한 후 크게 잔치를 열어 손님을 대접했다.

연흑룡 총독 두홉스꼬이가 이미 전보로 통지했는데, 출발할 군함은 바로 봄에 떠났던 그레먀쉬호였다. 오고 갈 때 모두 타니 쉽지 않은 인연이라 할 수 있었다. 조선사절단은 오후 5시 행장을 수습해서 그레먀쉬호에 탔다. 함장 및 모든 사관들이 기쁘게 악수하고 옛일을 말했다. 16일 이른 아침 떠나기로 되어 있었고 4~5일이면 인천항에 도착할 예정이었다. 김득련은 함장의 친절함과 신속한 일 처리에 감탄했다.

10월 15일, 김득련은 블라디보스톡 항구에 거주하는 자는 수백 호이고 왕래하는 자는 그 수를 헤아릴 수 없다며 조선 이주민의 거주지인 연추사, 추풍사, 수청사를 기록했다. 김득련에 따르면 연추사連秋社[Янчихе(현재 Цуканово) и Новокиевское(현재 Краскино)], 추풍사秋豊社(라즈돌리노예 Раздольное), 수청사水清社[Сучан(현재 Партизанск)] 등이 조선 유민의 부락인데 호수는 6,000~7,000이나 되었다. 모두 러시아 옷을 입고 러시아어를 하며 어린아이들은 본국의 풍속도 알지 못하니 그대로 둘 수 없는 상황이었다. 김득련은 이곳들에 급히 영사를 설치하고 관장하여 다스리게 하고 약장約章을 상세히 정해야 하며 고향으로 돌아가려는 사람은 모두 불러들이고 장사를 하려는 사람은 조계를 정해 살게 한다면 떠돌면서 흩어지고 시끄러운 폐단을 면할 수 있을 것이라고 생각했다. 이는 당시 가장 급한 일이었고 또 유민들이 바라는 바였다.[125]

연추사의 15마을은 경흥 건너편 토문강 연안의 경계에 자리했으며 5,000여 호가 모여 살았다. 그 마을은 록등(綠燈, 鹿屯, Красное село)촌, 쳐슨덕(瑞仙澤, Нагорное?)촌, 쥬류허(珠留浦, Новая Деревня)촌, 바다시(所都所, Фаташи)촌, 연쥬(連秋 В. и Н. Янчихе)촌, 지신하(智新河=地新墟 Тизенхе)촌, 행별쉉(Рязаное?)촌, 남우(南石洞, Сухановка)촌, 아지미(阿之彌, Азями)촌, 강허졔(Августовка?)촌, 시지미(腮之彌, Сидими)촌, 방청동(Барабашь?)촌, 몽고개(孟古蓋, Монгугай)촌, 안방비(安方埤, Амба?)촌 등이었다.[126] (?가 붙은 지명은 러시아 지도를 보고 저자가 추정한 지명임)

추풍사 4마을은 우수리강 연안에 있었으며 1,000여 호가 살았다. 그 마을은 허커우(河口, Корсаковка)촌, 다전자(大甸子, Синельниково)촌, 뉵슈허(六城, 陸城, Пуцпловка)촌, 황거우(黃巨隅, Кроуновка)촌 등이었다.

1,000여 호가 살았던 수청사의 4마을은 블라디보스톡 근처에 있었다. 슈청(水淸)의 상촌과 하촌, 시비거우(新營溝, Николаевка?)촌, 류젼커우(柳亭口, Черниговка?)촌 등이었다.[127]

군함 그레먀쉬: 블라디보스톡에서 인천으로

1896년 10월 16일 오전 6시, 사절단은 블라디보스톡을 출발했다. 민영환이 블라디보스톡에서 배를 탄 날은 중양重陽이었는데 선창에 올라가서 한시를 지었다.

국화꽃 보지 못하고 중양을 지나니,
다만 높은 대臺가 있어 고향을 바라볼 만하네.
이날 심정을 몇 사람이 알까.
동쪽 울타리에 남은 술잔 두었는지 믿을 수 없네.[128]

그의 머릿속엔 오로지 고향 땅뿐이었다.

10월 17일 오전 6시, 사절단은 원산항 외양外洋을 지나 곧장 남쪽을 향했다. 김득련은 배 안에서 지나온 여정의 추위를 회상하면서 거센 파도의 현실에 고통스러워했다. 지나온 길의 추웠던 괴로움을 생각하면 마치 꿈속을 헤맸던 것 같았다. 비록 바람은 없었지만 바다가 깊고 물살이 세어 배가 매우 흔들려 쪼그리고 누운 사람들이 많았다.

김득련은 이날 동해에서 동쪽의 마츄시마섬과 서북쪽의 산을 보았다고 기록했다. 그는 "오후에 동쪽에 큰 산 하나가 보였다. 이름은 '마츄시마松島'이다. 한 점 푸른 봉우리가 서북쪽 사이에서 나타났다 사라졌다 하는데 이는 우리나라의 산으로 멀어서 그 이름을 알 수 없었다."[129]라고 적었다.

김득련이 동해에서 부산까지 가는 여정에서 조선의 산을 관찰했다는 것은 그레먀쉬호가 조선 연안 쪽으로 항해했다는 사실을 알려준다. 여기서 김득련이 기록한 '마츄시마'는 울릉도임에 틀림없다. 또한 '마츄시마'라는 기록은 김득련이 울릉도를 '송도'라고 파악했다는 사실을 알려준다. 하지만 조선의 관찬 사료인 1770년『동국문헌비고』와 1809년『증정문헌비고』에는 죽도가 울릉도이고 송도가 우산도라고 기록되었다.[130]

이틀 동안 그레먀쉬호는 1,900리를 가서 10월 18일 오전 10시 부산항에 도착했다. 항구의 앞은 남쪽을 향하고 평편하고 넓었다. 절영도가 앞에 있어 파도를 막아주었다. 오륙도가 동쪽에 있는데, 산 하나를 넘어 해관海關을 설치했다. 해변이 끝나는 곳은 일본인의 집이었다. 수영과 부산, 다대포의 두 진鎭이 솥발처럼 줄지어 있었지만 지금은 모두 폐지되었다.

18일 오후 5시 닻을 올리고 서남쪽을 향했고 20일 인천항에 도착할 예정이었다.

10월 19일, 배가 서쪽으로 가는데 서풍이 크게 불어 배가 흔들려서 견디기 힘들 정도였다. 갑판에 올라 사방을 바라보니 북쪽의 섬들이 널리 퍼져 있었다. 이는 구름과 안개 속에서 한라산의 한 줄기가 동남쪽으로 뻗친 것이었다.

10월 20일, 민영환은 정오에 인천항에 도착했다. 감리 이재정李在正, 경무관 김순근金順根, 외부 파견 교섭국장 김각현金玨鉉, 러시아공사 베베르, 비서승 김홍륙金鴻陸이 더불어 거룻배를 타고 와서 기다렸다. 동생 승지 민영찬閔泳瓚과 매형 승지 김영적金永迪이 와서 며칠 동안 머물며 기다렸다. 친구들이 서울에서 많이 왔다. 감리서監理署에서 술과 안주와 저녁밥을 준비해 보내니 일행이 배부르게 먹고 그대로 잤다.[131] 김득련은 인천항에 도착한 감회를 "반년 동안 돌아다니다 서울로 들어가려 하니 기쁘고 다행스러움을 이길 수 없다."라고 기록하며 한시를 남겼다.

> 버들 푸르던 이월에 사신 임무를 떠나
> 국화 누런 가을에야 배 타고 돌아왔네.
> 고향에 가까워질수록 마음 더욱 간절하니
> 인천항에만 이르러도 집에 온 듯하구나.[132]

조선 정부는 사절단을 대대적으로 환영했다. 심지어 주한 러시아 공사 베베르는 10월 20일 민영환을 인천까지 마중 나왔고, 21일 육로로 함께 서울로 출발했다.[133]

주한 일본공사관은 사절단의 동향을 파악하기 위해서 분주했는데 민영환과 함께 러시아 군사교관이 도착했기 때문이었다. 주한 일본 대리공사 가토는 10월 21일 오후 4시 45분 러시아 특명전권공사 민영환의 귀환을 오쿠마大隈 외무대신에게 신속히 타전했다.

"민영환 일행은 10월 20일 러시아 군함 그레먀쉬로 인천에 도착, 오늘 서울에 도착합니다. 이 군함은 러시아 사관이 7~8명 타고 있다고 합니다."[134]

다음 날 가토는 뿌짜따와 민영환의 귀환을 상세히 일본 외무부에 보고했다.

"민영환은 블라디보스톡에서 러시아 군함 그레먀쉬호에 탑승하여 10월 20일 인천에 도착했습니다. 주한 러시아공사관 소속 스뜨렐리

비쯔끼И.И. Стрельбицкий 대령, 김홍륙 비서원승秘書院丞, 한성 판윤 등이 인천으로 마중 나갔습니다. 그는 10월 21일 육로로 서울에 도착했는데 조정 각 대신과 협판 등은 왕명에 따라 마포까지 마중 나갔습니다."[135]

민영환 일행은 출발할 때보다 귀국할 때 더 성대한 환영을 받았다. 그건 민영환 일행의 외교적 성공을 축하하는 자리였다. '한러비밀협정' 그것은 양국 외교사에 한 획을 긋는 사건이었다.

서울 입성과 고종 알현

1896년 10월 21일 민영환은 오전 7시에 출발하여 50리를 가서 정오에 오류동梧柳洞에 도착했다. 20리를 가서 오후 5시 마포에 도착했다. 궁내부대신 이재순, 외부대신 이완용, 내부대신 박정양 등이 와서 만났다. 뿌짜따와 쉬뼤인이 뒤따라왔고, 주한 러시아공사 베베르가 인천항에서 따라왔다. 궁내부에서 술과 안주를 준비하여 접대했다. 오후 6시에 10리를 가서 돈의문으로 들어가 김득련, 김도일과 함께 귀국을 보고하고 러시아 황제의 회답 친서를 바치며 말했다.

"신들이 들어가 우러러 뵈오니 성상의 신체가 건강하시고 세자도 편안하시니 엎드려 경사스럽고 기쁜 정성을 이기지 못하겠습니다. 먼 길 업무에 노고를 물으시니 사랑하심이 너무 높으셔서 신들이 보답할 길이 없고 너무나 황송합니다."[136]

김득련은 고종이 먼 길을 다녀온 노고를 물어보고 은총과 관심을 표명했다고 기록했다. 서궁西宮 효정왕후孝定王后에게도 복명하고 회답서를 올렸는데, 그녀는 "이번 사행길은 일곱 달이나 걸린 먼 노정이었는데 고생이 얼마나 많았겠느냐"고 치하했다.[137] 김득련은 그들의 사행使行이 무릇 7개월 걸렸는데 8개국을 거쳤고 6만 8,365리를 다녔다고 기록했다.[138]

10월 21일, 고종은 행재소行在所에 나가 돌아온 전권공사 민영환을 만났다. 이날 비서원승 정세원鄭世源, 비서원낭秘書院郎 김연희金演禧와 김병우金炳禹, 전권공사 민영환이 차례로 나와 엎드렸다. 고종은 먼저 국서를 보고 "국서의 내용이 철저하여 부족함이 없으니 감사하기 이를 데 없다."라며 민영환의 임무 완수에 만족해했다.

고종이 묻고 민영환이 대답했다.

"대관식에는 제때에 참석하였으며 잘 다녀왔는가?"

"왕령王靈의 도움으로 무사히 다녀왔습니다."

고종이 "사신使臣을 정성껏 대해준 점이 매우 감사할 일이다."라며 러시아의 환대를 언급하자 민영환은 "반접장관伴接長官과 외부관外部官 각 1인이 접경지에 나왔고, 러시아가 예우를 다해 잘 대해주었습니다."라고 보고했다.

다시 고종이 묻고 민영환이 대답했다.

"연회에는 몇 번이나 참가하였는가?"

"일고여덟 번 참가하였습니다."

"터키의 복색은 어떠하던가?"

"서양의 제도와 똑같았습니다."

"터키 사람들도 머리를 잘랐는가?"

"그들도 머리를 잘랐습니다."

고종은 여행 일정을 물었고 민영환이 대답했다.

"가는 데 며칠이 걸렸고 돌아오는 데 며칠이 걸렸는가?"

"갈 때는 50여 일이 걸렸고 돌아올 때에는 60여 일이 걸렸습니다."

고종은 러시아의 날씨와 황제에 대해서 물었다.

"그 나라의 기후는 어떠하던가?"

"한여름의 날씨는 우리나라의 늦가을과 같았습니다."

"러시아 황제의 나이는 몇 살이던가?"

"올해 나이가 28세입니다."

민영환은 "러시아 황제가 '벨랴야 오를라 훈장伯鷹寶星勳章'[139]을 수여했는데, 감히 마음대로 받을 수가 없어 전보로 알려 지시를 받았습니다."라고 말했다.

그러자 고종은 "훈패勳牌를 줄 때 문적文蹟이 있던가?" 물었고, 민영환은 "우리나라의 교지教旨와 같은 문적이 있었고, 수원과 참서관에게도 모두 차등次等의 훈장을 주었습니다."라고 답했다.

고종은 "궁궐의 모습이 틀림없이 크고 웅장할 것이다."라고 말했다. 그러자 민영환이 "제도制度는 민가民家의 모습과 같았고, 하궁夏宮과 동궁冬宮이 있는데 하궁은 수십 곳이나 되었습니다."라고 대답했다.

고종이 러시아 국경 안에는 어느 나라 사람이 많이 살고 있는지를 질문하자, 민영환은 조선 이주민을 언급한 뒤 그들의 군주에 대한 충성심이 여전하다며 고종의 관심을 환기시켰다.

"청국인이 가장 많았고 조선인도 많았는데 일본인은 조금 적었습니다. 신이 백성을 아끼는 대군주 폐하의 덕의德意를 우리나라의 백성들에게 널리 알렸더니, 은혜에 감격하는 사람도 많았고 눈물을 흘리는 자도 있었습니다."

고종이 러시아의 '군제 배치軍制排置'에 관심을 표시하자 민영환은 자세하게 러시아의 군사와 관제를 설명했다.

"군사 제도는 일체 서양과 같은데 온 나라가 군무軍務에 전력하여 강한 나라를 이룩했습니다. 관제官制는 문반文班, 무반武班, 음반蔭班이 있는데, 문반은 학문에만 종사할 뿐이고 음반은 세습되어 형성된 것이며 무반은 군무軍務를 익히는 데에 전념하고 있었습니다."

고종은 러시아 황제의 복색을 질문했고, 민영환은 항상 '군복'을 입고 있었다고 대답했다. 민영환은 러시아의 군무와 학교 제도를 본받아야 한다며 다음과 같이 설명했다.

"각종 남녀 학교가 있어 다 학교를 통해 인재를 교육하여 길러내고 있습니다. 풍속이 다른 서양의 법을 취할 수는 없겠지만 군무軍務와 학교學校에 관한 정치政治의 전범典範에 대해서는 본받아 시행하지 않을 수 없습니다."

그러자 고종은 학교의 복색까지 질문했고, 민영환은 "사치스러운 듯하지만 검소한 쪽에 가까워 보였습니다."라고 대답했다.

이러한 질문과 답변을 통해서 고종은 러시아의 군사와 학교 제도에 관심을 표방하였는데, 민영환은 러시아가 군사에 집중하여 강한 나라를 만들었다는 사실을 알리는 데 주력했다.[140]

주한 일본대리공사 가토는 1896년 10월 30일, 귀국한 민영환이 고종의 신속한 환궁을 요구했다고 일본 외무성에 보고했다.

"민영환은 귀국 후 환궁할 것을 고종에게 재촉하고, 아관파천은 을미사변의 역신보다 한 걸음 더한 국가의 대역신이라고 주장했다는 소문이 있습니다."[141]

일본공사관은 자국에 유리한 정보만 파악하며 민영환의 활동을 폄하하기에 급급했다.

가토는 10월 31일 러시아의 답례품 등을 상세하게 보고했다.

"러시아 니꼴라이 2세가 준비한 투명질透明質 칠보소七寶燒 '뽄치ポ ンチ(punch)'병 및 부속 기구, 일체의 장식 상자[裝飾箱]를 뿌짜따 대 령이 휴대하여 시종을 통해 고종에게 헌납했다고 합니다."[142]

고종이 받은 '뽄치'병은 무엇일까? 금속에 투명한 유리질을 녹여 만든 병과 상자라면 제정러시아 황실의 보석으로 장식한 선물을 의 미하는데, 이는 '부활절 달걀Яйцо Фаберже'이었다. 보석 세공사 파베 르제П.К. Фаберже는 알렉산드르 3세의 주문에 따라 부활절 계란을 러시아 황실에 납품하기 시작했고, 니꼴라이 2세는 매년 2개의 부활 절 달걀을 주문했다. 또한 러시아 황실은 영국, 덴마크, 그리스, 불가 리에 있는 황실의 친척들에게 선물하기 위해서 부활절 달걀을 특별 히 제작했다.[143] 니꼴라이 2세는 황실만 공유하는 '부활절 달걀'을 고 종에게 특별히 선물한 것이다. 그건 양국 관계의 신뢰를 의미했다.

1896년 9월 24일, 고종은 특명전권공사 민영환을 의정부議政府 찬 정贊政에 임명했다.[144] 그런데 1896년 11월 3일, 민영환은 돌아온 지 보름 만에 찬정을 사직하는 상소를 올렸다. 민영환은 우선 귀국길에 찬정에 임명받아 특별한 은혜를 입었지만 찬정이 "치란治亂에 관계되 는 만큼 긴요하고 중한 자리"이므로 자신의 능력이 미치지 못한다고 주장했다. 또한 "신이 본디 허약한 체질로 풍랑에 지나치게 시달려 병상에 누워 지냈는데, 배가 심하게 요동하여 정신은 혼미하고 넘어 지고 토하고 하는 상태라 심신을 수습할 수가 없습니다."라며 사직을 요청했다. 이는 민영환이 고종을 둘러싼 정치 세력에 대한 불만을 표 시한 것이었다. 이날 고종은 민영환의 사임 상소를 승낙하는 지시를

조선사절단이 답례품으로 받은 파베르제의 부활절 달걀

내렸다.[145]

그런데 고종은 1896년 11월 12일 종일품從一品 민영환을 부장副將으로 승진시켰고, 군부대신軍部大臣에 임명했다.[146] 민영환은 명성황후의 후광을 내세우며 왕세자의 지원하에 다시 권력의 핵심으로 부상했다. 그러나 군부대신 민영환은 11월 13일 자신이 적임이 아니라며 사직 상소를 올렸는데 군정軍政의 중요성을 강조하면서 자신이 감당할 수 없다고 주장했다. 민영환은 모스크바대관식 참여로 자신이 병을 얻었고, 어머니의 병이 위중하다는 변명을 또다시 반복했다.

"군무는 매우 많아 하루도 비워두어서는 안 되는 것이고, 전권공사의 직임도 지금 헛되이 맡아 시일을 보내서는 안 되겠기에 이것까지 아울러 아룁니다. 폐하는 특별히 불쌍하게 여기시어 신이 맡고 있는 군부軍部의 직임과 공사의 직함을 모두 체차시키심으로써 공적으로나 사적으로나 모두 다행스럽게 해 주소서."

하지만 고종은 민영환이 군부대신을 수행하면서 동시에 전권공사도 시행할 것이라며 부랑部郎을 보내어 설득했다. 고종은 영국행 전권공사를 부여하여 군부대신의 수행이 일시적인 임명이라는 사실을 민영환에게 알려주었다.

"짐이 경을 생각해서 일을 맡긴 것은 괜히 그런 것이 아니다. 경이 비록 사정을 말하더라도 고통스러운 시기를 태평스러운 시기로 바꿀 수 있는 때는 지금이 바로 그때이다. 사직하지 말고 즉시 칙령을 받아 힘써 일해야 하는 신하의 의리를 다하여 군무를 관장하는 책임에 더욱 힘쓰라. 전권공사의 직임에 대해서는 그대로 시행할 것이다."[147]

그 후 주한 일본대리공사 가토는 11월 18일 민영환의 군부대신 임명을 보고했다. 가토는 귀국 후 일시 참정이 되고 곧 사직한 민영환이 지난 12일 부장으로 임명되었고 동시에 군부대신으로 임명되었는데 조선이 고빙한 러시아 사관과의 관계를 원활히 수행하기 위한 것이라고 추정했다.[148] 이 보고는 실제 사실이었다.

민영환은 모스크바대관식에서 한러비밀협정을 체결한 공로를 인정받고 군부대신으로 임명받아 권력의 핵심으로 부상했다. 이는 민영환이 고종을 둘러싼 정치 세력과의 권력 경쟁에서 살아남았고, 군부대신으로서 러시아 군사교관단과의 긴밀한 협의하에 러시아식의 왕궁 수비대를 구축하는 임무를 담당했다는 사실을 의미한다.

시작하는 것은 쉽지만 유지하고 발전시키는 것은 더욱 어려운 법이다. 주변 세력의 도움 없이 민영환 혼자 개혁의 모든 것을 짊어질 수는 없는 상황이었다. 세상의 주변 세력은 일종의 자본이며, 도태되지 않기 위해서는 그것을 소중하게 사용하지 않으면 안 된다.

5장

윤치호의 파리 유학과
남방 노선

파리, 프랑스어 수업, 자유와 고독 사이

"떠 있으되 침몰하지 않는다."

'파리지Parisii'라고 불리던 한 골족Gauls이 파리의 센강 한복판에 떠 있는 작은 섬, 시테Cité에 터를 잡은 것은 기원전 3세기 경이었다. 위의 문구는 골족을 대표하는 배에 새겨져 있던 문구로서 그들의 불패의 의지를 상징하는데, 이제는 파리를 상징하는 문구가 되었다. 파리는 센강을 경계로 좌안과 우안으로 나뉜다. 센강의 좌안은 대학 밀집 지역인 '라틴 구역'이 있어서 자유와 지성과 예술의 중심이었다. 19세기 자본주의의 발전과 함께 급격하게 부를 축적한 강의 우안은 증권과 은행 등 금융업의 본거지이며 소비와 사치 지역으로 인식되었다.[1] 가스등과 고급 의상실, 오페라가 상징하는 화려함만으로도 19세기 후반 파리는 빛의 도시가 되었다.

윤치호는 1896년 8월 20일 오후 6시 베를린에 도착했고 밤 11시 20분 출발해서 8월 21일 오전 8시 반 꿈꾸던 파리에 도착했다. 파리의 이방인 윤치호는 11월 18일 밤에 파리를 떠나서 19일 오후 3시 마르세유에 도착했다. 윤치호는 3달간의 프랑스 생활을 마감하고 11월 22일 오후 8시 시드니호를 타고 고국으로 출발했다.

윤치호는 11월 28일 이집트의 포트사이드에 도착했다. 12월 10일 콜롬보, 12월 16일 싱가포르에 도착했고 12월 18일 사이공을 거쳐 12월 23일 홍콩, 12월 27일 상하이에 도착했다.[2] 그 후 1897년 1월 23일 윤치호는 (선교 활동을 위해서) 상하이를 출발해서 1월 25일 즈푸芝罘를 거쳐 27일 제물포에 도착했다.[3]

윤치호가 방문한 파리는 유럽의 벨 에포크Belle Époque 시기였다. '벨에포크'라는 단어는 '좋은 시절' 혹은 '아름다운 시절'로 번역되는데, 이 시기는 프로이센과 프랑스의 전쟁이 종결된 1871년부터 1914년까지 평화롭고 풍요로운 유럽을 의미했다. 유럽 국가들 사이에 중요한 군사적 충돌이 없었으며, 부르주아로 지칭되는 중산층들이 산업혁명이 이룩한 물질적인 혜택을 폭넓게 향유했다. 예술 분야에서는 인상파, 표현주의, 입체주의, 초현실주의 등의 새로운 예술 양식이 실험되었다. 프랑스의 에펠탑 등은 벨 에포크가 상징하는 현대성modernity의 기념물이었다. 19세기 말 프랑스의 중산층은 각종 스포츠와 주말여행, 자전거 타기, 레스토랑에서의 외식, 카바레에서의 여흥 등을 즐겼다. '레저 계층leisure class'과 '과시적 소비'라는 신조어가 이 무렵에 등장한 것도 이런 새로운 사회적 현상을 반영했다.[4]

르누아르Pierre-Auguste Renoir의 〈물랭 드 라 갈레트의 무도회장〉(1876)은 벨 에포크를 상징하는 파리의 풍경과 인물을 보여주는 대표적인 그림이다. 르누아르는 무의미하게 스치는 도심의 풍경, 그중에서도 적당히 낙천적이고 먹고살 만한 유한 계층의 사람들이 벌이는 오락과 유흥의 장소를 포착해내는 데 몰두했다. 〈물랭 드 라 갈레트의 무도회장〉은 파리 시민들이 즐겨 찾던 몽마르트르의 야외 무도회장에서 한껏 흥에 겨운 남녀의 군상을 그려낸 작품이다. 르누아르는 인물들의 얼굴, 모자, 혹은 의상에 떨어지는 야외의 빛을 파랑이나 노랑, 하양 등으로 과감하게 얼룩처럼 표현했다.[5]

1885년에서 1900년 사이 몽마르트르 언덕은 문학 명소로서의 모습을 갖췄다. '순교자의 술집(브라스리 데 마르티르Brasserie des Martyrs)'은 보들레르 등이 새로운 문학에 대해 토론을 벌이던 곳으로

르누아르의 〈물랭 드 라 갈레트의 무도회장〉(1876)

'가장 적게 마시면서 가장 많은 이야기를 주고받는' 술집이었다. 저주
받은 시인들, 설 무대가 없는 배우들, 글을 발표할 지면을 얻지 못한
저널리스트들, 거부당한 연출자들이 이곳에서 새로운 예술과 미래의
유파를 창안해냈다.[6]

　1890년대 중반 이후 10년간 유럽 열강은 유럽 이외의 지역인 이
집트, 인도, 중국 등에 몰두하고 있었기 때문에 유럽 내부가 대체로
평화스러웠다. 1890년대 중반 영국은 이집트를 확보하기 위해서 수
단과 동아프리카에서 지배 영역을 확장하기 시작했다. 1880년대 말
러시아는 불가리아 문제에서 실패한 다음 발칸에서 벗어나 극동 문
제에 집중했다. 당시 프랑스, 영국, 독일, 러시아 등은 식민지 팽창에
집중하며 유럽 내의 세력 재편을 준비했다.[7]

프랑스 제3공화정(1870~1940)은 드레퓌스 사건(1894)을 비롯하여 정치적 추문과 민족주의의 위협을 겪었다. 그럼에도 이 시기에는 소부르주아와 노동자 계층이 성장하고 시민 정신이 발전했다. 이러한 흐름에 공화국 정부는 개인의 자유를 보장하는 법률들을 강화했고 언론의 자유, 집회와 결사의 자유, 노동조합의 합법화, 이혼의 합법화 등을 보장하는 법률을 제정했다.[8]

윤치호는 1896년 8월 21일 오전 8시 반 파리 북역La Gare du Nord에 도착했다. 윤치호는 북역에서 가까운 라파예프 거리 86번지에 있는 센트럴 호텔Central Hotel로 갔는데 그 설렘을 기록했다.[9]

"드디어 파리다! 아름다운 도시, 거리, 가로수 길, 상점, 건물 들이 참으로 웅장하다. 거리들은 문자 그대로 사람들로 활기가 차 있다."

윤치호에 따르면 주요 가로수 길을 따라서 양쪽에 넓고 깨끗한 길 따라 식당들이 있었다. 작은 테이블 주위에 두세 개씩 배치되어 있는 수많은 가벼운 의자들이 살롱 출입구 밖에 놓여 있었다.[10]

윤치호는 8월 23일 개선문 건너편에 있는 뤼 쁘아종Rue Poisson 펜션으로 옮겼다. 8월 24일 9시 파리 주재 러시아공사관을 방문하면서 파리의 거리에 감탄했다.

"파리에 와보니 파리가 세계 도시의 여왕으로 그렇게 유명한 이유를 이해할 수 있겠다. 파리에서는 거의 모든 대로, 가로수 길, 그리고 일반 도로는 청결하고 포장이 잘되어 있고 폭이 매우 넓다."[11]

윤치호는 파리에서 자유를 만끽하면서도 향수병에 사로잡히는 이중적인 모습을 보여주었다. 그는 파리에서 주로 프랑스어 수업을 듣고, 틈틈이 답사 프로그램에 참가하고, 숙소에서 친구들을 사귀면서 파리의 밤거리와 파티를 즐겼다.

8월 25일, 윤치호는 매주 세 번 오후 3시 프랑스어 수업을 받기로 아캄보Edme Arcambeau와 계약했다. 그는 1912년 일본 메이지明治 일왕의 일대기에 관한 책을 쓸 정도로 일본 전문가였다.[12] 그의 부인과는 매주 오전 8시부터 9시까지 수업을 할 예정이었다. 수강료는 수업당 250프랑이었다. 당시 1루블은 2.65프랑이었다.[13] 9월 3일, 윤치호는 아캄보 선생과 프랑스어로 긴 대화를 나누었다. 아캄보는 자신이 김옥균을 암살한 홍종우를 알지만 좋아하지 않는다는 것, 주한 일본 공사 하라는 그의 옛 학교 친구라는 이야기를 했다.[14] 11월 16일, 윤치호는 아캄보 교수가 일본을 열렬히 사랑하는 사람이라고 기록했다.[15]

8월 26일, 오후부터 윤치호는 프랑스어 공부를 본격적으로 시작했다. 윤치호는 저녁 무렵 밝은 태양이 콩코드 광장과 엘리제궁 거리를 물들여서 요정의 나라처럼 보였다고 기록했다. 그러면서도 8월 27일에는 하루 종일 숙소에서 프랑스어 학습을 준비하면서 "내게 아무런 도움도 되지 않을 것 같은 언어를 배우려 애쓰며 여기서 왜 외롭고 풀이 죽은 삶을 꾸리는가?"라며 스스로 자책했다.[16] 윤치호는 그가 그토록 바라던 자유를 누리자 오히려 고독을 느꼈다.

토마스 쿡 여행단과 파리 풍경들

1896년 8월 29일, 윤치호는 오전 9시 영국의 사업가 토마스 쿡 Thomas Cook[17]이 설립한 토마스 쿡&선Thomas Cook&Son 여행사의 여행단excursing party에 합류하여 루브르 궁전과 박물관The Palace and Museum of the Louvre, 생샤펠Saint Chapelle 성당, 생쉴피스 성당Church of St. Sulpice, 판테온Pantheon, 뤽상부르 궁전Palace of the Luxembourg, 노트르담Notre Dame 등을 관람했다.

루브르 궁전과 박물관은 프랑수아 1세가 기초를 놓았다. 전체 건물은 센강 북쪽 제방 위에 '48에이커'의 대지를 차지하고 있었다. 윤치호는 화랑과 박물관 등을 날아다니듯이 관람했는데 이런 것을 결코 본 적이 없었다고 신기함을 표현했다.[18]

윤치호가 관람한 루브르 궁전은 루이 14세가 처소를 베르사유 궁전으로 옮기면서 왕실이 수집한 각종 미술품을 보관하는 장소가 되었다. 프랑스 대혁명 이후 1793년 500여 점의 회화 작품을 전시하면서 일반에 박물관으로 처음 공개되었다. 그 후 나폴레옹이 수많은 전쟁에서 전리품으로 가져온 유물들을 보관하면서 소장품이 늘어났다. 38만 점 이상의 작품을 소장한 루브르 박물관에는 〈자유 학예 모임 앞의 젊은 남자〉를 그린 보티첼리, 〈모나리자〉를 그린 레오나르도 다 빈치, 〈세례 요한과 함께하는 성모자〉를 그린 라파엘로, 〈십자가에서 내려지는 예수〉를 그린 루벤스, 〈나폴레옹 황제의 대관식〉을 그린 다비드, 〈민중을 이끄는 자유의 여신〉을 그린 들라크루아 등의 작품이 소장되어 있다.[19]

루브르 박물관

윤치호는 생쉴피스 성당의 파이프 오르간이 파리에서 가장 정교한 것 중 하나라고 기록했다.

"건반이 여섯 줄이고 스톱이 118개 그리고 파이프가 7,000개다."[20]

생쉴피스 성당은 13세기 로마네스크 양식으로 지어진 후 여러 세기에 걸쳐 증축되었다. 이 성당은 영화 〈다빈치 코드〉의 배경으로 유명한데 보들레르가 세례를 받았고 빅토르 위고가 결혼식을 올린 장소다.[21]

윤치호는 아름다운 고딕식 건물인 생샤펠 성당을 구경했다. 위쪽 예배당에는 15개의 긴 창문이 있는데 50피트 높이에 13피트의 너비였다. 장식 유리인 스테인드글라스는 오래되었지만 아름다웠다. 성당으로 가는 주요 입구의 외관에는 황동으로 만든 '최후의 심판' 장면이 있었다. 천사 하나가 영혼이 담겨 있는 접시가 놓인 저울을 들고 있고 악마가 접시 하나를 자기 쪽으로 끌어당기는 장면을 묘사했다. 당시 윤치호의 가이드는 "사람들이 선하던 고대에 그래서 어쨌단 말인가? 오늘날 악마는 저울을 끌어당겨 많은 영혼을 차지하려 할 필요도 없다."라고 말했다.[22]

아름다운 건물 판테온은 파리의 높은 언덕에 위치해 있었는데 1764년에 기초가 놓여졌다. 판테온 반대편에는 에콜 드롸Ecole de D'roit라는 국립법률학교가 있었다. 가이드에 따르면 거기에서는 법관이 되거나 사기꾼이 되기 위해 공부한다고 한다.[23] '만신전萬神殿'을 뜻하는 판테온 건물은 원래 왕실 교회였는데 1791년부터 프랑스 위인들을 위한 묘지로 사용되었다. 라파엘로, 데카르트, 볼테르, 루소, 빅토르 위고 등이 안치되었고, 2002년에는 알렉상드르 뒤마의 묘가 이곳으로 이장되었다.[24]

윤치호에 따르면 뤽상부르 궁전은 1615년에 건립되었다. 프랑스 제1혁명 때까지는 왕의 거처였고 혁명 때는 국가 감옥이었고 상원건물로 활용되었다. 노트르담은 1163년에 기초되었는데 이 건물에서 300년 동안 2만 명을 가두었다.[25]

노트르담 대성당은 프랑스의 고딕 양식을 대표하는 성당이며, 내부의 스테인드글라스가 아름답기로 유명하다. 이 성당에서 1804년 나폴레옹 대관식이 거행되었다.[26]

1896년 8월 31일, 윤치호는 64개의 코린트식 열주가 있는 저 유명한 마들렌Madeleine 성당을 방문했다. 그 교회는 아침 예배 동안 사람들로 가득 차 있었다. 이날 윤치호는 에펠탑에서 오후를 보냈다. 이거대한 구조물은 300미터가 넘는 높이로 완공하는 데 2년이 걸렸다. 엘리베이터가 관광객들을 꼭대기까지 실어 날랐다. 꼭대기에서 볼

수 있는 시야는 50마일이었고 탑 안에는 식당, 상점, 극장이 있었다.[27]
에펠탑은 1889년 파리 만국박람회를 기념해 건축되었다. 당시 세계
에서 가장 높은 철제 구조물이었고, 2만여 개의 가스등이 탑신을 밝
혀주었다. 그해 100주년을 맞은 프랑스 대혁명을 기념해 탑 꼭대기
를 삼색기로 장식했던 에펠탑은 혁명 전통에 대한 제3공화국의 상징
이었다. 탑의 현대적 디자인과 엘리베이터는 과학과 기술에 대한 당
시의 열광을 보여주었다.[28]

　9월 2일, 윤치호는 베르사유 관광을 위해서 오전 10시 토마스 쿡
여행단에 합류했다. 윤치호는 생클로드궁The palace of St. Cloud, 트리
아농궁The Grand and Petit Trianon, 베르사유 궁전과 정원The palace and
garden of Versailles을 답사하며 다음과 같이 기록했다.

　생클로드궁은 1870년에 파괴되었다. 그 파괴된 궁의 잔해를 구입한
사람은 작은 돌조각들을 기념물로 팔아 많은 돈을 벌었는데 1715년에
죽은 루이 14세 치하에 가설한 궁의 가스 설비도 판매해 상당한 액수
의 돈을 벌었다.

　트리아농궁에는 나폴레옹 1세가 사용했던 가구와 방들이 있었다.
공작실에는 값비싼 돌로 만들어진 거대하고 아름다운 욕조가 있는
데, 그 돌은 러시아의 알렉산드르 1세가 나폴레옹 1세에게 선물한 것
이다. 마차 전시실에는 각국의 마차들이 전시되었다.

　베르사유 궁전과 정원은 루이 14세가 만들었는데, 그는 건축을 위
해서 10년 동안 1만 명을 고용했다. 루이 14세 당시 밤낮으로 가동되
었던 분수의 물은 베르사유에서 10마일 떨어진 곳으로부터 공급되
었다. 궁 안에는 오래된 역사적인 그림과 골동품들이 전시되었다. 그
밖에 루이 16세가 살고 춤추고 죽었던 방들, 전령이 "왕이 죽었다. 국

왕 만세!"라고 외친 발코니가 있었다. 마리 앙투와네트가 갇혔던 방, 마리 앙투와네트의 충성스러운 스위스 경호원이 피살된 곳, 루이 14세가 쓰던 호화로운 리용Lyons 실크 커튼 등에 그림과 이야기가 담겨 있다.[29]

9월 12일, 윤치호는 5일 만에 일기를 썼다. 그사이 기독교인 윤치호는 파리의 여인들에게 빠져들어 가는 자신을 발견하고 여인들의 유혹을 뿌리치려고 무척 노력했다.

"온종일 한 가지 가장 강렬한 유혹에 맞서 가장 강력한 투쟁을 했다. 최선을 다했다. 이 유혹의 소용돌이에 자신의 도덕심을 바르게 유지할 수 있는 사람은 분명 행운아다."

동시에 윤치호는 자전거를 타거나 분주히 걸어가는 프랑스인을 보면서 인간의 기억을 포착했다.

"날이 저물어갈 때 그늘은 더 길어진다. 사람은 나이가 들어갈수록 기억은 더 멀리 미친다."[30]

9월 17일, 윤치호는 오전 10시 토마스 쿡 여행단에 다시 합류했다. 그는 마들렌Madeleine, 콩코드 광장The Place de la Concord, 개선문The Arch of Triumph, 트로카데로 궁전과 정원Trocadero Palace and Gardens, 앵발리드des Invalides, 국무원The Palais du Conseil d'Etat, 중앙시장The Halles Centrales, 페르 라세즈 묘지Cemetery of Pere la Chaise, 뷔트 쇼몽 공원Buttes Chanmont, 바스티유 광장Place de la Bastille을 답사하며 기록했다.

마들렌은 1764년에 착공해서 1842년에 완공되었다. 금화 52만 파운드가 소요되었다. 1871년 약 500명의 공산주의자들이 성소 안에서 피살되었다.

콩코드 광장에는 이집트 룩소르Luxor에서 가져온 오벨리스크가 서 있다. 그곳에는 1793년에 단두대가 있었는데 루리 16세와 마리 앙투와네트가 그 단두대에서 처형되었다. 1793년 1월에서 1795년 5월 사이에 2,000명 이상이 단두대에서 이슬로 사라졌다. 앞서 1770년에는 루이 16세와 마리 앙투와네트의 결혼을 축하하는 폭죽놀이에 놀라 1,200명이 서로 밟고 밟혀서 사망했다. 오벨리스크는 높이가 76피트다. 광장에는 프랑스의 주요 도시를 대표하는 8개의 동상이 있다. 1871년에 독일에서 반환받은 스트라스부르Strasbourg를 나타내는 조각상 하나는 깃발과 화환으로 장식되어 있는데, 프랑스인의 애국심의 증표이다. 이곳은 1814년, 1815년, 1871년 세 번 연속해서 외국 군대가 주둔한 자리였다.

개선문은 나폴레옹 1세 때 설계되어 루이 필립 때 완공되었다. 높이 160피트, 폭 146피트, 두께 72피트로 40만 파운드의 비용이 들었다. 이 개선문을 중심으로 12개의 큰 길이 뻗어 있다.

콩코드 다리는 옛 바스티유 감옥의 돌로 지어졌다. 프랑스의 백악관이라는 엘리제궁 가까이에 있다. 인더스트리궁은 카르노Sadi Carnot 대통령이 1,200명의 시장에게 저녁 식사를 제공한 곳이다. 트로카데로궁과 정원은 초승달 모양의 거대한 동양식 건물이다. 탑 꼭대기에서 파리를 잘 전망할 수 있다.

페르 라세즈 묘지는 면적이 110에이커다. 납골당마다 12기의 유해를 안치하고 있는데 야드마다 500프랑이 소요되었다. 1871년에는 이곳이 공산주의자들의 마지막 보루였다.

바스티유 광장은 한때 바스티유 감옥이 있던 그 자리에 지금은

154피트 높이의 기념물이 들어서 있다.

뷔트 쇼몽 공원은 파리의 동북쪽에 있는데 작은 동굴과 폭포, 산책로가 있는 매우 아름다운 공원으로 나폴레옹 3세가 대도시에 거주하는 빈민층을 위해 막대한 비용을 들여서 조성했다. 이 부지는 원래 채석장이었는데, 여기서 다듬어진 돌들이 파리의 큰 건물들의 앞면을 장식하고 있다.

앵발리드 돔 성당은 루이 14세가 1670년에 착공했다. 센강 쪽으로 향한 전면은 폭이 600피트인데 돔의 높이는 340피트로 황금색으로 도금되었다. 이 건물에는 나폴레옹 보나파르트의 유해를 안치한 대리석 관이 있다.

윤치호는 나폴레옹의 관을 보면서 경외심을 느끼며 스스로 왕좌를 차지한 나폴레옹의 천재성을 높이 평가했다. 그의 야망에 비하면 유럽은 너무 좁았다. 그런데 똘스또이는 『전쟁과 평화』에서 나폴레옹을 폄하했다. 나폴레옹은 큰 인물이 아니며 단지 행운이 따랐을 뿐이라고 평가한 것이다. 하지만 윤치호는 나폴레옹이 사병에서 출발하여 유럽을 정복하고 황제의 지위로 올라간 사람, 죄와 실책에도 불구하고 개명된 국가에서 스스로 왕좌에 앉은 사람이라고 생각했다.

에스플라나드Esplanade를 마주하고 있는 전면에 있는 나폴레옹 1세의 동상은 방돔Vendôme 열주Column 위에 첫 번째로 놓여 있었다. 그 동상은 루이 18세가 앙리 4세의 동상을 세울 때 치워졌다. 그런데 나폴레옹 3세는 그 열주 위에 로마 장군 복장을 한 나폴레옹 1세의 다른 동상을 세우고, 원래의 동상은 개선문 앞으로 옮겼다. 1871년 독일 침략 당시 그 동상은 끌어내려져 6개월 동안 콩코드 다리 밑에 숨겨졌고 독일과 평화조약을 맺은 뒤 그 동상은 현재 위치에 다시 세워

앵발리드 돔 성당에 안치된 나폴레옹 석관

졌다.

윤치호는 중앙시장을 자신이 이제까지 본 것 가운데 가장 큰 시장이었다고 기록했다. 10개의 대형 부속 건물이 넓은 길 여기저기 서로 떨어져 있었다. 각 건물에는 250개의 상점이 있었고, 각 건물의 폭은 40피트였다. 시장 안내소는 시장의 교통을 위해 약 1만 5,000개의 운송수단을 제공하고 있었다. 파리에서 육류, 포도주, 빵의 1일 소비 비용은 약 300만 프랑이었다. 도매 거래는 정확히 오전 8시에 끝났는데 남은 물건은 파리의 자선 기관을 위한 경매에 붙여졌다. '중앙시장의 여성들'은 1789년 프랑스 대혁명 당시 엄청난 역할을 했다. 상점에서는 양념된 개구리와 달팽이도 판매되었다. 흔히 하급 식당에서는 고양이가 토끼 대신 요리로 제공되기도 했다. 하층 신분에서는 노새나 당나귀도 요리 접시에 올랐다.[31]

윤치호는 나폴레옹 동상이 여러 번 수난을 겪은 사실을 기록하면
서 인생의 무상함을 느꼈을까?

파리에서 만난 사람들:
대령 우리우, 외교관 쁠란손, 니꼴라이 2세

윤치호는 1896년 9월 20일 개신교 레투알L'Etoile 교회에 참석했
고, 9월 23일에는 쉬떼인과 민영환에게 편지를 보내며 우울함을 달
랬다.[32]

9월 27일, 윤치호는 오전 9시 프랑스 주재 일본 해군무관 우리우
소토키치瓜生外吉를 방문했다. 그에게 점심 초대를 받은 것이다. 이미

우리우 소토키치 대령

1891년 해군 대령에 임명된 다음
프랑스 주재 일본 해군무관으로 활
동했다. 러일전쟁 당시 제4전대 사
령관으로 참전했고, 1904년 제물포
해전을 총지휘하며 승리의 주역이
됐다.

윤치호는 8월 25일 주러 일본 해군무관 야시로 로쿠로八代六郎가 써준 소개장을 우리우 대령에게 건네주었었다.[33] 윤치호에 따르면 우리우 대령은 첫눈에 모든 일본인들처럼 상냥하고 깔끔하게 잘생긴 인물이었다. 윤치호는 우리우를 보면서 "일본인으로 태어나는 것은 영광스러운 특권임에 틀림없다."라며 부러워했다. 윤치호는 파리에서 우리우와 친밀하게 지냈는데 우리우의 집에서 8월 18일 자 일본 신문을 함께 공유할 정도였다.[34] 11월 18일 윤치호는 파리에서의 마지막 날 점심 후에 우리우를 방문했다.[35] 그는 시드니호 편으로 아시아로 간다고 했다. 우연의 일치였을까? 윤치호도 그 배를 탈 예정이었다. 두 사람은 함께 시드니호를 타고 상하이까지 갔다. (1896년 12월 13일 인도양 항해 도중 함장 우리우는 콜롬보에서 본 전보 내용을 윤치호에게 알려주었다. 그 내용은 최근 조선 군주를 러시아공사관에서 나오게 하려는 시도가 무산되었고 그 때문에 80명의 러시아 수병이 경비병으로 추가 배치되었다는 것이었다.[36])

9월 28일 아침, 러시아 외교관 쁠란손이 런던으로 가는 길에 윤치호를 방문했다. 윤치호는 파리에서 쁠란손을 만난 기쁨을 억누를 수 없었다.[37] 10월 1일, 런던에 갔던 쁠란손이 다시 파리로 돌아왔다. 그는 윤치호의 숙소에서 1~2주를 지냈다. 윤치호는 저녁 식사 이후 쁠란손과 함께 1889년에 문을 연 '그 유명한' 빨간 풍차의 물랭루즈 Moulin Rouge에 갔다. 거기에서 이른바 무도회는 파리의 조숙한 남녀 젊은이들로 가득 찼는데 도덕은커녕 예의나 품격이라는 것을 전혀 찾아볼 수 없을 정도로 난잡했다.[38] 그 젊은이들은 '행복의 순간을 붙잡아라. 자신만 사랑하라! 이것만이 이 세상의 진실이며, 그 외의 것은 모두 실없는 일이다. 그래서 오직 이것만을 우리는 여기서 하고

툴루즈 로트렉의 물랭루즈 포스터

100년 전의 세계 일주

있는 것이다'라는 생각으로 행동했을 것이다. 기독교인 윤치호가 보기에 물랭루즈는 너무 외설적이고 무례함의 연속이었다.

10월 6일, 윤치호는 러시아 니꼴라이 2세의 파리 방문을 기록했다. 그 웅장한 블로뉴Boulogne 숲에서는 오전 7시부터 남녀들이 여러 겹으로 줄지어 러시아 황제를 기다렸다. 러시아 황제 부처는 환호 속에 10시 반쯤 파리로 들어왔다. 적어도 2,000~3,000명이 각 지역에서 축하연을 보러 온 것으로 추측되었다. 다양한 기념품들이 니꼴라이 2세의 파리 방문을 기념해서 파리 거리에 등장했다. 윤치호는 "어느 도시도 오늘 밤 파리의 조명보다 나은 불빛 조명을 보여준 적 없다." 라고 생각했다.[39]

파리 서쪽의 거대한 블로뉴 숲은 박물관, 유원지, 정원, 호수가 있어서 휴식하기 좋은 곳이다. 프랑스 오픈이 열리는 테니스장 로랑가로Roland-Garros, 롱샹 경마장Hippodrome de Longchamp이 있다.

당시 인상파 마네Édouard Manet, 야수파 뒤피Raoul Dufy 등은 블로뉴 숲을 배경으로 그림을 남겼다. 빈센트 반 고흐Vincent Willem van Gogh 는 1886년 〈블로뉴 숲의 방랑자〉라는 그림을 그렸는데 그는 블로뉴의 풍경과 산책하는 사람 사이에서 고독한 자신을 발견했다.

10월 8일, 윤치호는 2시 30분 열차로 분수대 공연을 보려고 베르사유Versailles로 갔다. 그 작은 지역은 러시아와 프랑스의 색조로 화려하게 장식되어 있었고 사람들로 빼곡했다. 니꼴라이 2세 부처는 오후 4시쯤 베르사유에 도착했다. 윤치호는 물결치는 군중들을 따라 넓은 궁 안으로 들어가 그들이 "발코니로!"라고 외치는 모습을 보았다. 분수대는 대중들에게 개방되지 않았다. 밤에 주요 거리는 작은 등으로 조명이 비추어졌다. 윤치호는 밤 8시에 베르사유를 출발해 10시쯤에 파리에 도착했다. 그는 오페라 거리로 가서 활동사진 전시회를 보았고 12시쯤 비가 내리는 가운데 집에 도착했다.

10월 13일, 지난 목요일 밤부터 매일 비가 내렸고 윤치호는 심한 감기에 걸려 일요일과 월요일에 누워 있었다. 윤치호는 알렉상드르 뒤마Alexandre Dumas의 영문판 『몬테크리스토 백작』을 읽었다.[40] '사람의 영혼을 파고들어가 거기에 씨를 뿌리는' 뒤마는 제까브리스트를 소재로 1840년 『펜싱 마스터The Fencing Master-Life in Russia』라는 소설도 썼다. 이 소설은 제까브리스트 혁명에 가담했다가 유형을 떠난 애인을 찾아 시베리아로 가는 용감한 프랑스 여인의 이야기가 주제였다. 프랑스 여인 루이즈와 러시아 기병대 장교 바닌꼬프 백작이 주인공이다.[41]

'몬테크리스토 백작의 배신과 복수'라는 작품의 중심 주제가 윤치호의 마음을 빼앗았던 것으로 보인다.

윤치호의 정신적 방황과 오페라 <파우스트>

1896년 10월 17일, 윤치호는 오후 6시 아캄보 교수를 방문했다. 아캄보의 소개에 따라 롤랭Rollin가에 있는 부바Bubat 부인의 집을 보았다. 그녀는 윤치호에게 정원을 내려다볼 수 있는 1층 방의 임대료로 한 달에 160프랑을 제안했다. 10월 18일 아침 9시, 윤치호는 롤랭 5번가로 숙소를 옮겼다.[42] 이 펜션 주변에는 판테온과 뤽상부르 궁전이 인접했다.

10월 31일, 윤치호는 열흘을 넘겨 일기를 기록했는데 그사이 민영환 일행은 서울에 도착했다. 이날 윤치호는 8시 반에 YMCA로 가서 라글랭Lagrain 박사가 알코올음료의 위험성에 대해 프랑스어로 강의하는 것을 들었다. 윤치호는 프랑스 사람들의 알코올 소비가 영국에 비해 14 대 9 정도로 많다는 것을 듣고 놀랐다.[43] 이 기간 중 윤치호는 도덕과 본능의 싸움에서 본능에 졌다. 윤치호는 10월 25일 자신이 했던 신앙고백을 버릴 정도로 충분한 남성을 느꼈다고 기록했다.[44]

11월 1일, 노트르담 성당에서 '모든 성인 대축일All Saints Day'을 기념하는 대형 예배가 열렸다. 윤치호는 이 예배에 참석했다. 파리의 대주교가 참석한 전체 예배는 거의 3시간 동안 지속되었다. 찬송가는 600개의 파이프pipe와 10개의 옥타브octave로 되어 있는 대형 파이프오르간의 반주에 맞추어 130여 명의 목소리가 어우러져 아름다웠다. 촛불들, 등불들, 향료들, 악기의 활들, 불교의 염불처럼 들리는 기도 등이 어우러진 극적인 공연의 모습이었다. 노트르담 성당의 회중석 천장에는 한때 리슐리외Richelieu 소유였던 추기경 모자가 달려 있었다. 나폴레옹 1세는 누구라도 50피트를 높이 뛰어 그 모자를 잡을 수 있다면 그를 추기경에 임명하겠노라고 말했다.[45]

11월 4일, 윤치호는 아침 9시 우울한 생각을 떨쳐 버리기 위해 밖으로 나갔고 마르세유Marseilles에서 상하이로 가는 표를 1,150프랑에 샀다.[46]

11월 7일, 윤치호는 프랑스의 일상생활이 극적이라고 생각했다.

"일상에서 프랑스인들의 생활 방식은 매우 극적이라서 무대에서의 극적인 방식은 매우 정상적인 일상처럼 보인다."[47]

11월 9일, 윤치호는 며칠 전 구매한 독일 여자 가수의 앨범에 수록된 발라드 곡에 한국어 가사를 붙였다.

"산外에 은실 갓치, 흐르는 물은, 바다를 차자가고 동산에

고흔 꽃은 봄을 차자오다시, 내 생각은 그대만 차자 가네."[48]

윤치호는 서양 음악에 한국어 가사를 붙이는 취미가 있었다.

파리에서의 고독을 잠시 잊기 위해서 윤치호는 11월 13일 오후 8시 오페라 극장 가르니에Opéra Garnier로 가서 〈파우스트〉 공연을 보았다. 윤치호에 따르면 세계에서 가장 큰 극장 가운데 하나라는 그 극장은 희귀한 대리석으로 조성된 매우 훌륭한 건물이었다. 146만 파운드를 들여 지었는데 외부는 당당해 보였고 내부는 화려했다. 거울처럼 빛나는 하나의 돌로 만들어진 기둥, 네 군데에 알제리 양식의 손잡이가 있는 웅장한 계단, 기하학적 도형과 기호로 된 우아한 장식, 여러 가지 색채에다 총체적인 효과를 두기 위해 황금빛과 자주 색깔을 풍부하게 드리운 이 모든 것은 환희와 함께 더할 수 없는 아름다움을 나타내었다.

그날 오페라의 무대 장식은 그야말로 압권이었는데 윤치호는 오페라 〈파우스트〉를 '과학과 예술의 접목으로 만들어낸 경이로움'이라고 평가하면서 그 내용과 무대를 다음과 같이 기록했다.

"노쇠해 향락을 누릴 수 없게 되고 삶에 지친 파우스트 박사는 자살을 감행하는 비극으로 치달았다. 악마 메피스토펠레스는 그에게 다가와서 젊음의 모든 기쁨을 제안하는데 그 조건은 지하 세계에서 자신에게 봉사하라는 것이었다. 악마는 파우스트를 도와 열정의 대상인 마르가레테를 얻도록 해준다. 그녀의 오빠인 발렌틴은 파우스트와 결투를 하지만 죽임을 당한다. 오빠의 죽음으로 정신착란을 일

오페라 극장 가르니에

가르니에가 설계하여 1875년 2,200명을 수용하는 규모로 완성되었다.
이 극장은 지나간 시대의 건축 양식을 골라 변형, 절충하면서 부르주아의
복고적이고 낭만적 취향을 만족시켰다는 평을 받았다.

으킨 그녀는 자신이 낳은 아이를 죽이고 감옥에 갇힌다. 파우스트는 그녀를 감옥에서 빠져나오도록 하지만 그녀는 자신의 죄를 후회하면서 신의 용서를 받고 죽는다. 박사는? 악마가 그를 거두어 갔다.

이 무대는 조용한 밤의 어둠에 막 산 너머로 사라져가는 태양의 애무를 받아 붉게 물든 라일락과 장미로 장식된 정원이었다. 활기에 넘친 거리는 돛단배가 군데군데 떠 있는 강을 따라 펼쳐져 있고, 교회는 신비스러울 정도로 고요했다. 천국의 계곡은 석양의 부드러움과 아침햇살의 신선함 그리고 정오의 찬란함이 어울려 조화를 이룬 빛 아래서 미소를 짓는 듯했다."[49]

윤치호가 본 오페라는 프랑스 작곡가 구노C.F. Gounod가 1859년에 완성한 오페라 〈파우스트〉였다. 청춘으로 돌아온 파우스트는 순결한 처녀 마르가레테의 집 창문 아래에서 "안녕! 순결하고 순수하여라." 라며 그녀의 정절과 아름다움을 찬미하는 노래 〈정결한 집〉을 부른다. 〈정결한 집〉은 사랑의 대가로 영혼마저 팔 수 있다는, 인간의 한계를 초월하려는 욕망을 보여준다. 하지만 결국 파우스트는 마르가레테의 사랑을 얻지 못하고 지옥으로 떨어진다.

괴테는 인간이 영원한 사랑을 꿈꾸지만 지상에서 신을 거역할 수 없다는 한계를 보여주었는데 그는 『파우스트』를 통해서 인간이 지상에서의 불운한 인생을 겪지만 천상에서의 영원한 사랑을 꿈꿀 수 있다고 생각했다.[50]

파리에서의 마지막 생활과
마르세유행

　윤치호는 파리의 마지막 나날들을 기억하기 위해서 분주했다. 파리를 떠나기 전날인 1896년 11월 17일, 윤치호는 점심 이후 그레뱅박물관Musée Grévin으로 가서 밀랍의 놀라운 경이를 보면서 다음과 같이 기록했다.

　"인물상들은 너무 생동감이 넘쳐 밀랍으로 제작한 남성과 여성 인물상을 자주 실제의 사람으로 착각하기도 했다. 니꼴라이 2세의 모스크바대관식을 재현한 것은 훌륭했다. 찬란한 왕관을 쓴 황제, 빛나는 갑옷과 투구를 쓴 경비병, 황금빛 예복을 착용한 주교들, 환한 의상을 입은 아름다운 러시아 여성들, 이 모든 장면은 잠시 동안 러시아에서의 경험을 생생하게 떠올리게 만들었다."[51]

　11월 18일, 윤치호는 파리를 떠났다. 아캄보 교수는 친절하게 리옹역까지 가서 표를 끊고 짐을 부치고 좋은 좌석을 얻는 일을 도와주었다. 윤치호는 서울의 상황을 미리 머릿속에 그리며 불확실한 미래를 걱정했다.

　"미래는 밝아 보이지 않는다. 35~40일간의 지루하고 멀미 나는 항해를 밤낮으로 거친 뒤 상하이에 도착하게 되면, 환영하는 집도 따듯하게 맞아주는 이도 없을 것이다. 나는 다시 아내를 떠나 조선으로 배를 타고 가야 될 것이다. 제물포에 가게 되면 나는 얼음과 눈, 교만한 태도를 짓는 일본인들 그리고 먼지 속에 풀이 죽은 조선인 외에는 아무것도 보지 못할 것이다. 모든 공직은 사람들로 넘쳐나 내가 갈

만한 자리도 없을 것이다."[52]

11월 18일 오후, 윤치호는 몽소 공원Monceau garden을 산책했다. 윤
치호에 따르면 이 공원은 파리에서 가장 예쁜 공원 가운데 하나인데
풀잎이 바람결에 우아하게 물결쳤다. 공원 끝에 인공 호수가 있는데
우아한 코린트식 열주가 있는 곳은 방문객에게 행복한 시절이 지나
갔음을 생각나게 했다. 그로토grottors(옛날 신들의 거주지로 여겨진 자
연 동굴)는 포도 덩굴과 관목으로 덮여 있고, 잘 보존된 예쁜 동상은
원래의 우아한 모습을 보여주고 있으며, 파괴된 동상은 방문객의 동
정적 관심을 자극했다. 고상한 예술품과 순수한 자연을 사려 깊게 조
합한 것이 파리 정원을 매력 있게 하는 중요한 요소였다.[53]

11월 19일, 윤치호는 파리-리옹 선의 2등 객실을 이용했다. 걱정
했던 것보다는 훨씬 편안한 밤을 보내고 오후 3시 마르세유에 도착하
여 곧바로 포스트 호텔Hotel de la Poste로 갔다.[54] 이 호텔은 11세기 세
인트 마틴 교회Saint Martin church 등을 허물었던 구시가지 부지에 세
워졌다. 이 호텔은 3,500제곱미터의 면적과 4,500제곱미터의 부지
를 차지했다. 이 건물 외곽 벽면에는 전류 단위 볼트(V)를 만든 볼타
Alessandro Volta 등의 이탈리아 물리학자 총 네 명이 조각되어 있다.[55]
윤치호에 따르면 이 호텔은 수수하고 하루 20~30프랑으로 저렴했
다.[56]

11월 20일, 윤치호는 마르세유Marseille에 대해 기록했다. 마르
세유는 기원전 600년경 마살리아Massalia라는 이름으로 페니키아
Phoenician 식민지의 하나로 건설되었다. 수세기 동안 서유럽의 상업
중심지로 번창했는데 1481년 프랑스에 편입되었다. 당시 인구는 40
만 6,919명으로 그중 75퍼센트가 외국인이었다.[57]

사실 마르세유는 지중해 연안에서 가장 큰 항구도시로 파리, 리옹과 함께 프랑스의 3대 도시였다. 마르세유는 지중해 연안의 유럽, 아프리카 북부, 중동 지역, 인도양 및 태평양 연안을 연결하는 물류의 중심지였다. 마르세유는 그리스의 식민지로 지중해에서 아테네의 영향을 받았지만 기원전 100년경 로마에 점령당했다. 로마제국의 쇠퇴와 함께 이 도시는 5세기 게르만족인 서고트족의 영향력 아래로 들어갔다. 프로방스 백작들은 10세기 마르세유의 부와 무역을 다시 찾았다. 1481년 프로방스 지방이 프랑스 왕국의 일부로 통합되었지만 이 도시는 독립된 행정 체제를 유지했다.

마르세유는 프랑스 대혁명을 적극적으로 지지했는데, 1792년에 파리로 진군한 혁명가들이 부르던 행군가 〈라마르세예즈La Marseillaise〉는 널리 퍼져서 현재 프랑스 국가가 되었다. 18세기 이후 마르세유는 지중해에 위치한 프랑스의 가장 중요한 군항이 되었고 19세기 초반 외국인 노동자들이 들어오면서 인구 구성이 변화했다. 북아프리카 출신의 아랍인과 유대인, 러시아인, 그리스인, 이탈리아인, 스페인인 등이 거주했다.[58]

윤치호는 마르세유에서 노트르담과 누벨 성당을 구경했다. 노트르담 성당은 마르세유의 동부 지역에서도 눈에 잘 띄는 지점에 지어져 있어 가장 큰 항구로서의 가치를 부여하는 기념물이었다. 바닥은 말할 것도 없고 벽과 천장 그리고 제단에 장식된 아름다운 모자이크는 그림 같았다. 이 성당의 성처녀 조각상은 어부들의 수호자였다. 72미터에 이르는 내부에 설치된 승강기는 교회의 또 다른 매력이었다. 도처에 아름다운 기도문이 있었다.

윤치호는 바닷가 마을의 '누벨 성당'이 비싼 대리석으로 지은 뛰어

항구도시 마르세유의 랜드마크 노트르담 성당

난 건물이라고 평가했다. 이 성당은 프랑스에서 가장 큰 것으로, 파리의 노트르담 성당은 규모 면에서 두 번째였다. 파리의 아름다운 거리와 빌딩 그리고 상점에 익숙한 사람들에게 마르세유는 깔끔하지 않고 가난하고 촌스럽게 보였다. 하지만 윤치호는 파리로부터 수백 마일 떨어진 마르세유가 그렇게 활기 있고 아름다울 수 있다는 사실에 놀랐다.[59]

11월 22일, 윤치호는 8시 반에 승선을 기다렸다. 윤치호는 오후 4시 시드니호가 닻을 올리는 순간 프랑스와 작별을 고하며 파리의 생활을 회상했다.[60]

"용감한 사람들의 땅이자 아름다움의 산실과 같은 프랑스여, 안녕. 호화스러운 유럽의 아름다운 화실 같은 파리여, 안녕!"

윤치호는 자신의 마음속에 기독교적인 요소와 본능적 요소가 가장 격렬하게 충돌했던 곳이 바로 파리였다고 기억했다. 윤치호는 자신의 좌우명인 '검소, 진실, 온유'를 신에게 봉헌한 곳도 파리였고, '발길을 다시 하느님께로 되돌린 곳'도 파리라고 기록했다.

윤치호는 잊지 못할 파리의 풍경들을 나열했다.

"개선문 꼭대기에서 바라본 웅장한 대군로大軍路, 엘리제궁, 블로뉴 숲, 하늘을 찌르는 듯한 에펠탑, 우아한 콩코드 광장, 왕관을 보석으로 장식한 많은 기념물들."[61]

윤치호는 '음탕'과 '외설'에 빠졌지만 센강에 위치한 여왕과 같은 도시 파리를 방문한 사실을 축복으로 여겼다.

지중해, 포트사이드, 지부티, 콜롬보

윤치호는 긴 항해 과정에서 배 멀미에 시달린 경우가 극히 적었는데 그는 바다 여행을 즐길 수 있을 만큼 건강했다.

1896년 11월 28일, 윤치호는 7일 만에 쓴 일기에서 지중해를 통해서 이집트의 포트사이드Port Said에 도착하는 과정을 기록했다.

"모든 바다 가운데에서 아마 가장 유명하고 가장 유서 깊은 지중해는 내가 우려했던 것만큼 그렇게 거칠지는 않았다. 항해를 잘 버텼고 다행스럽게도 25일 밤의 위험한 날씨에도 불구하고 잠을 자면서 보냈다."

윤치호는 28일 점심 이후 곧바로 포트사이드에 도착했다. 이 도시는 대륙의 혀와 같은 위치에 건설되었다. 작은 전차가 도시의 주요 지역을 오갔다. 인구는 2만 8,000명 정도였다. 프랑스어와 프랑스 화폐가 자유롭게 통용되었다. 상인들은 실제 가격보다 적어도 3/4 이상을 더 요구하면서도 결코 만족할 줄 몰랐다. 이집트 도시에서 마주칠 수 있는 가장 경멸할 만한 짐승은 경찰이었는데, 선원이나 상인이 여행객을 사기 치게 해서 이익의 절반을 나눴다.

12월 2일, 윤치호는 4일 만에 일기를 썼다. 그는 이날 오후 2시쯤 아프리카 동부 홍해 입구에 위치한 지부티Djibouti에 도착했다. 윤치호는 지부티를 '이글거리는 태양'이라 칭하며 관찰한 내용을 기록했다.

기선이 입항할 때 짙은 구릿빛 피부의 소년들이 한 무리의 물고기 떼처럼 무리 지어 왔다. 그들의 물속을 넘나드는 재주는 놀라운 것이 아니지만 재미있었다. 그들은 오리처럼 물속으로 뛰어들어 선객들이 그들에게 던져준 물속에 가라앉은 동전을 집어 올렸다. 오후 3시쯤 흰 다리 밑에 보트 한 척이 기선으로부터 해안가로 와서 승객을 나르기 위해 정박했다.

마을은 프랑스계와 아랍계의 두 지역으로 구성되었고 프랑스계는 그들의 지역을 석탄 저장소로 사용했다. 도시의 프랑스 지역에는 사령부, 우체국, 호텔, 카페, 상점이 있었다. 광장에는 아랍인들이 장사를 하고자 몰려든 시장이 있었다. 원초적인 장터의 모습이었다. 프랑스 지역에는 여러 명의 흑인과 백인 경찰들이 있었다. 토착 마을은 건초와 갈대로 엮은 오두막집들로 형성되었다. 의자와 식탁 그리고 양철 컵 등의 가재도구는 거의 안락하지 못한 생활임을 보여주었다. 거리는 조선의 작은 도시에 비해 매우 깨끗했다. 윤치호는 지부티의 토착 마을에 대한 인상을 기록하면서 서구 근대주의자의 면모를 보여주었다.

"만일 유럽이 영향 없이 버려둔다면, 수천 년 뒤에도 그들은 현재보다 결코 더 낫지 못하리라는 생각을 떨쳐버릴 수가 없다. 모든 것이 조선과 똑같다."

심지어 윤치호는 조선인으로서의 열등감도 내비쳤다.

"프랑스에서는 피부색과 문화 양극단 사이에 경멸을 유발할 만한 것이 많지만, 그렇다고 아랍인들의 부러움을 살 만한 것을 갖지 못한 불쌍한 한 조선 사람이 있다."[62]

12월 8일, 윤치호는 시드니호 승객들의 일상을 기록했다.

"어떤 이는 도박하고 어떤 이는 춤추고, 어떤 이는 여성과 대화하고, 이 모두에게 지루한 항해를 즐겁게 할 이런저런 일과가 있었다."

12월 9일, 윤치호는 시드니호에서 거대한 바다를 보면서 나폴레옹, 루터 같은 인물을 떠올렸다.

"그늘에서도 섭씨 32도가 되는 혹독한 더위다. 내륙의 호수처럼 잔잔한 거대한 바다. 거대한 강이 수많은 작은 시냇물이 모여서 이뤄진 것처럼 위대한 정신은 수많은 작은 정신들이 모여 이룩된 것이다. 나폴레옹이나 루터와 같은 사람은 인도양이나 대서양처럼 그 스스로가 뛰어난 사람이다."[63]

윤치호는 개혁을 실행한 영웅들을 동경했다.

12월 10일, 윤치호는 오후 2시 30분 스리랑카의 콜롬보Colombo에 도착하며 첫인상을 기록했다.

"오후 3시 반 뭍에 올랐다. 붉은 색조의 거리, 노란 의상을 걸친 불교 승려들, 아름다운 녹색의 나무들, 형형색색의 옷을 입은 검은 피

콜롬보에 위치한 그랜드 오리엔탈 호텔

1875년 문을 연 이 호텔은 유럽인이 관리하는 유럽식 호텔로 출발했다. 1890년 러시아 작가 체홉이 시베리아와 사할린섬을 관찰하고 돌아오는 길에 묵었던 호텔로 유명하다. 1966년 리모델링했고 현재도 3성급 호텔로 운영되고 있다.[64]

부의 원주민들, 흰옷을 입은 유럽인들은 아시아인 여행자들에게조차 두드러진 광경으로 보인다."

윤치호는 그랜드 오리엔탈 호텔Grand Oriental Hotel에서 숙박했다. 윤치호는 레모네이드 한 잔을 마신 뒤 인력거를 타고 거대한 불교 사원으로 갔다. 마차를 타고 가는 길은 유쾌했고 양쪽에는 야자수와 풍부한 색조의 열대 수종들이 줄을 지어 늘어져 있었다. 원주민들의 오두막은 벽돌로 지어진 단층 건물이었는데 습하고 비위생적으로 보였다.

"사원은 보잘것없어 보였다. 부처님이 앉았다고 하는 의자는 석회칠을 한 둥그런 무덤 같은 곳에 안치되어 있었는데 호기심 가득한 사람들의 눈에는 대단해 보이지 않았다. 사원의 승려는 부처를 상징하는 여러 개의 기괴한 목상wooden idols을 보여주었다. 그중 하나는 길이가 9야드였다. 조각상은 모두 추해 보였다."

윤치호는 그곳에서 '미륵불Lord Buddha'상을 보았는데 내세에 온다는 미륵불의 진위까지 의심했다. 그는 사원 내부가 너무 어두워 더 자세히 볼 수 없는 것을 아쉬워하면서도 사원을 주의 깊게 보면서 아시아의 끝자락에 있다는 사실을 인식했다. 윤치호는 오후 11시 콜롬보를 떠났다.[65]

윤치호가 방문했던 불교 사원은 바로 콜롬보에서 대략 10킬로미터 떨어진 '켈라니야Kelaniya' 사원이었다. 석가모니는 스리랑카 국왕의 요청으로 100여 명의 제자들과 함께 스리랑카 켈라니야에 도착했다. 석가모니는 도착한 후 켈라니야강에서 목욕을 하고 법문을 했다. 석가모니를 청한 마니악키카왕은 흰 법좌를 준비해 석가모니를 모셨다. 이후 석가모니의 방문을 기념하기 위해 켈라니야 사원으로도 불

윤치호가 방문했던 스리랑카 켈라니야 사원

리는 '라자마하위하라'가 세워졌는데 '왕의 대사원'이라는 뜻이다. 석
가모니가 앉은 법좌는 사원 안 거대한 다고바에 봉안됐다. 사원이 건
립된 시기는 석가모니 재세 시, 지금으로부터 2,600여 년 전이다. 하
지만 사원은 이후 끊임없이 이어진 이민족과의 전쟁으로 수차례 파
괴되고 복원되기를 반복했다. 특히 16세기 포르투갈의 침략 시기에
기독교도들에 의해 심하게 훼손된 것을 19세기에 복원했다. 사원 내
부의 벽화 또한 이때 조성된 것이다. 벽화는 세 차례에 걸친 석가모
니의 스리랑카 방문을 모두 상세하게 묘사하고 있다.[66]

　기독교도이자 근대주의자인 윤치호는 아시아 불교에 대한 거부감
을 지니고 있었다. 노트르담 성당과는 달리 윤치호에겐 켈라니야 사
원이 우습게 여겨졌다.

싱가포르, 사이공, 홍콩

바다 여행은 막바지로 치닫고 있었다.

1896년 12월 16일, 윤치호는 3일 만에 일기를 썼는데, 16일 오전 8시 싱가포르Singapore에 도착했다. 윤치호는 시내를 걸었는데 중국 상점, 중국인 일꾼, 중국인 납품업자로 붐볐다. 일본 화폐도 통용되었다. 오후 3시 항구를 떠났다.[67]

12월 18일, 시드니호는 사이공Saigon에 가까이 도달했다. 바다가 연녹색 빛을 띠었고 나무가 아름답게 우거져 있었다. 윤치호는 오후 2시쯤 사이공에 도착하며 거리의 풍경을 기록했다.

"사이공은 거리가 깨끗한 아름다운 도시다. 어떤 거리는 파리 못지 않게 훌륭하다. 푸른 나뭇잎이 길게 줄지어져 그늘을 드리우고 있는 붉은 색조의 거리들은 매우 아름다웠다. 중국인은 도시에 넘쳤고 몇몇 주요 상점가를 장악했다."

윤치호는 배에 승선한 일본인 친구들과 함께 시가를 산책하고 한 일본인 식당에서 일본식 요리 '메시mesi, 飯' 즉 쌀밥, '코코Koko' 즉 일본식 장아찌도 많이 먹었다. 윤치호는 배로 돌아갔지만 일본인들은 남아서 일본 여성들과 매춘했다.[68]

12월 19일, 배에 머물던 윤치호는 일본인 나카야마中山와 함께 작은 배를 빌려서 밤 10시까지 강을 유람했다. 윤치호에 따르면 당시 가와카미 소로쿠川上操六 장군을 대표로 하는 일본의 사절단이 식민 통치의 최적 수단을 조사하기 위해 사이공에 머물고 있었다.

일본 육군 참모차장 가와카미 소로쿠는 을미사변을 주도한 주한 일본공사 미우라三浦梧楼와 주한 일본공사관 무관 구스노세楠瀬幸彦와 1880년대부터 서로 두터운 인연이었다. 1884년 5월 미우라와 가와카미는 유럽 시찰을 함께 수행했고, 당시 프랑스 포공 학교에서 유학 중이었던 구스노세는 프랑스 안내를 맡았을 뿐만 아니라 독일 시찰까지 동행했다. 가와카미는 1890년 육군 중장으로 진급했고 청일전쟁 당시 대본영 상석참모 겸 병참총감上席参謀兼兵站総監으로 활동했다. 그는 1893년 3월 18일 육군참모차장의 신분으로 고종을 알현한 적도 있었다. 1895년 3월 정청총독부 참모장征清総督府参謀長에 임명되었다. 그는 대만台湾, 인도차이나(仏印, 사이공), 시베리아 출장을 수행한 다음, 1898년 1월 참모총장에 취임하면서 그해 9월 육군 대장으로 승진했다.[69] 호사다마랄까? 그는 다음 해인 1899년 5월 급사했다.

12월 20일, 윤치호는 열기, 소음, 연기, 모기로 고통스러워 온 밤을 갑판에서 보내고 다음 날 오전 6시 30분 사이공을 떠났다.[70]

윤치호는 12월 28일 일기에 시드니호에 승선한 일본인을 기록했다. 일본인 승객 7명이 있었는데 4명은 1등 선실에, 3명은 2등 선실에 있었다. 윤치호는 항상 자신에게 친절했던 우리우 대령에 대해서도 기록했다. 우리우에 따르면 최근 전쟁에서 주요 목적 한 가지는 러시아가 동방으로 진출하는 것을 막는 것이었지만 결과는 정반대가 되었다. 우리우는 일본의 명예에 관련된 모든 것에 매우 민감했다. 우리우는 일본인의 '영향'이 확산되는 모든 것에 대해서 기쁜 일이라고 생각했다. 심지어 그는 모든 아시아의 거류지에 일본인 창녀들이 널리 퍼져 있는 것을 보며 기뻐했다.[71] 윤치호는 과정과 내용이 무엇이든 일본 영향력의 전파만을 중시하는 '잘생긴' 제국주의자 우리우의 면모를 비로소 파악할 수 있었다.

12월 23일, 윤치호는 오후 6시 반쯤 홍콩에 도착했다. 전날부터 이 날 아침까지 내내 바다가 매우 거칠어 배가 위아래로 요동치는 바람에 윤치호는 매우 괴로워했다. 배는 24시간 동안 200마일 이상 나아갈 수가 없었다. 힘들게 도착한 항구에서 윤치호가 본 홍콩의 야경은 더욱 아름다웠다.

"시가 뒤의 산들은 가스등과 전등이 뿜어내는 휘황찬란한 빛과 반대로 검은 바탕을 제공하고 있다."[72]

12월 24일, 윤치호는 오전 8시에 홍콩 뭍에 닿았다. 윤치호는 홍콩 기후가 완벽하여 저녁에는 서늘하고 아침에는 신선하고 한낮에는 따뜻해 아름다운 봄 또는 초가을의 기쁨을 만끽했다고 기록했다. 홍콩 바다 가장 가까이에 위치한 거리는 대부분 광둥廣東 사람이 차지했다. 도시의 언덕 위로 높이 올라갈수록 유럽인 거주자들이 자주 눈에 띄었다.

윤치호는 홍콩에서 서구에 대한 열등감에 사로잡혔다. 윤치호에 따르면 희망 없는 언덕들이 유럽인 손에 들어가면 홍콩같이 발전할 수 있었다. 유럽인은 과학과 예술로 변모한 홍콩의 모습이 자랑스러울 것이다. 시드니호는 오후 3시 홍콩을 떠났다.[73]

상하이, 동화양행 그리고 김옥균

"끝이 좋으면 모든 것이 다 좋다!"

1896년 12월 27일, 윤치호는 상하이에 도착하며 그 기쁨을 표현했다. 홍콩에서 상하이까지의 항해는 가장 순조로웠다. 오후 4시에 우쑹嗚淞에 도착했고 2시간 뒤 증기 예인선이 승객을 상하이 항구에 내려놓았다.

윤치호는 27일 오후 8시 미국 조계지에 위치한 일본인 호텔 토와요코東和洋行에 도착해서 머물렀다. 토와요코, 즉 동화양행은 요시지마 도쿠조吉島德三 부부가 1886년 상하이 철마로鉄馬路(현재 河南北路)와 북소주로北蘇州路의 교차 지점 근처에 개업한 호텔이다. 이 호텔은 일본인 상인과 여행객들을 위한 숙박 편의를 제공했다. 동화양행은 1890년 10월《상해신보上海新報》에 매춘부의 숙박 거절 선언을 고시하면서 호텔의 지명도가 높아졌다. 1894년 3월 28일 김옥균金玉均이 홍종우洪鍾宇에 의해 피살된 장소가 바로 이 동화양행이었다.[74]

윤치호는 김옥균이 준 시계를 늘 차고 다녔다. 그만큼 둘 사이에는 추억이 많았다. 2년 반 전에 김옥균이 암살당한 바로 그날 윤치호도 상하이에 있었다. 그때 동화양행의 현장은 이랬다.

1894년 3월 27일 오후 6시 30분, 윤치호는 '김옥균이 상해에 도착해서 동화양행에 머물고 있으니 몸소 방문해 달라'는 전갈을 청국 외교관 오보인嗚葆仁으로부터 받았다. 윤치호는 그날 저녁 호텔로 가서 김옥균, 홍종우, 오보인 등을 만났다. 홍종우는 천풍보호天豊寶號라는 회사에서 발행한 수표 5,000불을 찾은 다음 2,000불은 김옥균에게

100년 전의 세계 일주

급진 개화파 김옥균

1884년 갑신정변을 주도했으며 삼화주의(三和主義) 사상 즉 조선, 청국, 일본의 평화를 주장했다. 그러나 1894년 중국 상하이에서 조선에서 보낸 자객 홍종우에게 암살당했다.

주고 나머지 3,000불을 이세직李世植에게 전달하기 위해서 왔다고 말했다.[75]

김옥균은 호텔에서 윤치호를 만나 상하이에 온 이유 등을 알려주었다.

"이홍장 아들 이경방李經方의 초청으로 청국에 오게 되었네. 후쿠자와 유키치福澤諭吉와 고토 쇼지로後藤象二郎가 각각 1,000불을, 오사카에 거주하는 이세직이 600불을 주었거든."

그는 말을 이었다.

"지금 우후蕪湖에 있는 이경방의 다음 전갈이 있을 때까지 상하이에 머물 생각이라네."

그러자 윤치호가 은밀히 말했다.

"홍종우가 밀정으로 파견되었을지도 모릅니다!"

김옥균이 나지막하지만 단호한 어조로 말했다.

"홍종우는 밀정을 할 것이 없어. 그는 모든 것을 알고 있는 것 같아. 그럼에도 나는 그를 믿지 않는다네."[76]

김옥균도 왠지 불길했을까? 다음 날인 1894년 3월 28일 김옥균은 윤치호에게 오후에 방문해달라는 전갈을 보냈지만 윤치호는 대학에 일이 생겨 호텔로 가지 못했다. 그런데 오후 4시 30분, 윤치호는 동화양행으로부터 큰 급변이 일어났으니 속히 와달라는 전갈을 받았다. 윤치호는 김옥균이 투옥되었거나 암살당했을 것으로 짐작했다. 윤치호는 동화양행에서 김옥균의 사체를 일본 관리가 검시하고 있는 상황을 똑똑히 목격했다.

"김옥균의 유해가 침대 의자에 눕혀져 있었다. 이곳저곳 피가 묻은 광경이 정말 두려웠다. 결국 그렇게 김옥균은 죽었다!"

윤치호는 "김옥균을 제거하기 위해 이곳으로 유인했다는 것은 말할 필요도 없다."라고 기록했다.[77] 그 후 윤치호는 그날 오후에 김옥균에게 가지 못했던 일을 떠올리며 평생 후회했다.

당시 상하이 주재 일본총영사관은 가장 먼저 김옥균의 암살 현장을 방문하고 김옥균의 사체를 조사했다. 1894년 3월 30일, 상하이 주재 총영사대리 오코시 나리노리大越成德는 김옥균의 암살 과정을 상세하게 외무대신 무쓰 무네미쓰陸娛宗光에게 보냈다.

이미 3월 24일 일본 외무성은 김옥균 외 2명이 1886년 영국에서 제작된 우편선 사이쿄마루西京丸를 타고 상하이에 도착할 예정이니 김옥균의 활동을 감시할 것을 지시했다. 오코시는 일본 외무성의 전보를 접했을 때 김옥균의 신변이 극히 위험할 것이라고 직감했다.

김옥균은 3월 23일(음력 2.17.) 사이쿄마루로 고베항神戸港을 출발해서 3월 27일(음력 2.21.) 오후 5시 상하이에 도착하여 동화양행에 숙박했다. 홍종우, 종복從僕 기타하라 엔지北原延次, 주일 청국공사관 통역관 오보인도 함께 김옥균을 수행했다. 김옥균은 상하이에서 5,000원圓의 수표를 교환한 다음, 4주 동안 우후蕪湖 등에 가서 이홍장의 양아들 이경방 등을 만난 후 사이쿄마루에 다시 승선하여 일본으로 돌아갈 계획이었다.

기타하라는 오가사와라섬小笠原島 출신으로 1886년 이래 김옥균의 종복이 되었다. 홍종우는 1888년 도쿄 아사히신문사에서 활자를 꽂는 식자공植字工으로 근무한 적이 있었다. 1890년 12월 파리에 도착한 홍종우는 기메 박물관Musée Guimét에서 연구 보조자로 활동하며 한국과 중국 서적을 프랑스어로 번역했다. 홍종우는 1893년 가을 일본으로 다시 돌아와 수시로 김옥균과 왕래했다.

3월 27일, 오코시 나리노리는 먼저 동화양행 사장 요시지마 도쿠조에게 김옥균의 정탐을 지시했다. 그런데 28일 오후 3시가 넘어서 요시지마 도쿠조가 총영사관에 달려와서 김옥균이 살해되었다고 신속히 보고했다. 오코시 나리노리는 거류지 경찰서에 신고하도록 요시지마에게 지시하고 서기생書記生 가토加藤에게는 일본 의사 다나베 야스노스케田鍋安之助와 함께 호텔로 갈 것을 명령했다.[78] 현장에 도착한 가토는 김옥균이 절명한 것을 확인했는데 홍종우는 이미 어디론가 도주한 뒤였다. 오코시 나리노리는 기타하라와 호텔 투숙객의 증언에 따라 당시 김옥균의 암살 상황을 기록했다.

28일 아침, 홍종우는 김옥균의 지시로 수표 5,000원을 교환하러 천풍보호에 갔는데 그쪽의 주인이 없다며 돌아왔다. 그날 오보인은 1시쯤 외출했다. 오후 3시 기타하라는 김옥균의 심부름 때문에 2층에서 잠시 내려와 있었고 김옥균은 조금 기분이 나쁜 상태에서 침대 위에 가로누워 있었다.[79] 그때 폭죽 같은 소리가 세 발 들렸고, 김옥균과 함께 있던 홍종우가 황급히 2층을 내려와 집 밖으로 달렸다. 기타하라는 이상하게 여기고 홍종우를 쫓아서 밖으로 나갔지만 사라져서 그의 그림자조차 볼 수 없었다. 기타하라와 호텔 손님들은 모두 총성을 전적으로 폭죽으로 오인했는데 그날 오전에 호텔 앞 강가에 정박한 선박에서 폭죽놀이가 있었기 때문이었다.

김옥균은 세 곳의 총상을 입었다. 하나는 모포와 옷을 뚫고 복부를 스쳤다. 하나는 뒷면 왼쪽 어깨 아래를 관통했다. 하나는 왼쪽 목뼈 아래를 관통하여 총알이 뇌에 이르렀다. 발포된 총알 한 개와 쏘지 않은 한 개가 복도에 떨어졌다. 총알은 새끼손가락 끝만 한 크기였다. 홍종우는 암살 직전 양복을 한복으로 갈아입고 6연발 피스톨 권총을 한복의 소매 안에 숨겼다. 홍종우는 먼저 침대 위에 누워 있는 김옥균을 향해서 방아쇠를 당겼고, 도망가는 김옥균의 뒤에서 두 번째 총알을 쏘았고, 방에서 5~6간間 떨어진 복도에서 마지막 총알을 발사했다. 홍종우는 복도에 쓰러진 김옥균을 확인 사살한 것이다. 홍종우는 호텔을 쏜살같이 나와 뒤에 있는 다리 위에서 피스톨을 물속에 던졌다.

상하이 지역 경찰서장이 도착해서 김옥균의 사체를 조사했다. 조사가 마무될 즈음 오코시도 현장에 도착했다. 경찰서장은 총영사대리 오코시에게 김옥균의 시체를 인수할 것을 제안했다. 그러자 오코시가 답변했다.

"원래 김옥균은 조선의 망명객으로서 일본 귀화인이 아니므로 시체를 인수할 이유가 없다. 내가 이 자리에 온 이유는 암살자가 누구

인지 판단할 수 없을 뿐만 아니라 장소가 일본인 호텔이기 때문이다. 가해자가 조선인이므로 청국 정부가 사법 절차에 따라 처리하는 것이 타당하다. 더 이상 검시할 필요가 없다면 김옥균의 시체는 다른 조선인에게 넘기든가 또는 기타하라에게 인도하든가 그 밖에 어떻게 처리하여도 좋다.”

오코시는 즉시 현장을 떠났는데 기타하라가 김옥균의 시신 인도를 요청했다고 기록했다. 긴급한 사태임에도 오코시는 일본총영사관이 이 사건에 연루되지 않도록 너무나 침착한 태도로 대응했다. 상하이 경찰서는 다음 날 29일 새벽 3시경 우쑹 근방의 한 민가에 숨어 있는 홍종우를 체포하여 항구로 끌고 왔다. 경찰서장은 다시 홍종우를 일본에 인도하겠다고 제의했다. 오코시는 홍종우가 조선인이므로 조약에 따라 청국 관리에게 인도하는 것이 타당하다고 답변했다. 경찰서장은 홍종우를 회심아문會審衙門에 인도했다. 상하이 현령縣令도 28일 현장에 도착해서 시체를 검사하고 홍종우의 심문을 마쳤다. 현령의 심문 과정에서 하야미速水 어학생語學生이 홍종우의 일본어 통역을 도와주었다.[80]

이 사건에 대한 청국과 일본의 협조는 매우 순조로웠다. 상하이 주재 총영사대리 오코시 나리노리는 수집한 정보를 통해서 조선인 배후를 정리했다. 이세직은 일본 체류 시 오사카에 거주하며 상업에 종사했는데 권동수勸東壽·권재수權在壽 형제와 홍종우도 당시 그 집에 있었다. 이세직은 상하이 소동문小東門 밖 함채가鹹菜街 천풍보호 앞에서 어음환 5,000원을 김옥균에게 주었는데 나중에 경찰이 홍종우를 추적하면서 천풍보호를 찾았지만 존재하지 않았다. 5,000원 어음환은 위조수표였던 것이다.

이미 도쿄에서 김옥균은 청국공사관에 출입하며 이홍장, 그의 양아들 이경방 등과 편지를 주고받았다. 그래서 김옥균은 도착한 첫날 이경방의 초청을 받아서 왔으며 상하이에서 일이 끝나면 우후蕪湖로 가서 이경방을 만날 작정이라고 윤치호에게 말했다. 기타하라에 따르면 김옥균은 그동안 통역관 오보인과 친밀하게 지냈고 전혀 오보인을 의심하지 않았다.

오코시는 김옥균의 짐을 검사했지만 아무런 비밀 서류를 찾지 못했다. 오코시는 김옥균이 청국과 연락해서 이경방의 초청을 받고 상하이에 도착했다고 판단했다. 오코시는 김옥균의 암살 배후 중 하나로 청국을 의심했다. 첫째, 청국은 몹시 싫어하는 김옥균을 초청하고 통역관 오보인을 동행시켰다. 둘째, 홍종우는 오보인도 자신의 목적을 잘 알고 있었다고 말했다. 셋째, 도쿄 주재 청국공사관은 오보인을 동행시켜 표면상 김옥균의 안전을 보증함으로써 김옥균의 도항渡航을 결심하도록 유도했다.[81]

일본은 청국의 의심스런 행동을 충분히 파악하고 있었음에도 왜 김옥균의 위험한 상하이 여행을 막지 않았을까? 그것은 일본이 김옥균의 죽음을 이용해 반청과 반한 여론을 조성하고, 이를 청일전쟁의 빌미로 삼고자 의도했기 때문이다. 김옥균을 수차례 유폐시키면서까지 그의 행동을 감시하던 일본 정부가 정작 김옥균의 청국 여행을 묵인했다는 사실은 암살의 묵시적 동조라고 할 수 있다. 일본 정부는 사실 김옥균 암살 사건이 일어나기 두 달 전부터 암살 계획을 감지하고 있었지만 전봉준의 1차 봉기와 김옥균 암살 사건을 명분으로 조선 출병과 청일전쟁을 결정했다.[82] 김옥균은 조선, 청국, 일본 삼국으로부터 버림받은 이단아였다.[83]

부인과의 재회, 쓸쓸한 귀국

1896년 12월 27일, 윤치호는 서둘러 저녁을 먹은 뒤 부인 마애방馬愛芳을 만나기 위해 트리니티Trinity 집으로 갔는데 마애방은 출산 때문에 병원에 가고 없었다.[84] 다음 날 아침 9시, 윤치호는 마침내 서문병원에서 부인의 팔에 안길 수 있었다. 그는 오후 내내 부인과 함께 보냈다.[85] 하지만 만남의 기쁨도 두 사람의 뜨거운 사랑도 영원할 수 없었다. 그 후 1905년 2월, 마애방은 자궁외 임신으로 요절했던 것이다. 그녀는 죽기 직전 창백한 표정으로 윤치호에게 말했다.

"나는 당신을 위해 많은 것을 견뎌왔어요. 당신도 나를 위해 어느 정도 견뎌야 해요."[86]

긴 기다림과 인내, 그것은 윤치호의 숙명이 되었다.

1896년 12월 30일, 윤치호는 병원으로 가는 도중 민영익을 만났다. 그는 한복에 흰 모자를 쓰고 있었다. 민영익은 군부참령軍部參領 이학균李學均이 싱가포르에서 사망한 아버지의 유해를 모시고 조선으로 가는 도중인데 현재 상하이에 있다고 말해주었다.[87] 이학균은 을미사변 당시 시위대 1대대장이었고 일본 군대의 침입을 고종에게 맨 처음 보고한 인물로 왕실 세력의 핵심이었다.

12월 31일 아침, 윤치호는 알렌 박사Y. J. Allen를 만났다. 알렌은 윤치호가 조선에 돌아가면 관직으로 들어갈 것을 조언했다.

"윤 선생이 기독교의 교리를 전파하는 설교자보다는 밖에 있을 때가 선교에 도움을 줄 수 있는 영향력이 훨씬 클 것입니다."[88]

미국인 선교사 알렌은 1860년 중국으로 건너와 선교사 겸 번역관으로 활동했다. 그는 1875년 중국어 신문인 《만국공보萬國公報》를 창간하여 편집을 담당했다. 《만국공보》는 청국의 정치 개혁을 권장하는 기사를 자주 게재했는데 강유위와 양계초 등의 변법파에 영향을 미쳤다. 그는 중서서원中西書院의 선교 교육자 및 원장으로 윤치호에게 많은 영향을 주었다.[89]

1월 9일, 윤치호는 화창한 아침 9시 30분 참령參領 이학균을 방문하여 김홍륙, 김도일, 홍종우에 대한 소식을 들었다. 이학균에 따르면 러시아어 통역관 김홍륙은 당시 큰 힘을 가지고 있고 조정의 고위 관직들을 좌지우지하고 있었다. 조선사절단의 일원이자 러시아어 통역관 김도일은 그다음 권력자였다. 김도일은 기생들과 함께 노래를 부르며 종로 거리를 걸었는데 순검이 국상 중이라며 김도일을 질책하자 김도일은 그 순검을 구타한 다음 경무청으로 끌고 갔고 경무사는 겁에 질려 아무 조치도 취하지 못했다. 김옥균을 암살한 홍종우는 파리에 머물 때 혁명으로 망명한 왕자처럼 행세했다. 홍종우는 파리에서 가톨릭 선교단의 구호금으로 살았지만, 조선으로 돌아왔을 때 기독교 신자라고 선언했다.[90]

윤치호는 상하이에 27일 동안 머무르며 그곳에 거주하는 부인과 생활하면서 중국인과 선교사 친구들을 만났다.

1897년 1월 23일, 윤치호는 아침 일찍 서울로 출발할 준비를 마쳤다. 그는 오전 10시 맥타이어 숙소Mctyeire Home에 있는 헤이굿Haygood 여선교사를 방문해서 자신의 주된 업무는 선교 활동이고 나머지는 부차적이라고 말했다. 1시 30분 윤치호는 센다이 마루仙台丸에 탑승했다.[91] 서울 주재 청국영사였던 당소위唐紹威와 참령 이학균이 동행했다. 윤치호는 이학균과 선실을 함께 썼다. 1시 45분 닻이 올랐다.

1월 25일, 윤치호는 순탄하게 즈푸芝罘에 도착했다. 윤치호에 따르면 즈푸는 볼거리가 그다지 많지 않았는데 즈푸 주민은 남쪽의 주민보다 더 가난해 보였다. 조랑말 두 마리가 끄는 가마는 신기했다. 노래하는 소녀들이 아기 옷을 입고 쿨리(노동자) 뒤를 따라 여기저기돌아다녔다.[92]

윤치호가 파리에서 출발할 때 예감했던 암울한 미래가 그의 눈앞에 현실로 다가왔다. 민영환 일행과 달리 윤치호는 고종에게 줄 '특별선물'이 없었기 때문에 누구도 그를 마중하러 오지 않았다.

제물포 도착, 고종 알현, 혼돈의 서울

한겨울이라 제물포에서 마포로 가는 뱃길이 끊겨 서울로 가는 여정은 쉽지 않았다. 험난한 여정만큼 서울은 벌써 권력을 둘러싼 음모로 가득했다.

1897년 1월 27일 12시 30분, 윤치호는 제물포에 도착하여 오후 3시 30분에 상륙했다.

1월 28일, 윤치호는 오전 8시 가마를 타고 제물포를 출발했다. 도로는 최악의 상황이었는데 발목까지 올라오는 진흙탕 도로는 끈적거리고 미끄러웠다. 그날 저녁 6시, 윤치호는 "힘들고 몹시 추웠던 여정을 마치고 서울에 도착했다."라고 기록했다. 윤치호는 곧바로 남감리

교 선교 대표를 만난 다음 숙모와 사촌이 거주하고 있는 예전 집으로 향했다.[93]

1월 30일, 윤치호는 감리교 선교사 아펜젤러A.R. Appenzeller와 장로교 선교사 언더우드H.G. Underwood를 방문했다. 아펜젤러에 따르면 베베르 부부는 윤치호가 뻬쩨르부르크에서 자신들의 이해관계에 해를 끼치는 말을 했다고 의심하고 있었다. 사태의 심각성을 눈치챈 윤치호는 그날 오후 9시, 주한 러시아공사 베베르에게 달려갔다. 윤치호는 프랑스어 공부가 필요했고, 자신을 불신한 민영환과의 장기간 여행을 피하기 위해서 파리로 향했다고 숨 가쁘게 말했다. 윤치호의 설명을 들은 베베르 부부는 자신들이 생각한 의혹의 그림자를 일소했다며 기쁨을 표현했다. 심지어 베베르 부인은 다정한 태도로 베베르의 충고 아래 어떤 개혁이 이루어졌는지 말해주었다. 미국과 프랑스 사이에 맺은 철도 계약, 러시아 군사교관의 조선 군대 훈련, 서울 도로 개선,《독립신문》의 창간, 러시아의 압록강과 두만강 삼림 채벌권 획득 등이 바로 그것이었다. 두 사람의 신뢰를 확인한 윤치호는 12시 30분경 집으로 돌아올 수 있었다.[94] 아관파천 당시 베베르는 공식적으로 드러내지 않았지만 '보이지 않는 손'의 역할을 충실히 수행했다.

서울에 돌아온 윤치호는 사절단으로 함께 했던 민영환, 쉬떼인, 김득련 등을 만났다.

2월 2일 오후 9시, 윤치호는 언더우드 집에서 열린 흥겨운 저녁 만찬에 참석했다. 민영환, 브라운J.M. Brown, 서재필 박사 부부 등이 손님이었다. 참석한 인사들은 음식을 먹은 다음 언더우드의 주도하에 대화를 나누었다. 이날 화제는 김홍륙, 홍종우, 엄상궁嚴尙宮 등이 정치적으로 결속해서 '형제자매'로 뭉쳤다는 이야기였다. 군부대신 민영환은 나라가 다 결딴났다며 울분을 토했다.[95] 민영환은 권력 투쟁으로 개혁이 신속하게 진행되지 않는 상황을 저주했다.

2월 4일 아침, 윤치호는 쉬뻬인이 찾아와서 대화했는데 쉬뻬인을 "다정하고 솔직한 친구"라고 표현했다. 윤치호는 '어쨌든' 김홍륙을 싫어하는 쉬뻬인을 만나서 반가웠다고 기록했다. 쉬뻬인에 따르면 베베르 부부는 자신이 모스크바대관식에 출장을 가서 베베르 부부의 이해관계에 반대했다고 의심하고 있었다. 쉬뻬인은 최근 긴장된 정세 때문에 러시아공사관에서 한동안 극도로 끔찍한 시간을 보냈다고 말했다. 베베르 부부는 윤치호가 사절단을 떠나서 오랫동안 상하이에 머물며 조선에 돌아오지 않았기 때문에 뻬쩨르부르크에서 자신들을 중상모략했을 것이라고 강하게 의심했다. 그런 비난에 대해 쉬뻬인은 윤치호를 변호하는 데 전력투구했다고 말했다.[96] 쉬뻬인과 윤치호는 조선에서 오랫동안 근무하며 영향력을 행사하는 베베르에 대한 반감을 갖고 있었다. 그런 부분에서 두 사람의 속마음은 일치했다.

2월 6일 오후 3시, 윤치호는 베베르를 방문하여 현재 조선 정부의 부패한 상황을 알려주었다. 윤치호는 고종이 옛 제도의 폐습을 부활시키려는 정치 세력에 둘러싸여 있는데 러시아어 통역관 김홍륙이 '뿌리까지 사기꾼'이라고 주장했다. 베베르는 윤치호의 말을 자르며 단호하게 말했다.

"지금까지 김홍륙의 잘못된 점을 전혀 찾지 못했다. 조선 정부는 모든 개혁을 순조롭게 진행하고 있다. 나는 고종의 행동을 털끝만큼도 방해하고 싶지 않다."

베베르는 김홍륙을 비호하면서 자신의 공정한 행동을 강조했다. 몇 개월이 흐른 뒤 윤치호는 베베르에게 김홍륙을 비판한 자신의 어리석음을 스스로 깨달았다.

"베베르 부부와 김홍륙은 러시아를 위해서 조선의 모든 이권을 희생했고 앞으로도 그럴 것이다. 김홍륙은 베베르 부부가 원하는 러시아의 이익에만 헌신적인 인물이다."

이날 베베르는 러시아 군사교관단장 뿌짜따 대령의 불만을 윤치호에게 알려주었다.

"뿌짜따 대령은 군부대신 민영환이 무능하다면서 계속 불평하고 있다."[97]

이는 민영환이 뿌짜따 대령의 모든 요구를 받아들이지 않았고 독자적인 조선의 개혁을 수행하려 했다는 사실을 알려준다.

2월 9일부터 13일까지 윤치호는 미션스쿨과 농업학교 설립을 목적으로 송도松都 지역을 조사하기 위해서 방문했다.[98] 윤치호는 돌아온 지 두 달 동안 서울의 선교사, 외교관, 정치인들을 만나면서도 고종을 만나지 못했다. '영악한' 윤치호는 고종을 면담할 기회를 엿보았는데 그날이 바로 분위기가 좋을 수밖에 없는 왕세자의 생일이었다.

3월 16일은 왕세자의 생일(음력 2.8.)이었는데 중심가에 위치한 일부 상점에는 깃발이 걸려 있었다. 윤치호는 오후 1시 경운궁으로 갔고 5시 30분 고종의 알현을 허락받았다. 이날 고종과 왕세자는 매우 자애로웠다. 고종은 윤치호에게 왜 좀 더 일찍 찾아오지 않았는지 질문했다. 그리고 윤치호의 아버지 윤웅렬의 근황을 물어보았고, 윤치호가 프랑스어를 얼마나 배웠는지, 프랑스어를 좋아하는지 등등을 궁금해하며 프랑스를 경험한 윤치호에게 관심을 표명했다.[99] 고종의 관심 몇 마디가 윤치호로 하여금 권력자의 단점을 잠시 잊게 만들었다.

1904년 윤치호의 가족사진

가운데 앉아 있는 인물이 윤치호의 아버지 윤웅렬이고,
그 옆에 윤치호가 서 있다.

당시 윤웅렬尹雄烈은 전라남도 관찰사였다. 윤웅렬은 고종의 측근 인물로 군부에서 활동했는데, 어려서부터 기골이 장대하고 학문보다 무술에 관심과 재능이 있어 1856년 17세에 무과에 급제했다. 윤웅렬은 20세에 충청감영중군忠淸監營中軍 겸 공주중군公州中軍에 임명되었다. 1880년 윤웅렬은 별군관別軍官으로 1880년 수신사 김홍집金弘集을 수행했고 도쿄 체류 시절 동양 삼국의 협력을 표방한 흥아회興亞會에 참석하여 일본 재야인사들과 접촉했다. 1881년 4월 별기군別技軍의 좌부영관左副領官에 임명되었다. 1884년 갑신정변에 가담하여 1886년 4월부터 1894년 6월까지 탄핵을 받고 전남 능주綾州로 유배되었다. 그 후 1895년 경상도 병마절도사로 임명되었고, 고종 구출을 위한 '춘생문 사건'에 가담하였으나 사건이 실패하자 상하이로 망명했다. 1896년 귀국한 뒤 전라남도 관찰사로 발령받았다.[100] 유배라는 쓴맛을 보며 산전수전을 다 겪은 윤웅렬은 윤치호가 독립협회에 앞장서서 생명의 위협을 받자 아들을 보호하려고 최선을 다했다.

그다음 날 3월 17일, 윤치호는 또다시 고종을 알현했다. 그는 6시부터 10시까지 경운궁 공사청公事廳에서 고종을 기다렸다. 고종은 오래 기다린 윤치호에게 친절을 베풀었는데 윤치호가 저녁을 먹지 않았다고 하자 먹을 것을 가져오도록 직접 지시했다. 고종은 윤웅렬에게 편지를 써서 광주光州에 지방대를 조직하라고 명령했다. 고종은 전날 오후 정부의 법과 규칙을 개정하고 체계화하기 위해 위원회를 조직할 것이라고 발표했다.[101] 윤치호에 따르면 고종은 지난 30년 동안 훌륭한 연설과 약속을 했다. 그럼에도 조선이 고통을 받는 건 잘못된 법과 규칙 때문이 아니라 훌륭한 법과 규칙을 잘못 집행한 데서

비롯된 것이었다.[102]

서울, 요코하마, 밴쿠버, 뉴욕, 런던, 바르샤바, 모스크바, 뻬쩨르부르크, 파리, 마르세유, 콜롬보, 사이공, 상하이를 두 눈 속에 담은 윤치호의 원점은 다시 서울이었다. 윤치호는 조선의 정치 상황에 연루되기 싫어했지만 또다시 서울에서 사람들과 부대낄 수밖에 없었다. 그 삶 속에서 윤치호는 향후 독립협회 회장과 만민공동회, 부인 마애방의 죽음과 세 번째 결혼, 신민회의 105인 사건과 투옥 생활, 이토 지코라는 이름으로의 창씨개명 등 자신에게 닥쳐올 미래를 예측할 수 없었다. 과거는 부질없고 미래는 알 수 없어라.

에필로그

"이 세상에는 행복도 불행도 없습니다.
오직 하나의 상태와 다른 상태와의 비교만이 있을 뿐입니다.
가장 큰 불행을 경험한 자만이 가장 큰 행복을 느낄 수 있습니다.
신이 인간에게 미래를 밝혀주실 그날까지 인간의 모든 지혜는
오직 다음 두 마디 속에 있다는 것을 잊지 마십시오.
기다려라! 그리고 희망을 가져라!"[1]

— 알렉상드르 뒤마

민영환의 자결

내 일신과 관계없이 전국 백성을 위하여 죽는 것이 제일 어렵다. 또한 죽는 것도 경중이 없다 할 수 없다. 공사 간에 위태한 기회를 당하여 어찌할 수 없이 죽는 자, 남에게 곤궁한 지경을 당하여 울분한 기운으로 죽는 것, 약을 먹고 서서히 죽는 것, 칼을 들어 스스로 죽는 것, 목을 매어 죽는 것 등이 있다. 그중에 칼을 들어 목을 찌르는 것이 제일 어려운 일이다. 큰 의리로 전국 동포를 위하여 칼을 들어 자결한 이가 몇몇이나 되겠는가?[2]

1905년 11월 30일(음력 11.4.), 민영환은 새벽 6시경 자신이 태어난 전동典洞에서 자결했다. 민영환은 주머니 속에 있던 단도를 가지고 스스로 목의 좌우편을 찔러 인후咽喉가 끊어져 피가 옷에 가득한 채 절명했다. 그때 큰 별이 서편 하늘에서 떨어지고 까치 백여 마리가 그 집에 모여 우짖더니 잠시 후에 헤어졌다고 한다.

민영환이 자결한 그날 새벽은 몹시 추웠다. 그날 밤 민영환은 평리원에서 대죄하다가 고종의 석방 처분을 받았는데, 모든 관민은 백목전 도가白木廛都家에 모여서 소청疏請을 의논했다. 민영환은 전동에 있는 의관議官 이완식李完植의 집으로 간 다음 주위 사람들에게 말했다.

"그대들은 모두 돌아가서 나로 하여금 자게 해달라."

민영환은 집사執事 황남수黃南壽만을 두어 시종하게 하면서 이완식의 건넌방에 머물렀다. 그는 시운時運의 이롭지 못함을 같이 탄식하고, 상소의 일이 효과가 없는 것을 알고 잠을 이룰 수 없었다. 그는 집

1904년 제복 차림의 민영환

사 황남수에게 하인 최석인崔錫仁을 부르라고 하면서 빨리 소청으로 가야겠으니 나가서 세숫물을 데우라 하고 내보냈다. 그사이 민영환은 스스로 목숨을 끊었는데, 벽을 의지하고 절반쯤 수그리고 있었다.[3] 이완식 등은 민영환을 부축하여 자리에 눕혔다. 촛불을 밝히고 살펴보니 벽에는 피 묻은 흔적이 있고 손가락으로 문지른 자국이 완연했다. 그것은 차고 있던 칼이 짧아 첫 번째 찌를 때 즉시 죽지 않고 피가 칼자루에 묻어 미끄럽자, 손을 벽에다가 닦은 후 다시 정신을 차려 찌른 것이다. 그는 목구멍이 다 베어진 채 죽었다.[4] 즉시 그 시신을 교동校洞 본가로 옮겼더니 사람들이 구름같이 모여 통곡하고 조상하는 자가 몇천 명인지 알 수 없을 정도였다고 한다.

민영환의 자결 전 행적은 이랬다.

1905년 11월 17일(음력 10.21.)은 민영환의 전 부인 정경부인의 이장일이었다. 전날 새벽 민영환이 상여를 따라 용인 본가에서 아래쪽으로 가서 이장을 마치고 21일 저물 무렵 집에 돌아왔다. 그런데 11월 17일(음력 10.21.) 밤 일본이 강제로 을사늑약을 체결하는 과정에서 외부대신 박제순, 내부대신 이지용, 군부대신 이근택, 학부대신 이완용, 농부대신 권중현 등이 고종의 결재도 없이 도장을 찍어주었다는 말을 전해 들었다. 민영환은 통곡하다가 여러 번 기절하고 이내 피를 토하여 문을 닫고 누웠다.

11월 26일(음력 10.30.) 오후 3시경 민영환은 궁내부 특진관 조병세와 함께 '을사늑약'을 폐기할 것을 의논하고 백관을 거느리고 궁내부에 집결하여 두 번 상소를 올렸다. 그런데 문밖으로 내치라는 고종의 명령이 내려졌다.[5]

이러한 상황에서 시종부무관장侍從府武官長 민영환이 대표자로 나섰는데 1905년 11월 28일(음력 11.2.) 을사오적을 처벌하고 을사늑약을 파기할 것을 상소했다.

"두 재상의 뒤를 따라 속히 역적들을 주벌하고 강제 조약을 돌려보내는 일로 두 차례나 호소하였으나 아직 유음兪音을 받지 못하였습니다. 지금 두 재상의 본관을 면직하라는 칙지를 받들었는데, 면직된 재상은 의리로 함께 나갔지만, 신들은 지켜야 할 의리가 명확한 바 모두 나갈 수 없습니다. 폐하는 너른 안목으로 깊이 살피셔서 속히 처분을 내리시어 매국한 역적들을 모두 주벌하신 다음 다시 강직하고 충성스런 신하를 뽑아서 외부대신을 임명하고 성명聲明을 내고 회동하여 담판하게 하소서. 그런 연후에야 강제 조약이 파기되고 나라가 보존될 것입니다."

하지만 고종은 상소를 보고 "잘 알았다. 이미 누차 유시하였으니 이해해야 할 것이다. 어찌 이다지도 번거롭게 하는가. 경들의 충성스럽고 간곡한 말을 어찌 모르겠는가. 당장 속히 물러가라."라고 답했다. 그날 배수진을 친 민영환은 또다시 상소를 올렸다.

"이 소청은 폐하께서 하실 수 없는 것을 억지로 강요하는 것이 아닙니다. 우리 조정에서 우리 법을 시행하여 주벌해야 할 자를 주벌하고 주관해야 할 신하를 선발하여 조약을 폐기할 방도를 도모하는 것입니다. 그런데도 참작하여 헤아리는 바가 있다고 하여 윤허하지 않으신다면 나라가 있으되 없는 것과 같습니다. 그렇게 망하는 것보다는 우리의 법을 시행하여 후세에 할 말이 있도록 하는 것이 낫지 않겠습니까? 신들은 여기에 이르니 통곡이 나오고 눈물이 쏟아져 더 할 말을 모르겠습니다."

그러자 고종은 "이미 거듭 간곡히 유시하였는데도 또 지루하게 하

100년 전의 세계 일주

니 서로 믿어주는 뜻이 자못 아니다."라고 답변했다.[6]

그런데 그날 밤 민영환이 상소를 올리며 궁내부로 들어가자 '군소배'들의 협박으로 여러 번 물러가라는 명령이 내려졌다. 그 '군소배'인 이지용李址鎔과 이근택李根澤 등은 "민영환을 불문에 부치고 있으면 일본 군대가 다시 들어올 것입니다."라며 순검巡檢을 불러 결박하라고 고함을 질렀다. 그러나 순검들은 서로 돌아보며 "아무리 법이 없는 세상이라 하더라도 저 사람은 충신인데 무슨 구실로 그를 결박하겠는가?"라며 주저했다.[7]

이런 상황에서 경무관 오진섭吳晉燮이 고종의 칙명을 전달했다.

"경들이 이처럼 한결같이 물러가지 않는다면 대한의 강토를 회복할 가망이 있으며, 짐의 몸을 편안히 할 도리가 있는가?"

민영환은 비장하게 말했다.

"신등臣等이 아뢴 대로 윤허하시면 강토도 가히 회복할 것이고 성체도 가히 보안될 것입니다. 청컨대 신의 머리를 베시면 속여서 아뢴 죄를 사례하겠나이다."

고종은 11월 29일(음력 11.3.) 새벽, 조서를 내리면서 법부로 하여금 민영환 등을 문초하게 했다.

"말한 바가 대동공의大同公議에 있고 여러 번 상소한 데에도 도리가 없지 않으나 이것을 대궐 안에 머물러 두고 또 여러 밤을 지나고 있으니 이는 국조國朝 이래로 예가 없던 일이다. 여러 번 말해도 끝내 물러가지 않으니 신하의 의리가 어찌 이와 같으리오."

민영환이 어쩔 수 없이 상소자들과 함께 평리원에서 명령을 기다리고 있는데 저녁 10시경 평리원 검사 이규환李圭煥이 나와서 석방을 선고했다. 평리원을 나온 민영환을 포함한 상소자들은 소청을 종로

백목전 도가에 설치했다.[8] 민영환은 11월 29일 백목전 도가에서 밤에 잠깐 교동에 있는 자택에 들러 어머니 서 씨徐氏와 부인 박 씨朴氏 등을 모두 만나고 종로로 다시 나갔다.[9] 잠시 교동 자택의 침실에 들어간 민영환은 등불을 켜 놓고 이불 속에 자고 있는 세 아이를 바라보며 부인에게 말했다.

"관상가가 나보고 아들이 다섯이라고 하더니 부인이 지금 임신을 하였구려!"

잠시 후 민영환은 계단을 내려가다가 갑자기 대성통곡을 했다.[10]

산 사람과 죽은 사람을 갈라놓고 있는 경계를 한 발짝 넘어서면 불가사의와 고뇌와 죽음이다. 자결의 순간 민영환은 죽음 저쪽에 있는 것을 피할 수 없다는 느낌을 받았을 것이다.

하야시가 바라본 민영환의 자결 원인

을사늑약 강제 체결 이후 주한 일본공사관은 서울 민심의 동향을 주시하며 민영환의 자결이 야기한 소요 사태를 크게 우려했다. 이에 주한 일본공사 하야시 곤스케는 서울 백성들을 무력으로 제압하는 한편 사태를 잘 수습하고 있다는 허위 보고서를 작성하느라 분주했다.

1905년 11월 29일, 하야시에 따르면 조병세는 고종의 만류에도 완강하게 두세 차례의 상소를 거듭했다. 그러자 고종은 조병세의 관직을 면직시켰다. 조병세는 경운궁을 나왔으나 대죄라 칭하며 궐문 앞에서 재차 상소자들을 모으려고 시도했다. 그러자 일본 헌병은 조병세를 체포하여 잠시 향리에 보내기로 결정했다.

고종은 일본의 강압에 의해서 다른 상소자들도 법에 따라 처분할 것이라는 칙명을 내렸다. 지난밤부터 민영환 등을 비롯한 상소자들은 평리원 문 앞에서 대죄 중에 있었기 때문에 평온하지 못했다. 29일 아침, 한편으로는 관원을 파견하여 민영환과 심상훈 두 사람에게 정숙하고 신중한 태도를 지키라고 설득했다. 하야시는 이날 중 누구 할 것 없이 해산하게 될 것이고, 민영환과 심상훈 등 원로들의 상소 운동이 주로 표면상의 운동에 지나지 않는 것이라고 주장했다.[11]

그러나 사태는 더 심각해졌다. 11월 30일 오후 1시, 하야시 공사에 따르면 민영환은 조병세 등과 함께 '을사늑약'에 반대하는 상소를 올리면서 28일 밤 고종으로부터 해산을 명령받았지만 즉시 복종하지 않았다. 그러자 고종은 상소자들을 법에 의하여 처벌할 것이라는 칙명을 발표했다. 그들은 평리원에서 대죄 중에 있었지만 29일 밤 이토 대사와 하야시 공사의 강요에 따라 고종은 대죄할 필요가 없으므로 각자 해산하도록 명령했다.

이날 하야시는 민영환이 자결한 원인과 그 의미를 추측했다. 민영환은 '을사늑약' 반대 운동 중 자결했으므로 그의 자결은 반일을 상징하는 것이었다. 그동안 민영환은 고종과 정부의 처리 모습에 강한 반감을 품고 있었다. 그런데 하야시에 따르면 29일 아침 시오카와塩川 통역관이 평리원을 방문했을 때 민영환을 목격했는데, 그의 태도는 평상시와 추호도 다를 바 없었으며 아무런 분격된 모양을 볼 수 없었다고 한다.[12] 죽기를 각오했기에 민영환은 오히려 차분했던 것이다.

11월 30일 오후 6시, 하야시에 따르면 그날 아침 민영환의 자살로 서울의 민심이 동요했다. 하야시는 하세가와 대장의 주의도 있어서 온화한 수단을 취하여 민심을 진정시키는 데 노력했다고 주장했다. 일부 백성은 종로에 있는 일본 헌병 파견소를 습격하여 헌병 분견대장과 순사 한 명을 부상시켰다.[13] 소요 사태의 조짐이었다.

12월 1일 오후 2시 50분, 하야시는 민영환, 심순택, 조병세 등의 자결을 내각총리대신 가쓰라桂太郎에게 상세하게 보고했다. 민영환을 비롯한 상소자들은 을사늑약을 파기하고 을사오적을 참형할 것을 고종에게 요구했다. 상소자 대표 민영환과 원로 심순택沈舜澤은 자결했고, 조병세는 1일 아침 표훈원表勳院을 나와 교자를 타고 가다가 소지한 아편을 먹고 자살했다. 일본 헌병은 30일 아침부터 소청에 모여든 백성들 중에서 그날 저녁 30명을 감금시키면서 강제로 해산시켰다. 그래서 소청에는 1일 아침 겨우 20명 정도가 남았다.[14] 일본은 사태를 무력으로 진압했다.

12월 2일 오후 3시, 하야시 공사는 민영환의 자살 원인을 내각총리대신 가쓰라에게 종합적으로 보고했다.

첫째, 민영환은 을사늑약에 불만을 품고 파기할 것을 추진했다.

둘째, 협약에 조인한 외부대신 박제순을 징계하여 면관에 처할 것과 각국 공사들의 조력을 호소했다.

셋째, 민영환은 고종이 박제순의 면관을 받아들이지 않았기 때문에 상소가 실행되지 않음을 분격했다. 동시에 민영환은 자신의 권유에 참가한 조병세 등에 대하여 변명할 수 없었다. 결국 민영환은 거의 진퇴양난에 빠졌고 따라서 자살을 선택했다.[15]

하야시는 소요를 진정시키고 국장을 추진하는 모든 방안이 자신의 방책에서 나왔다는 오만함을 보여주었다. 그런데 여기서 하야시의 기록에 한 가지 공통점이 보인다. 그것은 을사늑약의 반대 상소를 주도한 핵심 인물이 바로 민영환이라는 사실이다.

민영환의 장례식

자결 직후 민영환의 시체는 현재 조계사 경내에 있는 본가인 교동으로 옮겨졌다. 관료와 백성이 실성통곡하자 사민조회소士民弔會所는 본가 문밖의 전 평산군수 윤필尹泌의 집으로 정하여 들어와 곡하게 했다. 각국 공사와 영사들도 모여 조상하고 그날 밤 소렴할 때 옷깃 속에서 유서를 찾으니 모두 6장이었는데 5장은 청국, 영국, 미국, 불란서, 독일 공관에 보내는 것이었고, 1장은 2,000만 인민에게 보내는 글이었다.

1905년 12월 17일(음력 11.21.), 발인하는데 날씨가 화창하고 일기는 온화했다. 민영환의 상여는 '교동→종로→남대문→서소문→남대문 정차장→서빙고의 한강→용인군 방축동'으로 이동했다. 소향燒香과 조사와 낭독 등의 의식은 민영환의 자택에서 실행했다. 본관本棺은 크기가 폭 6척, 길이가 2간 정도로 상여꾼이 60~70명 필요했다. 협소한 도로로 전동에서 종로까지는 소형 관에 넣어서 장송葬送하고, 종로에서 영구를 본관으로 옮겼다. 본관은 채색으로 장식하여 전면에 '충열의분忠烈義憤'이라고 적었다.

오전 11시경부터 200~300개의 적포赤布로 만든 등불[大萬燈], 적색 또는 청색의 비단으로 만든 수백 개의 초롱등이 종로에서 남대문

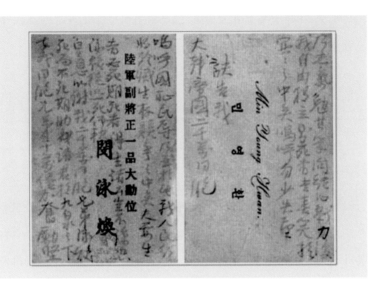

민영환의 옷깃 속에서 발견된 유서

까지 도로 양측에 내걸렸다. 각 학교의 생도는 교사가 인솔하였으며 교명을 기입한 깃발 혹은 민영환의 '충열의분'을 기입한 깃발을 세웠다. 각 동의 시민은 어느 동민이라고 쓴 초롱을 각자 휴대하고 장례에 참여하는 길가에서 기다렸다. 민영환 집의 문 앞에는 1개 대대의 대한제국 의장병이 정렬했다.[16]

조정의 백관이 관에 나가서 곡하여 작별했다. 각국의 공사와 영사와 신사紳士들이 관의 끈을 잡고 앞에서 인도했다. 독일인 교사는 군악이 연주되자 음률에 맞게 애원哀怨한 소리로 불렀다. 발인 전 제사[遣奠]를 문밖에 설치하여 예조당상禮曹堂上 조범구와 중사中使 김한정이 칙서를 받들어 호상했다. 흥화학교興和學校는 양면채화兩面彩花를 정성을 다해서 꾸몄는데, 한 면에는 '명전청사 충관백일名傳青史 忠

貫白日', 한 면에는 '비천후학 함양선생鄙淺後學 咸仰先生'이라 써서 상여 앞뒤에 높이 달았다.[17] 각 학교 생도들은 만장기를 세웠다. 각 영各營의 병졸이 나팔을 불고 북을 쳤으며, 길가의 백성들은 각자 등롱을 들었으며, 호위하는 영졸營卒은 각기 사등롱紗燈籠을 들고 차례로 배열했다.

출관出棺은 오후 2시경 교동에서 중서中署 전동典洞으로 나와 종로에서 영구靈柩를 본관으로 옮겼다. 전동 백성들이 상여를 모시고 나가는데 노래를 지어서 부르니 육영六營의 깃발(사명기司命旗)은 북풍에 나부끼고 거리의 백성[士女]들이 실성통곡하여 자식이 부모 잃은 것과 같았다. 종로에 이르니 시민들이 차례로 상여를 모셨고 남대문 밖 돌모루에 잠시 멈추니 각국의 공사와 영사들이 차례로 제전을 올렸다.[18]

민영환 발인 날 고종은 대한문까지 나와서 민영환의 상여를 곡송哭送했다. 상여꾼들이 해로가薤露歌를 부르며 서빙고를 통해서 가는데 한강에는 미리 왕명이 내려져서 선창船艙을 모아 강물이 육지같이 되어 도강하기 편했다. 군악대가 일제히 나가 군악을 울리고 사관과 병정들이 큰길에 호위하여 나가는데 기병대가 앞에 나갔고, 크고 작은 가마를 호위하는 병정은 총을 다 거꾸로 멨고, 궐내에서 파견한 무감武監과 별감別監이 호상하였고, 남녀 중들은 상여 앞에서 염불하면서 나갔다. 상여가 용인군 방축동坊築洞으로 향하는데 마을마다 백성들이 제전과 제문을 올렸다.

민영환이 주한 영국, 미국, 불란서, 독일, 청국 공사에게 보낸 유서는 다음과 같았다.

죽은 자는 그만이지만 지금 우리 2,000만 인민은 장차 살려고 경쟁하는 가운데서 죽어 없어질 것입니다. 귀 공사는 어찌 일본의 본심을 모르며 일본의 행위를 살피지 못하겠습니까? 귀 공사는 천하의 공론을 중히 여기고 돌아가서 귀국 정부에 알리고 조선 인민의 자유와 독립을 도와주면 죽은 자는 마땅히 저승에서라도 기뻐 웃고 감사히 여길 것입니다. 공사는 우리 대한을 가볍게[輕忽] 보지 않고 우리 인민의 심혈心血을 잘못 알지 마시길 바랍니다.[19]

그런데 민영환은 자결하기 전 상소 한 장을 지어 그 부인에게 맡기며 자신이 잊더라도 고종에게 바치라고 했다. 고종이 그 유서를 곧 바치라는 명령을 내렸지만 '상소 표지가 깨끗하지 못하다'는 표면적인 이유로 바치지 못했다.[20] 그 상소문은 을사오적을 극형에 처할 것을 요구하는 것이었는데 내용은 다음과 같았다.

예로부터 나라를 어지럽히고 임금을 죽이는 신하가 어찌 하나둘이겠습니까? 하지만 이러한 자들은 역사를 두루 보아도 처음부터 잊히지 않았습니다. 국가 존망의 기회가 오늘에 있는데 이 무리들은 아직도 천지 사이에 살아 있으니 즉시 성토하여 그 죄를 밝히고 천하에 공포하지 않으면, 신은 국가의 일이 다시 어찌할 수 없다고 생각합니다. 황상은 굽어 채택하고 살피시어 급히 관원들에게 명령하여 이제 이 모든 적들에게 극형을 내리시어 여론의 분한 마음을 달래주시고 이로써 천하에 사례하소서.[21]

　　　　　　　100년 전의 세계 일주

고종은 민영환의 유언을 끝내 실행하지 못했다. 다만 고종은 민영환이 자결하자 영선사營繕司와 예식원 등에 국장으로 장례를 지원할 것을 지시하였고 민영환의 제문을 친히 지어 내려 그의 영혼을 달랬다. 궁내부는 1등 예장禮葬을 마련했고 영선사는 장례 물품을 담당했다. 고종은 민영환을 의정대신議政大臣으로 올리고 충정공이라는 시호를 내렸다.[22]

인간은 누구나 개인의 이익을 위해서 자유를 추구하며 살아간다. 그럼에도 인간은 자신이 살고 있는 시대에 영향을 받을 수밖에 없다. 그 시점에서 실행된 인간의 행동은 돌이킬 수 없는 것이 되며, 그것은 역사의 소유물이 된다. 이 모든 것은 여러 조건이 맞아떨어진 유기적인 결과이다. 민영환의 자결, 그것은 바로 대한제국의 소멸을 의미했다.

후기

조선사절단에 관한
연구 동향 및 자료 해제

서구 학계는 1896년 '모스크바대관식'을 둘러싼 조선, 청국, 일본, 러시아의 외교 관계를 가장 먼저 주목하면서 '모스크바 의정서'의 의미를 해석했다. 로마노프Б.А. Романов, 말로제모프A. Malozemoff, 랭거 W.L. Langer, 나로치니쯔끼А.Л. Нарочницкий, 렌슨G.A. Lensen 등이 주도했다. 그들은 러시아를 포함한 유럽 외교문서를 자유롭게 활용하고 조선과 만주 문제를 주목하면서 러일전쟁의 원인을 추적했다.

일찍이 로마노프는 러시아의 5개 조항 답변서 자료까지 발굴하면서 모스크바 의정서가 조선에 관한 러시아와 일본의 공동 보호를 의미한다고 주장했다.[1] 말로제모프, 나로치니쯔끼, 렌슨은 러시아와 일본이 모스크바 의정서를 통해서 사실상 동등한 권리를 양분했다고 주장했다.[2]

서구 학자 중 로마노프와 랭거는 모스크바대관식에서 일본의 조선 분할에 대한 제안 등 러시아와 일본의 협상을 주목했다.[3] 말로제모프는 러시아와 청국의 비밀협상 과정을 상세하게 추적하면서 모스크바 의정서의 의미를 파악했다. 서구 학자 중 대부분은 모스크바 의정서가 러시아와 일본의 균형을 의미한다고 주장했다. 그런데 말로제모프만 러시아가 모스크바 의정서 체결 이후 모스크바 의정서의 내용을 훼손했다고 주장했다. 말로제모프에 따르면 조선사절단은 니꼴라이 2세와의 사적인 회동에서 조선을 러시아의 보호령으로 삼을 것을 요구하여 이를 약속받았다.[4] 하지만 말로제모프도 단지 '사적인 회동'만 언급하여, 한러비밀협약의 구체적인 내용을 추적하지 못했다.

국내 기존 연구는 1960~70년대에 모스크바대관식을 주목했다. 조선사절단의 모스크바대관식 활동을 자료적인 측면 및 외교사적 측면에서 주목한 학자는 고병익, 최문형, 정양완이었다.

고병익은 사료적으로『해천추범』『환구일록』『환구음초』의 동일한 저자인 김득련을 추적하였고, 로마노프와 말로제모프 등 서구 학계의 연구 성과도 한국에 알렸다.[5] 최문형은 로마노프와 말로제모프 등의 연구 성과에 기초하여 러청비밀협약의 내용을 보다 상세하게 소개했다. 최문형은 러시아가 모스크바 의정서에 기초하여 일본과의 외교적 균형을 유지하면서 조선에 자국의 정치적 지배력을 확립했다고 주장했다.[6] 정양완은『환구음초』를 분석하면서 저자인 김득련과 그의 가문을 처음으로 추적했다.[7]

조선사절단의 모스크바대관식 참석이 다시 주목받은 시기는 2000년 전후였다.[8] 신승권은 로마노프와 박보리스 등의 연구에 기초하여, 러시아가 조선의 영토와 독립을 보장하였고, 조선의 합병 또는 보호국 의사가 없었다고 주장했다.[9] 문희수도 로마노프와 박보리스 등의 연구에 기초하여 모스크바 의정서 체결 과정을 상세히 기록했다. 문희수에 따르면 러시아는 고종의 안전에 대하여 현상을 유지함으로써 조선에서 실질적 우세를 계속 확보했다. 교섭의 결렬을 막고 당분간 일본과의 무력 충돌도 회피했다. 모스크바 의정서는 조선의 장래에 관한 기본적인 문제에 대해서 합의에 도달하지 않음으로써 협상을 잠정적으로 연장한 것에 불과했다.[10] 천화숙은『해천추범』에 기초하여 조선사절단의 여행 과정과 모스크바 행사, 뻬쩨르부르크, 시베리아 귀국 내용 등의 활동을 논문으로 구성했다.[11] 이민원은 윤치호 일기에 기초하여 조선사절단의 공식적인 외교 활동을 복원했다. 이민원은 러시아가 청국과 일본의 비밀협정에도 불구하고 민영환의 5개 조항 제안서를 전적으로 무시하지 못했다고 주장했다.[12]

사실 민영환은 1896년 6월 5일(러시아력 5.24.) 조선 정부의 5개 조항 제안서를 서면으로 외무대신 로바노프에게 전달했다.

"첫째, 조선 군대가 신뢰할 만한 병력으로 훈련될 때까지 국왕의 보호를 위한 경비병을 제공한다. 둘째, (러시아)군사교관을 제공한다. 셋째, (러시아)고문관을 제공한다. 국왕 측근에서 궁내부를 위한 고문 1명, 내각 고문 1명, 광산과 철도 고문 1명 등이다. 넷째, 조선과 러시아 두 나라에 이익이 되는 전신선의 연결, 즉 전신 전문가 1명을 제공한다. 다섯째, 일본 빚을 청산하기 위한 300만 엔의 차관을 제공한다."[13]

이민원은 서구 학계의 연구 성과와 윤치호 일기를 참고하면서 민영환의 로바노프 및 비테와의 협상 과정을 상세하게 기록했다. 이민원에 따르면 조선사절단의 핵심 목적은 '환궁을 위한 고종의 신변 보호'였다.[14] 이민원에 따르면 민영환은 1896년 6월 13일 뻬쩨르부르크에서 로바노프를 방문하여 고종의 환궁을 위한 러시아 경비병 제공

100년 전의 세계 일주

문제와 러시아 군사교관의 파견 문제에 집중했다. 민영환은 6월 16일 아시아국장 까쁘니스트를 방문하여 러시아 측의 관심을 환기시켰다. 로바노프로부터 서면 화답이 도착한 것이 6월 30일이었다.[15] 이민원은 6월 13일, 16일, 30일 윤치호 일기에 근거하여 내용을 구성했다. 이민원에 따르면 이것은 민영환의 요청에 대한 전면적 재검토 수준은 아니었지만 러시아 측이 다소 신축적인 자세를 보인 것이라 하겠다.

당시 가장 절실한 조선의 현안은 '고종 신변 보호'와 '차관 제공' 문제였다. 무엇보다도 러시아와 조선의 협상 과정에서 고종 환궁 이후 러시아의 경비병 제공을 둘러싸고 양국은 지루한 협상을 반복했다. 민영환은 러시아의 공식 답변서에 고종 환궁 이후 러시아 군대가 경운궁을 경비하여 고종의 신변을 지켜준다는 내용을 포함시킬 것을 끈질기게 요구했다. 하지만 러시아는 단지 고종 신변 안전에 대한 '도덕적' 보장만 약속했다. 민영환은 러시아 군대의 고종 신변 보호에 대한 구체적인 답변을 받지 못하자, 러시아 황제 대관식이 끝났음에도 본국으로의 귀환을 포기하면서, 3개월가량 뻬쩨르부르크에 계속해서 남았다.

기존 연구는 조선사절단의 5개 조항 제안서와 러시아 정부의 5개 조항 답변서만 주목하여 민영환의 비공식적인 외교 활동의 과정과 내용을 제공하지 못했다. 더구나 국내외 선행 연구는 모스크바대관식에 참석한 청국과 일본의 외교 활동만 집중하여 정작 조선의 비밀 외교 활동을 파악하지 못했다. 사료적인 측면에서 서구 학계는 한국 문서를, 한국 학계는 러시아 외교문서를 활용하지 못하여 조선을 둘러싼 열강의 역동적인 외교 상황을 입체적으로 구성할 수 없었다. 연구사적 측면에서 한국 학계는 러시아의 외교 활동을 서구 학계 연구 성과에 의존하여 자신의 견해를 세우기가 어려웠고, 서구 학계는 조선 문제를 상대적으로 소홀하게 파악하여 조선과 러시아의 비밀 협상을 추적하지 못했다. 본 저서는 민영환의 고종 신변 보호를 위한 비공식적인 외교 활동이 무엇인가를 살펴보았다. 이것은 모스크바 의정서, 5개 조항 제안서와 답변서, 민영환의 비밀외교 등을 연계하여 이해하는 단서를 제공할 것이다. 무엇보다도 본 저서는 조선과 러시아가 일본과 청국을 의식하면서 진행한 양국의 외교 활동을 추적하였다. 이것은 현재 역동적인 동북아 지역에서 과거와 현재를 연결시키는 한국과 러시아의 상호 의미를 파악하는 데 도움을 줄 것이다.

최근 국내에서 조선사절단 중 김득련에 대한 연구가 활발히 진행되었다. 그 이유는 김득련이 모스크바대관식 관련 『환구일록』과 『환구음초』 등의 한문 자료를 남겼기 때문이다. 최식은 김득련 시의 문체, 교류 인물 등을 상세하게 추적했다. 최식에 따르면 김득련은 죽지체竹枝體를 사용하여 풍물과 문화를 칠언절구七言絶句 36수로 형상화하였고, 육교시사六橋詩社의 일원으로 활동했다. 김득련은 러시아의 이국적 풍물을 접하면서 사소한 사항까지 사실적으로 형상화했다.[16]

『환구일록』과 『환구음초』의 작품성에 대한 연구도 진행되었다. 김진영은 『환구일록』이 옥시덴탈리즘의 시각을 보여주는 기록이라고 주장했다. 오리엔탈리즘과 옥시덴탈리즘 모두 상상에 의해 상대를 정형화하고 그것의 지속적인 확인을 통해 의식적이든 무의식적이든 결국 자신의 욕구를 충족시키고자 한다는 점에서 차이가 없다.[17] 홍학희는 『해천추범』과 『환구음초』 등이 공식적인 기록이라서 평가와 비난이 적었다고 판단했다.[18] 정재문은 『환구음초』가 김득련의 견문을 위주로 간접적인 방식으로 감회를 표현했다고 주장했다.[19] 김미정은 김득련이 근대적 시간관념을 정확히 인지하고 기록하여, 근대적 사고방식을 드러냈다고 파악했다.[20]

최근 러시아에서는 박보리스와 박벨라가 조선사절단이 모스크바 대관식에서 수행한 외교 활동을 상세하게 연구했다. 두 사람은 고종의 조선사절단 파견 이유, 러시아의 소극적인 외교적 태도의 이유 등을 주목했다. 박보리스와 박벨라는 조선의 적극적인 요청에 비해 러시아가 소극적인 외교정책을 펼쳤다고 주장했다.

박보리스에 따르면 조선 정부는 아관파천 시기 조선의 독립과 주권 강화를 위해 적극적으로 러시아를 개입시키려는 계획을 수립했다. 그 목적은 러시아의 지원을 받아 조선의 군사적, 경제적, 정치적 상황을 강화하기 위한 것이었다. 고종은 모스크바대관식을 외교적으로 이용하려고 조선사절단을 파견했다.[21] 하지만 박보리스는 러시아와 조선 사이에 비밀협정이 없었다고 주장했다. 박보리스는 일본과의 타협을 희망한 러시아 정부가 조선 문제에서 이중적 입장을 취하고 있었다고 주장했다.[22]

박벨라에 따르면 러시아의 5개 조항 답변서, 외무대신 로바노프의 문서 등을 살펴보면 러시아 외무부는 민영환과의 협상에서 우유부단함을 보여주었다. 그 이유는 조선의 독립을 유지하고 조선에서 일본의 절대적 영향력을 허용하지 않으면서 일본과의 무력 충돌 위험을 제거하려고 했기 때문이다. 조선사절단은 협상의 결과에 만족할 수 없었던 바, 자신에게 부과된 모든 과제들을 수행하지 못했다.[23]

두 사람의 연구는 러시아의 이중성과 소극성을 해명하는 데 집중하여 한러비밀협정을 추적하지 못했을 뿐만 아니라 5개 조항 답변서, 러시아 군사교관과 재정고문 파견, 한러은행 설립 등 한러 관계의 긴밀한 연속성을 설명할 수 없었다. 특히 사료적인 측면에서 러시아 사료를 주로 활용하여 조선의 움직임을 세밀하게 파악하지 못했다.

본 필자는 1896년 모스크바대관식에 참가한 조선사절단의 출발에서부터 도착까지의 전체 일정과 활동을 추적하였다. 민영환의 특명전권공사 임명과 모스크바 도착 과정, 조선사절단의 모스크바와 뻬쩨르부르크 답사와 견문, 명례궁 약정과 한러비밀협정을 통해 본 모스크바대관식, 민영환의 시베리아 노선과 윤치호의 파리 체류 등이 바로 그것이다. 무엇보다도 본 필자는 민영환의 고종 신변 보호를 위한 비공식적인 외교 활동이 무엇이었는가를 살펴보았다. 이것은 모스크바 의정서, 5개 조항 제안서와 답변서, 민영환의 비밀외교 등을 연계하여 이해할 수 있는 단서를 제공할 것이다.

본 저서는 조선과 러시아가 일본과 청국을 의식하면서 수행한 양국의 외교 활동을 추적하였다. 이것은 현재 역동적인 동북아 상황에서 한국과 러시아의 상호 의미를 파악하는 데 도움을 줄 것이다. 특히 본 저자는 한국, 러시아, 일본의 사료를 교차하면서 한러비밀협정의 과정과 내용을 추적하였다. 이것은 아관파천 이후 한국과 러시아의 군사교관과 재정고문 등을 둘러싼 긴밀한 관계를 연속적으로 이해하는 데 도움이 될 것이다.

본 필자는 저서를 집필하기 위해서 러시아와 한국의 외교문서뿐만 아니라 모스크바대관식에 참석한 민영환, 김득련, 윤치호 등의 보고서, 여행기, 한시 등을 적극적으로 활용했다. 그중 민영환의 『해천추범』과 김득련의 『환구일록』 등의 관계를 살펴보면 다음과 같다.

참서관 김득련은 1896년 모스크바대관식 참가 이후『환구일록』과 『부아기정』[24] 2권의 기행문과 한시집『환구음초』를 남겼다. 민영환은 김득련의『환구일록』을 1인칭 시점의 기술로 고쳐『해천추범』이라는 기행문으로 정리했다. 김득련의 한시인『환구음초』에는 칠언절구 36수로 읊은 연작시가 많은데 죽지사[25]의 관습을 이어받은 것이다.[26] 결국 김득련은 1896년 조선사절단의 과정을『환구일록』[27]으로 작성했다. 이를 바탕으로 민영환은 '공사'라는 표현을 자신으로 바꾸고, 김득련의 개인사 부분을 삭제하여『해천추범』을 완성했다. 윤치호는 처음에는 김득련의 기록 업무를 파악하지 못하다가 1896년 8월 7일 김득련이 사행 기록을 정리하고 보강하는 과정을 포착했다.

김득련의『환구일록』과 민영환의『해천추범』을 분석하면 거의 모든 내용이 서로 일치한다. 다만 민영환은 김득련 관련 개인 기록 등을 일부 삭제했다. 그 내용은 전체적으로 다음과 같이 1896년 4월 1일, 4월 22일, 10월 14일, 10월 21일 등의 총 4가지였다.

첫째, 4월 1일이다.

"나는 본래 용렬하고 학식이 없으며, 우물 안 개구리와 같이 견문이 좁아 사신의 임무를 받들어 먼바다로 나가는 직에 걸맞지 않다. 어머님의 풍환이 위중하여 해를 넘기도록 오랫동안 낫지 않아 자식 된 정리로 보아 실로 곁에서 떠나기가 어려우므로 여러 번을 진정하였으나 체직을 허락받지 못했다. 이제 길을 떠나는 날이 되어 당에 올라 하직 인사를 드리자니 울적한 마음 누를 길 없다. 아버님이 말씀하셨다. "나랏일에 어찌 개인사를 논하랴?" 하시니 두 번 절하고 명을 받든다. 가족 친구들과 서로 이별한 후 아이 세익世益을 부탁하고 강변으로 나오지 말게 했다. 공사를 배행하여 서궁으로 나아갔다. 동행하던 러시아군 장관이 노정을 재촉한다."[28]

둘째, 4월 22일이다.

"오늘은 바람이 거세다가 점차 수그러든다. 겨우 갑판 위에 오르니 하늘이 아득하고 물도 아득한 것이 미인의 팔뚝을 잡는 듯하다. 잠시 공사의 방에 갔다가 곧 돌아왔다. 윤 수원이 일전에 발을 잘못 디디는 바람에 좌측 무릎을 다쳐서 고통스러워한다. 배 안의 의사를 불러서 계속 치료했지만 낫지 않아 염려스럽다."[29]

셋째, 10월 14일이다.

"8월 15일 자 《독립신문》을 얻어서 보았더니, 그 한 켠에 간략히 관보가 실렸는데, 당질인 세형世亨이 원산항 우체사장에 임명되었다고 한다. 그가 보직을 맡은 것이 기쁘다. 내가 가는 길이 장차 군함을 타고 갈 것이므로 원산항에 들르지 않는데, 비록 이미 부임했다고 하더라도 한번 만나보지 못할까 두렵다. 더욱더 슬픈 것은 세태가 농상공부 주사로써 해주 우체사에 파견되어 가는데 그 형제가 서북으로 나눠 가게 되니 매우 애처로운 생각이 든다."[30]

넷째, 10월 21일이다.

"물러나와 집에 들어가 가친을 뵙고 가족을 만나보니 두루 평온하나 어머님의 풍병이 회복이 더디어 민망한 마음이다. 친척과 벗들이 모두 모여 환영하는데, 촛불을 돋워가며 따뜻한 말을 나누었다. 한 동네의 시와 거문고, 육교의 풍월이 다시 예전의 인연을 이었으니 행복하다 할 만하다."[31]

『윤치호 일기尹致昊日記』의 소장자와 연대를 살펴보면 윤치호는 1883년부터 1943년까지 자신의 일기를 기록했다. 그중 1907년부터 1915년까지가 누락되어 있으며 중간에도 부분적으로 일자가 누락되었다. 1916년부터 1943년까지의 원본은 모두 규격 일기장에 기재되었다. 그중 「임오일기壬吾日記, 1883年 1月 1日~16日」는 《개벽開闢》신간 제1호新刊第1號, 1934년에 수록되었다. 윤치호의 아들이자 농림부 장관을 역임한 윤영선尹永善은 윤치호 일기 중 1883년부터 1906년까지 총 30권을 소장했다. 윤치호 일기의 원본은 수첩과 대학 공책 등 모두 30여 권에 기재되어 있으며, 1883년 1월 1일부터 1887년 11월 24일까지는 한문, 1887년 11월 25일부터 1889년 12월 7일까지는 국한문, 1889년 12월 7일 이후는 영문으로 기록되었다. 국문 일기와 한문 일기는 날짜를 음력으로 표기하고 그 밑에 양력을 부기했으며, 영문 일기는 날짜를 양력으로 표기하고 그 밑에 음력을 부기했다.[32]

주석

저자의 말

1 金得鍊,『環璆唫艸』, 京都: 京都印刷株式會社, 1897: 김득련 저, 허경진 역,『環璆唫艸』, 평민사, 2011, 130~132쪽.

프롤로그

1 똘스또이 저, 맹은빈 역,「전쟁과 평화에 대한 몇 마디 말들」,『전쟁과 평화』Ⅱ, 동서문화사, 2016, 1711쪽.

2 《대한매일신보》, 1905.12.1.; 閔泳煥,「新聞記事」,『閔忠正公遺稿』, 國史編纂委員會, 1958, 225쪽.

3 1910년 자결한 황현에 따르면 "(민영환의) 상여(喪轝)를 전송할 때 이렇게 인파가 많은 것은 근고(近古)에 없는 일이었다."(黃玹, 光武九年乙巳十一月,「閔泳煥葬禮」,『梅泉野錄』卷之伍, 國史編纂委員會, 1955)

4 『駐韓日本公使館記錄』(24), 1905년 11월 18일, 一一. 保護條約 一~三 (47) 祕第5號 [李完用家 방화 사건·병사 제복 무기 遺棄 도주 건·皇城新聞 기사 건 등 보고], 警務顧問 丸山重俊 → 特別全權公使 林權助. 1905년 11월 서울 주둔 일본 군대는 15사단 보병 제30여단 제59와 60연대 소속 약 2,649명, 기병 제19연대 소속 약 300명, 포병 1대대 약 490명이었다.(海野福壽,『韓國合倂史の硏究』, 岩波書店, 2000: 운노 후쿠쥬,『한국병합사연구』, 논형, 2008, 248쪽) 전 시종원시종(侍從院侍從) 정교(鄭喬)에 따르면 11월 17일 이른 아침 한강(漢江), 동작진(銅雀津), 마포(麻浦), 서강(西江), 양화진(楊花津)에 주둔하던 일본 군대는 모두 서울로 들어왔다. 기병 7백~8백 명, 포병 4천~5천 명, 보병 2만~3만 명이 동서남북으로 거침없이 달려갔다.(鄭喬,『大韓季年史』下, 國史編纂委員會, 1957, 171쪽.)

5 11월 10일 외부협판 윤치호에 따르면 이토 히로부미가 서울에 도착했는데, 모든 사람들은 이토의 임무가 '보호조약'에 서명하도록 조선 정부

를 강압하는 것이라는 사실을 파악했다.(國史編纂委員會編, 『尹致昊日記』, 5
권, 國史編纂委員會, 1984: 국사편찬위원회 편, 『국역 윤치호 영문 일기』, 4권,
2016, 189쪽.)

6　『駐韓日本公使館記錄(24)』, 1905년 11월 18일 오후 3시 發, 一一. 保護條約
一~三 (45) 往電第450號 [韓日協約 조인 사정 보고 件], 林 公使 → 東京 桂
大臣

7　『駐韓日本公使館記錄(24)』, 1905년 11월 20일, 一一. 保護條約 一~三 (69)
臨祕第6號 伊藤 侯 來韓에 대하여 제6회 보고, 警務顧問 警視 丸山重俊 → 林
公使

8　이토의 복명서 초안에는 "한국 황제는 대체로 이번의 제안에 동의하는 것
이 아니고"라고 기록되어 있어 처음부터 고종이 조약 체결에 반대했던 사
실을 알 수 있다.(한철호, 『근대 일본은 한국을 어떻게 병탄했나?』, 독립기념
관, 2016, 61쪽.) 이토의 복명서에 첨부된 「日韓新協約調印始末」(『日本外交
文書』, 38-1, pp.503~507)에 따르면 수정안을 재차 고종에게 보여주었
는데, "폐하는 특히 만족한다는 말씀을 하셨다."라고 되어 있다. 일본은 이
것을 가지고 황제가 재가를 내리고, 조약 체결에 필요한 쌍방 동의를 얻
어 조문이 확정되었다고 보고했다.(海野福壽, 『韓國合倂史の硏究』, 岩波書店,
2000: 운노 후쿠쥬, 『한국병합사연구』, 논형, 2008, 273쪽.)

9　전 내부대신이자 표훈원 총재(表勳院摠裁) 박정양(朴定陽)은 1905년 11월
27일 "이번에 여러 역적들은 천하 국가를 저들 무리의 손바닥 안에 있는
물건으로 여겨 중의(衆議)를 모으지 않고 폐하의 '재가'도 거치지 않은 채
가(可) 자 하나를 쓰고는 천하도 뒤따라 인정할 것으로 여겼다."라며 고종
이 을사늑약을 '재가'하지 않았다고 기록했다.[『承政院日記』, 고종 42년 을
사(1905) 11월 1일(양력 11월 27일)]

10　당시 외교문서는 외부에서 궁내부로 보내 옥새(玉璽)를 찍어야 효력을 발
휘하는 것이었다.[外部主事 李琦 → 宮內府主事 鳴在豊, 1897년 2월 6일, 「영
국, 독일, 러시아, 이탈리아, 프랑스, 오스트리아 公使館 參書官에게 보내는
勅命 2紙를 보내니 옥새를 찍어 돌려달라는 通牒 제6호」, 『宮內府案』 3冊(奎
17801)] 그다음 외부는 외교문서를 의정부에 공문을 보내서 관보에 공표
할 것을 요청한다.

11 鄭喬, 『大韓季年史』 下, 國史編纂委員會, 1957, 172~176쪽.

12 國史編纂委員會編, 『尹致昊日記』, 5권, 國史編纂委員會, 1984: 국사편찬위원회 편, 『국역 윤치호 영문 일기』, 4권, 2016, 193쪽.

13 갑오개혁 이후 외부 신 주사(Shin Jusa)라 불렸던 신씨 성을 추적하면 외부주사(外部主事) 신경균(申敬均 1901.6.17. 임명, 1901.6.21. 면직)과 외부주사(外部主事) 신태면(申泰冕 판6 1902.12.9. 임명, 1903.1.5. 면직) 두 사람이다. 이후 관직을 보면 신태면은 관직 경력이 단절되었다. 1906년 1월 19일 "9품 신경균(申敬均)을 승륙하라"(『承政院日記』, 고종 42년 을사(1905) 12월 25일(양력 1월 19일) 그렇다면 이 인물은 신경균임에 틀림없다.

14 "외부 번역관(外部繙繹官) 어윤적(魚允迪)을 총영사관(摠領事官)에 임용."[『承政院日記』, 고종 41년(1904) 9월 3일(양력 10월 11일)] "외부 참서관(外部參書官) 어윤적(魚允迪)을 겸임 총영사관(兼任摠領事官)에 임용."(『承政院日記』, 고종 41년(1904) 9월 6일(양력 10월 14일) 윤치호가 기록한 '미스터 魚'는 바로 어윤적이다.

15 1905년 12월 8일 외부 교섭국장(外部交涉局長) 이시영(李始榮)은 정국을 안정시킬 것을 상소하고 사직서를 제출했다.[『高宗實錄』, 고종 42년(1905) 12월 8일]

16 전 시종원시종 정교에 따르면 "이토는 박제순을 핍박하여 외부(外部)의 도장을 가져오게 했다. 이토는 '참정이 도장을 찍지 않은 것은 상관없다. 다만 그 밖의 나머지 대신들은 도장을 찍는 것이 옳겠다.'라고 말했다. 이때 박제순 등 다섯 사람은 모두 도장을 찍었다." "당시 일본인은 조약의 조인을 강요하기 어렵다는 점을 알고서, 주한 일본공사관 통역원 마에마 교사쿠(前間恭作)와 외부 보좌원 쇼야(詔野)로 하여금 외부에 가도록 했다. 황제의 명령이 있었다고 둘러대며 외부의 도장을 요구하자, 스티븐스(D.W. Stevens, 須知分斯)가 즉각 그것을 내주었다. 수많은 일본 병사들이 외부를 에워싸고 도장이 분실되는 것을 막았다. 일본공사관 서기관 고쿠부 조타로(國分象太郎)가 수옥헌 문 앞에서 미리 기다렸다가 그대로 그 도장을 받아 회의 자리에 들여보내 드디어 도장을 찍었다. 때는 11월 18일 오전 1시였다."(鄭喬, 『大韓季年史』 下, 국사편찬위원회, 1957, 172~176쪽) 들은 이

야기를 정리한 정교는 스티븐스와 고쿠부 등을 언급했지만 현장을 목격한 신 외부주사의 증언이 더 사실에 가까울 것으로 판단된다.

17 國史編纂委員會編, 『尹致昊日記』, 5권, 國史編纂委員會, 1984: 국사편찬위원회 편, 『국역 윤치호 영문 일기』, 4권, 2016, 195~196쪽. 12월 17일 윤치호는 을사늑약에 대해서 일본이 무력으로 내각의 동의를 받아낸 것으로 기록했다. "조약에 대한 조선 내각의 동의를 강제적으로 받아낸 것은(the consent of the Korean cabinet was extorted for the treaty) 무력을 통한 협박이었다고 외국의 대표들에게 공식적으로 발표하면, 강대국 사이에서 정당한 분노의 폭동이 일어나 일본으로 하여금 그 조약을 취소하도록 압박할 것이라고 믿고 있다."(國史編纂委員會編, 『尹致昊日記』, 5권, 國史編纂委員會, 1984: 국사편찬위원회 편, 『국역 윤치호 영문 일기』, 4권, 2016, 205쪽.)

18 『承政院日記』, 고종 42년(1905)10월 27일(양력 11월 23일)

19 『承政院日記』, 고종 42년(1905) 10월 30일(양력 11월 26일)

20 "경들의 노성하고 충성스러운 견해와 한마음으로 나라를 근심하는 논의에 대해 그 누가 그렇지 않다고 하겠는가. 그런데 여전히 밤낮을 이어 궁궐 안에 머물면서 한결같이 명령을 어기고 있으니, 이 무슨 모양새이며 무슨 분의(分義)란 말인가. 즉시 집으로 돌아가라."[『承政院日記』, 고종 42년(1905) 11월 1일(양력 11월 27일)]

21 『承政院日記』, 고종 42년(1905) 11월 1일(양력 11월 27일)

22 『承政院日記』, 고종 42년(1905) 11월 1일(양력 11월 27일)

23 『承政院日記』, 고종 42년(1905) 11월 1일(양력 11월 27일)

24 "그대로 궐내에 머물러 있은 지도 이미 이틀째이니 이는 국조 이래로 없었던 해괴한 행동이다. 여러 차례 거듭 타일렀는데 아직도 물러가지 않고 있으니, 신하의 분수로 보아 어찌 이와 같이 해도 되겠는가. 소두(疏頭) 이하를 모두 법부로 하여금 구속하여 처벌하게 하라."[『承政院日記』, 고종 42년(1905) 11월 2일(양력 11월 28일)]

25 『承政院日記』, 고종 42년(1905) 11월 2일(양력 11월 28일)

26 『承政院日記』, 고종 42년(1905) 11월 3일(양력 11월 29일)

27 최익현은 고종이 '윤허'하지 않았지만 나약한 모습을 보였다며 고종을 비

판했다. 최익현은 "지금 일본인들이 말하는 황실을 보전한다는 말을 폐하는 과연 깊이 믿으십니까?"라고 지적했다. 최익현은 아직 임금 자리도 바뀌지 않았고 백성들도 멸망하지 않았으며 각국의 공사들도 돌아가지 않은 때이고, 조약서도 다행히 고종의 비준과 참정의 인가를 거치지 않았으니 역신들이 강제에 의해 맺은 허위 조약이라고 주장했다.[『承政院日記』, 고종 42년(1905) 11월 3일(양력 11월 29일)] 그 후 최익현은 1906년 6월 전라북도 태인에서 의병을 일으키고 체포된 다음 대마도 옥사에서 1907년 1월 순국했다.

1장 민영환의 특명전권공사 임명과 모스크바 도착 과정

1   Карнеев и Михайлов, Поездка генерального штаба полковника Карнеева и поручика Михайлова по Южнее Корее в 1895~1896 гг, По Корее. Путешествия 1895~1896 гг. М. 1958. С.188.

2   國史編纂委員會編, 『尹致昊日記』, 4권, 國史編纂委員會, 1984: 국사편찬위원회 편, 『국역 윤치호 영문 일기』, 3권, 2015, 145쪽.

3   "Секретная телеграмма Д.С.С. Вебера. Сеул, 28 февраля 1896 г."(АВПРИ. Ф.Китайский стол. Оп.491. Д.3258. Л.117.) : Пак Б.Б. Российский дипломат К.И. Вебер и Корея. М. 2013. СС.262~263.

4   國史編纂委員會編, 「海天秋帆」, 『閔忠正公遺稿』, 探求堂, 1971, 69쪽. 주한 일본공사 고무라(小村)는 1896년 3월 11일 오후 3시 민영환의 러시아 특명전권공사 임명을 西園寺 外務大臣에 타전했다.(『駐韓日本公使館記錄(10)』, 1896년 3월 11일 電信 「러시아 皇帝 戴冠式에 閔泳煥을 特別全權公使로 파견」 小村 → 西園寺, 107쪽.)

5   李完用 → 韋貝, 1896年 3月 13日, 露皇帝戴冠式에 閔泳煥派遣事(高麗大學校 亞細亞問題硏究所編, 『舊韓國外交文書(17)』, 俄案(1), 高麗大學校出版部, 1969, 363쪽.)

6   『承政院日記』, 高宗 33年(1896) 2月 1日(양력 3.14.)

7   國史編纂委員會編, 『尹致昊日記』, 4권, 國史編纂委員會, 1984: 국사편찬위원회 편, 『국역 윤치호 영문 일기』, 3권, 2015, 148쪽. 1896년 3월 19일 조선사절단은 공식적으로 임명되었다. 학부협판 윤치호 특명전권공사 수원

(俄國特命全權公使隨員)(3.19), 3품 김득련 특명전권공사 2등 참서관(俄國
特命全權公使二等參書官)(3.19), 외부주사 김득련 특명전권공사 3등 참서관
(俄國特命全權公使三等參書官)(3.19)(國史編纂委員會編, 「海天秋帆」, 閔忠正公
遺稿, 探求堂, 1971, 69쪽.)

8 國史編纂委員會編, 『尹致昊日記』, 4권, 國史編纂委員會, 1984: 국사편찬위원
회 편, 『국역 윤치호 영문 일기』, 3권, 2015, 150쪽.

9 國史編纂委員會編, 『尹致昊日記』, 4권, 國史編纂委員會, 1984: 국사편찬위원
회 편, 『국역 윤치호 영문 일기』, 3권, 2015, 150쪽.

10 "대조선국 특명전권공사의 印, 대조선국 특명전권공사의 章."(國史編纂委員
會編, 「海天秋帆」, 『閔忠正公遺稿』, 探求堂, 1971, 70쪽.)

11 國史編纂委員會編, 解說, 『尹致昊日記』, 11卷(韓國史料叢書第19), 1989;『高宗
實錄』, 고종 41년(1904) 3월 12일;『高宗實錄』, 고종 42년(1905) 7월 14
일;『高宗實錄』, 고종 42년(1905) 12월 1일; 국사편찬위원회 편, 『국역 윤
치호 영문 일기』, 5권, 2015, 130~188쪽; http://people.aks.ac.kr. 윤치호
는 1898년 독립협회 회장으로 만민공동회를 이끌었지만 일제강점기 이
토 지코(伊東致昊)로 창씨개명했다. 그는 '신민회 사건(新民會, 105인 사건)'
으로 1911년 9월 체포되었고 1915년까지 감옥에 투옥되었다. 윤치호는
1879년 강씨(姜氏) 부인과 결혼했지만 1886년에 여의었다. 1894년 윤치
호는 두 번째 부인인 중국인 마애방(馬愛芳, 시엔충, 1871~1905)과 결혼
했다. 자녀는 농림부 장관을 역임한 윤영선(尹永善)과 윤광선(尹光善), 윤
봉희(尹鳳姬)와 윤용희(尹龍姬) 등을 두었다. 마애방은 1905년 2월 10일
사망했고 양화진 외국인 선교사(Foreign Cemetery) 묘지에 묻혔다. 윤치
호는 1905년 4월 23일 어머니 전주 이씨의 권유로 중매로 백매려(白梅麗)
와 결혼했다. 윤치호는 "우리 가족의 관심과 우리 부모님의 연로함"이라는
현실적인 명분으로 재혼했다.("1905.2.10., 1905.3.21., 1905.5.10."(國史
編纂委員會編, 『尹致昊日記』, 6권, 國史編纂委員會, 1989, 91, 100, 107쪽. ;
國史編纂委員會編, 『尹致昊日記』, 4권, 國史編纂委員會, 1984: 국사편찬위원
회 편, 『국역 윤치호 영문 일기』, 3권, 2015, 3쪽, 316쪽.) 윤치호는 백매려
(白梅麗, 1890~1943)와의 결혼생활에서 세 아들과 다섯 딸을 두었다. 윤
장선(尹璋善), 윤기선(尹琦善), 윤정선(尹挺善), 윤문희(尹文姬), 윤은희(尹

恩姬), 윤명희(尹明姬), 윤보희(尹寶姬), 윤영희(尹瑛姬) 등이다.

12   國史編纂委員會編, 『尹致昊日記』, 4권, 國史編纂委員會, 1984, 162쪽: 국사편
     찬위원회 편, 『국역 윤치호 영문 일기』, 3권, 2015, 151쪽.

13   "Телеграмма К.И. Вебера командиру мореходной канонерской лодки
     Гремящий. Сеул, 19 марта 1896 г."(АВПРИ. Ф.Миссия в Сеуле.
     Оп.768. Д.91. Л.123) : Пак Б.Б. Российский дипломат К.И. Вебер и
     Корея. М. 2013. С.263.

14   "Телеграмма Д.С.С. Вебера. Сеул, 20-го марта 1896 г."(АВПРИ.
     Ф.Китайский стол. Оп.491. Д.3258. Л.125) : Пак Б.Б. Российский
     дипломат К.И. Вебер и Корея. М. 2013. С.263.

15   포함(канонерская лодка) 그레먀쉬는 1898년부터 여순 항구(Порт-
     Артур)에 소속되었다. 러일전쟁 당시 제1태평양함대에 소속되었다
     가 1904년 8월 여순 항구 근처에서 파손되었다.(Сибирская военная
     флотилия: Амурская военная флотилия : Первая Тихоокеанская эскадра
     : https://ru.wikipedia.org/wiki ; http://rjw.narod.ru)

16   "거의 오전 10시가 되어 배를 타고 가다가 12시 30분 오리골에 도착했다.
     휴식하고 오후 1시 반에 오리골을 떠나 오후 5시에 제물포에 도착했다."(國
     史編纂委員會編, 『尹致昊日記』, 4권, 國史編纂委員會, 1984: 국사편찬위원회 편,
     『국역 윤치호 영문 일기』, 3권, 2015, 155쪽.)

17   國史編纂委員會編, 「海天秋帆」, 『閔忠正公遺稿』, 探求堂, 1971; 조재곤 역, 『해
     천추범』, 책과함께, 2007, 26쪽. 민영환은 러시아 은행에 가서 가는 곳
     마다 바꾸고 상세히 기록하라고 쉬떼인에게 지시했다.(國史編纂委員會編,
     「海天秋帆」, 『閔忠正公遺稿』, 探求堂, 1971; 조재곤 역, 『해천추범』, 책과함께,
     2007, 32쪽.)

18   國史編纂委員會編, 「海天秋帆」, 『閔忠正公遺稿』, 探求堂, 1971; 조재곤 역, 『해
     천추범』, 책과함께, 2007, 27쪽.

19   金得鍊, 『環璆唫艸』京都: 京都印刷株式會社, 1897: 김득련 저, 허경진 역, 『環
     璆唫艸』평민사, 2011, 23~24쪽.

20   민영환에 따르면 "5백년 이래에 밟지 않은 땅에서 집의 누(累)한 것을 잊
     고 나와 같이 와서 천 개의 산과 만 개의 물에 앉으면 자리를 같이하고 갈

때는 수레를 같이하다가 하늘가에 이르렀다."(閔泳煥, 端陽日偶題(한가위) : 使行詩集, 『閔忠正公遺稿』, 國史編纂委員會, 1958, 140쪽; 이민수 역, 『閔忠正公遺稿』, 一潮閣, 2000, 203쪽.)

21 강문식, 「김득련의 환구일기와 세계일주」, 『國譯 環璆日記』, 恩平文化院, 2010, 10쪽.

22 "고종(高宗) 10년(1873) 계유(癸酉) 식년시(式年試) 2등(二等) 4위."[역과 방목(譯科榜目) : 국립중앙도서관(古6024-98)]

23 자는 윤구(允九)이고, 호는 춘파(春坡)이다. 본관은 우봉(牛峰)이다. 1852년 4월 20일 서울에서 태어났다. 1890년 한학당하역관(漢學堂下譯官)으로 가자(加資)의 은전을 받았으며, 부호군(副護軍)에 올랐다가 이해 10월에 오위장(伍衛將)으로 승차했다. 1902년 군부대신관방원(軍部大臣官房員)에 임용되었으며, 1907년 남양군수(南陽郡守)가 되었고, 1910년 정3품에서 종2품으로 가자되었다.(『純宗實錄』, 純宗 3년 8월 25일; http://people.aks. ac.kr) 김득련의 묘지는 서울시 은평구 진관내동 구파발 인공폭포 뒤쪽인 이말산(莉茉山) 우봉 김씨 선영에 있다. 구파발역에서 등산로를 이용해서 가는 코스에 묘지가 있다.

24 國史編纂委員會編, 『尹致昊日記』, 4권, 國史編纂委員會, 1984: 국사편찬위원회 편, 『국역 윤치호 영문 일기』, 3권, 2015, 156쪽; 國史編纂委員會編, 『尹致昊日記』, 4권, 國史編纂委員會, 1984: 국사편찬위원회 편, 『국역 윤치호 영문 일기』, 3권, 2015, 190쪽.

25 國史編纂委員會編, 『尹致昊日記』, 4권, 國史編纂委員會, 1984, 165쪽: 국사편찬위원회 편, 『국역 윤치호 영문 일기』, 3권, 2015, 155쪽.
國史編纂委員會編, 「海天秋帆」, 『閔忠正公遺稿』, 探求堂, 1971; 조재곤 역, 『해천추범』, 책과함께, 2007, 29쪽. 윤치호는 자신의 일기에 4월 5일로 기록했다.

26 노대환, 「민영익의 삶과 정치활동」, 『한국사상사학』 18, 2002, 491~493쪽.

27 國史編纂委員會編, 「海天秋帆」, 『閔忠正公遺稿』, 探求堂, 1971; 조재곤 역, 『해천추범』, 책과함께, 2007, 29쪽.

28 密采里饭店 호텔 주소는 다음과 같다. 创办于孟斗班路(今四川南路) 72号

(https://www.virtualshanghai.net)

29 『駐韓日本公使館記錄(9)』, 1896년 10월 30일 機密第89號「當國政府 部內의 動靜」加藤 臨時代理公使→外務大臣 伯爵 大隈重信, 234쪽.

30 國史編纂委員會編,「海天秋帆」,『閔忠正公遺稿』, 探求堂, 1971; 조재곤 역,『해천추범』, 책과함께, 2007, 30쪽.

31 國史編纂委員會編,「海天秋帆」,『閔忠正公遺稿』, 探求堂, 1971; 조재곤 역,『해천추범』, 책과함께, 2007, 31쪽.

32 "Рапорт Покотилова министру финансов Витте. Шанхай, 29 марта 1896 г."(РГИА. Ф.560. Оп.28. Д.24. Л.33 об.) : Пак Б.Б. Российский дипломат К.И. Вебер и Корея. М. 2013. С.266 ; 이항준,「뽀꼬찔로프(Д. Д. Покотилов)의 한국방문과 한국경제조사」,『史林』58, 2016.

33 https://en.wikipedia.org

34 國史編纂委員會編,「海天秋帆」,『閔忠正公遺稿』, 探求堂, 1971; 조재곤 역,『해천추범』, 책과함께, 2007, 34쪽.

35 "내가 두 번 타 본 이 배의 모든 것을 기억하고 있다."(國史編纂委員會編,『尹致昊日記』, 4권, 國史編纂委員會, 1984: 국사편찬위원회 편,『국역 윤치호 영문 일기』, 3권, 2015, 157쪽.)

36 金得鍊,『環璆唫艸』京都: 京都印刷株式會社, 1897: 김득련 저, 허경진 역,『環璆唫艸』평민사, 2011, 26쪽.

37 國史編纂委員會編,「海天秋帆」,『閔忠正公遺稿』, 探求堂, 1971, 75쪽; 國史編纂委員會編,『尹致昊日記』4권, 1896.4.17., 1984, 169쪽.

38 金得鍊,『環璆日錄』, 建陽元年(1896), 筆寫本(奎 古5700-1): 金得鍊,『國譯 環璆日記』, 恩平文化院, 2010, 47쪽. "11일. 몇 년 동안 비참한 조선 생활을 겪어보지 않은 사람은 아무도 상해와 일본의 화려함을 제대로 깨닫지 못할 것이다."(國史編纂委員會編,『尹致昊日記』, 4권, 國史編纂委員會, 1984: 국사편찬위원회 편,『국역 윤치호 영문 일기』, 3권, 2015, 157쪽.)

39 國史編纂委員會編,「海天秋帆」,『閔忠正公遺稿』, 探求堂, 1971, 76쪽.

40 金得鍊,『環璆唫艸』京都: 京都印刷株式會社, 1897: 김득련 저, 허경진 역,『環璆唫艸』평민사, 2011, 32~33쪽.

41 國史編纂委員會編,「海天秋帆」,『閔忠正公遺稿』, 探求堂, 1971; 조재곤 역,『해

100년 전의 세계 일주

천추범』, 책과함께, 2007, 43~44쪽.

42 國史編纂委員會編, 『尹致昊日記』, 4권, 國史編纂委員會, 1984: 국사편찬위원회 편, 『국역 윤치호 영문 일기』, 3권, 2015, 161쪽.

43 金得鍊, 『環璆唫艸』 京都: 京都印刷株式會社, 1897: 김득련 저, 허경진 역, 『環璆唫艸』 평민사, 2011, 35쪽.

44 "6일. 윈저 호텔의 오른쪽 정면으로 성당이 서 있는데, 이 성당은 로마의 성 베드로 대성당을 축소해 모방한 건축물로 공사 기간만 25년이나 걸렸다고 한다. 성당에서 멀지 않은 곳에 멋진 YMCA 건물이 있다."(國史編纂委員會編, 『尹致昊日記』, 4권, 國史編纂委員會, 1984: 국사편찬위원회 편, 『국역 윤치호 영문 일기』, 3권, 2015, 163~164쪽.)

45 윈저 호텔은 1987년 재건축을 해서 '르 윈저(Le Windsor)'라는 사무 공간으로 바뀌었는데 현재 주소는 다음과 같다. 1170, rue Peel, Bureau 110 Montréal, Canada(https://lewindsormontreal.com)

46 독일 르네상스 건축가(Henry Janeway Hardenbergh)가 설계했는데, 당시 주소는 다음과 같다. 33rd Street, Fifth Avenue in Manhattan, New York. (https://en.wikipedia.org)

47 國史編纂委員會編, 「海天秋帆」, 『閔忠正公遺稿』, 探求堂, 1971; 조재곤 역, 『해천추범』, 책과함께, 2007, 48쪽.

48 "뉴욕에서는 웨이터들 말고는 모든 것이 바삐 움직인다. 사람이 굶는 경우는 둘이다. 하나는 먹을 것이 아무것도 없는 경우고, 다른 하나는 멋진 호텔에 머무는 경우다."(國史編纂委員會編, 『尹致昊日記』, 4권, 國史編纂委員會, 1984: 국사편찬위원회 편, 『국역 윤치호 영문 일기』, 3권, 2015, 164~166쪽.)

49 https://en.wikipedia.org.

50 國史編纂委員會編, 「海天秋帆」, 『閔忠正公遺稿』, 探求堂, 1971; 조재곤 역, 『해천추범』, 책과함께, 2007, 51쪽.

51 金得鍊, 『環璆唫艸』 京都: 京都印刷株式會社, 1897: 김득련 저, 허경진 역, 『環璆唫艸』 평민사, 2011, 40쪽.

52 "Seafreight Service Lucania."(國史編纂委員會編, 『尹致昊日記』, 4권, 國史編纂委員會, 1984: 국사편찬위원회 편, 『국역 윤치호 영문 일기』, 3권, 2015, 166쪽.)

53 閔泳煥, 「海天秋帆小集: 使行詩集」, 『閔忠正公遺稿』, 國史編纂委員會, 1958, 139쪽; 이민수 역, 『閔忠正公遺稿』, 一潮閣, 2000, 201쪽.

54 國史編纂委員會編, 「海天秋帆」, 『閔忠正公遺稿』, 探求堂, 1971; 조재곤 역, 『해천추범』, 책과함께, 2007, 53쪽.

55 조셉 애디슨은 영국의 수필가, 시인, 극작가, 정치인이었다. 그는 옥스포드 대학교 모들린 칼리지(Magdalen College)에 선발되어 1693년 문학 석사 학위를 받았다. 그는 휘그당의 지지자였으며 1717년 4월 국무장관에 임명되었다. 에디슨은 1711년 3월 신문《스펙테이터(The Spectator)》를 창간하고 평론과 수필 등을 발표했다. 대표작으로 『카토(Cato)』(1713) 등이 있다.(황치복, 「조셉 애디슨의 스펙테이터」, 『근대영미소설』 20-1, 2013; 정정호, 「조셉 에디슨의 비극 케이토와 타자적 상상력으로 다시 읽기」, 『인문학연구』 24, 2000.)

56 國史編纂委員會編, 『尹致昊日記』, 4권, 國史編纂委員會, 1984: 국사편찬위원회 편, 『국역 윤치호 영문 일기』, 3권, 2015, 166쪽.

57 Washington Irving, THE SKETCH BOOK & BRACEBRIDGE HALL, Shinasa, 1998, pp.10~21. 뉴욕 상인의 아들로 태어나 변호사를 지망했으나 문학으로 전향했다. 에드거 앨런 포(Edgar Allan Poe), 너새니얼 호손(Nathaniel Hawthorne) 등과 나란히 언급되는 19세기 미국 낭만주의 문학의 대표적 소설가이자 전기 작가였다. 그는 『신사 제프리 크레용의 스케치북(The Sketch Book of Geoffrey Crayon, Gent.)』(1819~1820)을 출판하여 미국 문인으로서 처음으로 국제적인 명성을 얻었다. 대표작으로 『뉴욕의 역사(A History of New York)』(1809), 『콜롬버스 일행의 항해와 발견(Voyages and Discoveries of the Companions of Columbus)』(,1831), 『알함브라 이야기(Tales of the Alhambra)』(1832), 『조지 워싱턴의 전기(The Life of George Washington』(1855~1859) 등이 있다.(워싱턴 어빙, 『스케치북』, 문학수첩, 2004; 워싱턴 어빙, 『슬리피 할로우』, 혜윰, 2017; 워싱턴 어빙, 『알함브라 궁전의 이야기』, 혜윰, 2018.)

58 이 호텔 건물은 스코틀랜드 건축가 그뤼닝(Edward Augustus Gruning)에 의해서 설계되었는데, 1931년에 철거되어 '유닐레버 하우스(Unilever House)'가 건축되었다. 이 호텔의 위치는 다음과 같다. New Bridge

Street(now the A201), Blackfriars, London.(https://en.wikipedia.org)

59 함용도, 『워싱턴 어빙』, 건국대학교출판부, 1995, 72쪽.

60 國史編纂委員會編, 「海天秋帆」, 『閔忠正公遺稿』, 探求堂, 1971; 조재곤 역, 『해천추범』, 책과함께, 2007, 55쪽.

61 현재 알렉산드루프꾸얍스끼(Александрув-Куявски, Aleksandrów Kujawski)는 1815년부터 1917년까지 러시아와 독일의 국경도시였고 1879년부터 1919년까지 알렉산드로프(Александров)로 불렸다. (https://pl.wikipedia.org/wiki ; https://ru.wikipedia.org/wik)

62 國史編纂委員會編, 『尹致昊日記』, 4권, 國史編纂委員會, 1984: 국사편찬위원회 편, 『국역 윤치호 영문 일기』, 3권, 2015, 169쪽. '유럽 그랜드 호텔(Grand Hotel d'Europe Warsaw)'은 위치와 지명을 고려하면 '유로피언 호텔(The European[Europejski] Hotel)'이 틀림없다. 이 호텔은 이탈리아계 폴란드인 건축가 엔리코 마르코니(Enrico Marconi)에 의해서 설계되었다. 그 후 2017년 전후 3년간 재건축과 리노베이션을 거쳐 래플스 호텔&리조트(Raffles Hotels & Resorts)로 거듭났다. Krakowskie Przedmieście 13, Royal Route, Warsaw.(https://en.wikipedia.org) 대통령궁 옆 바르샤바 역사 지구에 자리해 있는데, 103개의 스위트룸과 야외 테라스가 딸린 폴란드식 레스토랑 등이 있다.(《중앙일보》, 2017.02.08.)

63 https://www.ria1914.info. "6월 8일. 빠쉬꼬프(Михаил Алексеевич Пашков, Pascom)가 모스크바역에서 우리에게 정이 스며든 작별 인사를 했다. 나는 솔직하고 직선적이고 기민한 그의 태도를 매우 좋아한다."(國史編纂委員會編, 『尹致昊日記』, 4권, 國史編纂委員會, 1984: 국사편찬위원회 편, 『국역 윤치호 영문 일기』, 3권, 2015, 192쪽.)

64 쁠란손(Георгий Антонович Плансон, Plancon)은 1917년 러시아 혁명 이후 이민을 갔고, 국립문서보관소(ГАРФ)는 쁠란손의 개인 문서군을 소장하고 있다.(Харитонова А.М. Российский дпломат Георгий Антонович Плансон. Клио. 2017. № 11(131). СС. 169~176) 쁠란손이 서울 주재 러시아총영사에 임명된 것은 1906년 1월이었다. 그 후 쁠란손을 대신하여 4등관 소모프(А.С. Сомов)가 1908년 10월 서울 주재 러시아총영사에 임명되었다.(김종헌, 한국 주재 러시아총영사 쁠란손의 착임 과정에서 제기

된 인가장 부여 문제에 관한 연구, 사총 72, 2011, 153~155쪽.)

65 國史編纂委員會編, 「海天秋帆」, 『閔忠正公遺稿』, 探求堂, 1971, 83쪽. Поварская улица : проходит от улицы Новый Арбат до Кудринской площади, лежит между Малой Никитской улицей и Новым Арбатом.

66 "6월 7일. 모스크바 파바르스카야가 42번지에 있는 트루니코프스키 골목길에 있는 홈스키 씨의 저택이었다.(the House of Mr. Holmsky, Troofnikovsky Lane, Pavarskaya Street No 42, Moscow) 19일 동안 우리 는 가구가 잘 갖춰 있고 안락한 가옥에서 황제의 융숭한 대접을 받는 호사 를 누렸다."(國史編纂委員會編, 『尹致昊日記』, 4권, 國史編纂委員會, 1984: 국 사편찬위원회 편, 『국역 윤치호 영문 일기』, 3권, 2015, 191쪽.)

67 國史編纂委員會編, 『尹致昊日記』, 4권, 國史編纂委員會, 1984: 국사편찬위원 회 편, 『국역 윤치호 영문 일기』, 3권, 2015, 169~170쪽.

68 "전기와 석탄으로 기계를 움직이게 하는데, 모든 물건의 균형이 어긋나지 않았네."(閔泳煥, 「海天秋帆」 小集: 使行詩集, 『閔忠正公遺稿』, 國史編纂委員會, 1958, 139쪽: 이민수 역, 『閔忠正公遺稿』, 一潮閣, 2000, 202쪽.)

2장 모스크바대관식과 뻬쩨르부르크 답사

1 國史編纂委員會編, 「海天秋帆」, 『閔忠正公遺稿』, 探求堂, 1971; 조재곤 역, 『해 천추범』, 책과함께, 2007, 65쪽.

2 國史編纂委員會編, 「海天秋帆」, 『閔忠正公遺稿』, 探求堂, 1971; 조재곤 역, 『해 천추범』, 책과함께, 2007, 63~64쪽.

3 니꼴라이 2세는 '피의 일요일'로 알려진 1905년 1월 22일, 시위대를 학살 하는 전제정치를 실행했는데 1918년 적군에 의해서 부인과 함께 예까떼 린부르크에서 총살되어 불태워졌다.(https://ru.wikipedia.org/wiki)

4 金得鍊, 『環璆唫艸』京都: 京都印刷株式會社, 1897: 김득련 저, 허경진 역, 『環 璆唫艸』평민사, 2011, 47쪽.

5 "페르시아의 왕이 피살되고, 그 나라 정부가 친영국파와 친러시아파로 나 누어져 있기 때문인지 그에게 일종의 동료 의식을 느꼈다."(國史編纂委員會 編, 『尹致昊日記』, 4권, 國史編纂委員會, 1984: 국사편찬위원회 편, 『국역 윤치 호 영문 일기』, 3권, 2015, 170쪽.)

6 國史編纂委員會編,『尹致昊日記』, 4권, 國史編纂委員會, 1984: 국사편찬위원회 편,『국역 윤치호 영문 일기』, 3권, 2015, 171쪽; 金得錬,『環璆唫艸』京都: 京都印刷株式會社, 1897: 김득련 저, 허경진 역,『環璆唫艸』평민사, 2011, 49쪽. 윤치호에 따르면 민영환은 매우 위축된 모습으로 거의 들리지 않는 목소리로 인사말을 더듬거렸다.

7 國史編纂委員會編,「海天秋帆」,『閔忠正公遺稿』, 探求堂, 1971: 조재곤 역,『해천추범』, 책과함께, 2007, 67~68쪽; 國史編纂委員會編,『尹致昊日記』, 4권, 國史編纂委員會, 1984: 국사편찬위원회 편,『국역 윤치호 영문 일기』, 3권, 2015, 171쪽.

8 개국 505년 짐이 즉위한 지 33년 4월 1일 한양 경성에서. 폐하의 좋은 형제 이희(李熙, *熙 원문은 이것으로 표기됨)(閔泳煥編, 環璆日記, 1936, 京城帝國大學圖書館藏本(藏K2-4535): 金得錬,『國譯 環璆日記』, 思平文化院, 2010, 24쪽.)

9 1896.5.23.(國史編纂委員會編,『尹致昊日記』, 4권, 國史編纂委員會, 1984: 국사편찬위원회 편,『국역 윤치호 영문 일기』, 3권, 2015, 172쪽.)

10 모스크바대관식의 주요 일정은 다음과 같았다. 1896.5.21. 황제가 행차하여 성 안의 끄레믈린궁에 들어감 / 1896.5.22. 각국의 대사를 불러 만남(민영환 참석) / 1896.5.23. 각국의 공사를 불러 만남 / 1896.5.24. 육군 각 부대의 공식 연회 / 1896.5.25. 예배당의 성찬(聖餐) / 1896.5.26. 대관식 행사(민영환 참석) / 1896.5.27. 끄레믈린의 진하(陳賀) / 1896.5.28. 궁내부 초청 행사(민영환 참석) / 1896.5.29. 볼쇼이 극장 관람 / 1896.5.30. 만민연(萬民宴)(민영환 참석)과 프랑스공관 무도회 / 1896.6.2. 시위대 및 육군의 공식 연회, 귀족원 무도회(민영환 참석) / 1896.6.3. 성 바실리 성당 관람 / 1896.6.4. 끄레믈린궁의 무도회(민영환 참석) / 1896.6.6. 각국 외교관을 위한 연회 / 1896.6.7. 관병식.(國史編纂委員會編,「海天秋帆」,『閔忠正公遺稿』, 探求堂, 1971; 조재곤 역,『해천추범』, 책과함께, 2007, 68쪽.)

11 國史編纂委員會編,『尹致昊日記』, 4권, 國史編纂委員會, 1984: 국사편찬위원회 편,『국역 윤치호 영문 일기』, 3권, 2015, 171쪽.

12 國史編纂委員會編,「海天秋帆」,『閔忠正公遺稿』, 探求堂, 1971; 조재곤 역,『해

천추범』, 책과함께, 2007, 71쪽.

13 國史編纂委員會編, 『尹致昊日記』, 4권, 國史編纂委員會, 1984: 국사편찬위원회 편, 『국역 윤치호 영문 일기』, 3권, 2015, 173쪽.

14 李完用→韋貝, 1896年 5月 24日, 露皇帝戴冠式祝賀宴의 參席應諾: 高麗大學校亞細亞問題研究所編, 『舊韓國外交文書(17)』, 俄案(1), 高麗大學校出版部, 1969, 366쪽.

15 國史編纂委員會編, 『尹致昊日記』, 4권, 國史編纂委員會, 1984: 국사편찬위원회 편, 『국역 윤치호 영문 일기』, 3권, 2015, 175쪽.

16 閔泳煥, 「偶吟在彼得寓館: 使行詩集」, 『閔忠正公遺稿』, 國史編纂委員會, 1958, 141쪽; 이민수 역, 『閔忠正公遺稿』, 一潮閣, 2000, 205쪽.

17 國史編纂委員會編, 「海天秋帆」, 『閔忠正公遺稿』, 探求堂, 1971; 조재곤 역, 『해천추범』, 책과함께, 2007, 74쪽.

18 金得鍊, 『環璆唫艸』京都: 京都印刷株式會社, 1897: 김득련 저, 허경진 역, 『環璆唫艸』 평민사, 2011, 50~51쪽.

19 國史編纂委員會編, 『尹致昊日記』, 4권, 國史編纂委員會, 1984: 국사편찬위원회 편, 『국역 윤치호 영문 일기』, 3권, 2015, 177쪽.

20 國史編纂委員會編, 「海天秋帆」, 『閔忠正公遺稿』, 探求堂, 1971; 조재곤 역, 『해천추범』, 책과함께, 2007, 74쪽.

21 國史編纂委員會編, 『尹致昊日記』, 4권, 國史編纂委員會, 1984: 국사편찬위원회 편, 『국역 윤치호 영문 일기』, 3권, 2015, 178~179쪽.

22 國史編纂委員會編, 『尹致昊日記』, 4권, 國史編纂委員會, 1984: 국사편찬위원회 편, 『국역 윤치호 영문 일기』, 3권, 2015, 173쪽.

23 쉬페인(Евгений Фёдорович Штейн)은 향후 러일전쟁 당시 블라디보스톡에서 근무했고, 1916년부터 1930년 초반까지 주아르헨티나 공사를 수행했다.(http://www.rusdiplomats.narod.ru)

24 國史編纂委員會編, 『尹致昊日記』, 4권, 國史編纂委員會, 1984: 국사편찬위원회 편, 『국역 윤치호 영문 일기』, 3권, 2015, 186~188쪽.

25 國史編纂委員會編, 『尹致昊日記』, 4권, 國史編纂委員會, 1984: 국사편찬위원회 편, 『국역 윤치호 영문 일기』, 3권, 2015, 178~179쪽.

26 國史編纂委員會編, 「海天秋帆」, 『閔忠正公遺稿』, 探求堂, 1971; 조재곤 역, 『해

천추범』, 책과함께, 2007, 75쪽.

27 金得鍊, 『環璆唫艸』京都: 京都印刷株式會社, 1897: 김득련 저, 허경진 역, 『環璆唫艸』평민사, 2011, 52~53쪽.

28 國史編纂委員會編, 『尹致昊日記』, 4권, 國史編纂委員會, 1984: 국사편찬위원회 편, 『국역 윤치호 영문 일기』, 3권, 2015, 182쪽.

29 「끄레믈린궁 팸플릿」, 2016. 대관식은 1498년 이반 3세가 손자인 드미뜨리에게 왕위를 넘기면서부터 시작되었다. 1812년 알렉산드로 1세가 성자들의 유골에 손을 얹고 나폴레옹 군대를 격퇴할 것을 맹세했다.(「끄레믈린궁 팸플릿」, 2016)

30 國史編纂委員會編, 「海天秋帆」, 『閔忠正公遺稿』, 探求堂, 1971; 조재곤 역, 『해천추범』, 책과함께, 2007, 76쪽.

31 國史編纂委員會編, 「海天秋帆」, 『閔忠正公遺稿』, 探求堂, 1971; 조재곤 역, 『해천추범』, 책과함께, 2007, 77쪽.

32 土儀(토산품): 二層紫介函 1坐, 繡畫屛障 2坐, 白銅雕刻火爐 2坐, 細竹簾 4件, 彩花席子 4立, 掛畫 4幅(閔泳煥, 「土儀」, 『閔忠正公遺稿』, 國史編纂委員會, 1958, 137쪽.

33 國史編纂委員會編, 「海天秋帆」, 『閔忠正公遺稿』, 探求堂, 1971; 조재곤 역, 『해천추범』, 책과함께, 2007, 79쪽. 윤치호는 '제국극장'이라고 불렀다.

34 金得鍊, 『環璆唫艸』京都: 京都印刷株式會社, 1897: 김득련 저, 허경진 역, 『環璆唫艸』평민사, 2011, 55쪽.

35 國史編纂委員會編, 『尹致昊日記』, 4권, 國史編纂委員會, 1984: 국사편찬위원회 편, 『국역 윤치호 영문 일기』, 3권, 2015, 183쪽.

36 Большой театр. Программа торжественного представления : Программа представления 17-го мая 1896 г. М. 1896. СС.1~22.

37 國史編纂委員會編, 『尹致昊日記』, 4권, 國史編纂委員會, 1984: 국사편찬위원회 편, 『국역 윤치호 영문 일기』, 3권, 2015, 183쪽.

38 國史編纂委員會編, 「海天秋帆」, 『閔忠正公遺稿』, 探求堂, 1971; 조재곤 역, 『해천추범』, 책과함께, 2007, 80쪽.

39 金得鍊, 『環璆唫艸』京都: 京都印刷株式會社, 1897: 김득련 저, 허경진 역, 『環璆唫艸』평민사, 2011, 56~57쪽.

40 푸쉬킨 저, 석영중 역, 「루슬란과 류드밀라」, 『청동기마상』, 열린책들, 1999, 403쪽.

41 윤치호는 모스크바에서 커피 2잔에 1루블 10꼬뻬이까를 지불했다.(국사편찬위원회 편, 『국역 윤치호 영문 일기』, 3권, 2015, 189쪽.) 1루블은 2.65 프랑이었다.(國史編纂委員會編, 『尹致昊日記』, 4권, 國史編纂委員會, 1984: 국사편찬위원회 편, 『국역 윤치호 영문 일기』, 3권, 2015, 258쪽.) 1873년 3월 29일부터 4월 15일까지 보름 정도 러시아 뻬쩨르부르크를 방문했던 이와쿠라(岩倉) 사절단은 1루블은 프랑스의 4프랑에 해당되었다고 기록했다.(久米邦武編, 『米歐回覽實記: 特命全權大使』, 4册, 東京, 1878; 구메 구니타케, 『특명전권대사 미구회람실기』, 4, 소명, 2011, 62쪽.) 금화 1매(임페리알)는 6루블 20꼬뻬이까에 상당한다. 영국의 1파운드는 7루블 50꼬뻬이까로 올랐다.(久米邦武編, 『米歐回覽實記: 特命全權大使』, 4册, 東京, 1878; 구메 구니타케, 『특명전권대사 미구회람실기』, 4, 소명, 2011, 105쪽.) 1루블은 현재 한국 돈으로 약 1만 원 정도로 추정된다.

42 國史編纂委員會編, 「海天秋帆」, 『閔忠正公遺稿』, 探求堂, 1971; 조재곤 역, 『해천추범』, 책과함께, 2007, 82쪽.

43 Боткина А.П. Павел Михайлович Третьяков. М. 1960; 일리야 레핀, 『일리야 레핀: 천 개의 얼굴 천 개의 영혼』, 써네스트, 2008; 이진숙, 『러시아 미술사』, 민음in, 2007.

44 똘스또이 저, 맹은빈 역, 『전쟁과 평화』 I, 동서문화사, 2016, 627쪽.

45 國史編纂委員會編, 「海天秋帆」, 『閔忠正公遺稿』, 探求堂, 1971: 조재곤 역, 『해천추범』, 책과함께, 2007, 84쪽.

46 金得鍊, 『環璆唫艸』京都: 京都印刷株式會社, 1897: 김득련 저, 허경진 역, 『環璆唫艸』 평민사, 2011, 63~64쪽.

47 國史編纂委員會編, 「海天秋帆」, 『閔忠正公遺稿』, 探求堂, 1971; 조재곤 역, 『해천추범』, 책과함께, 2007, 85쪽.

48 金得鍊, 『環璆唫艸』京都: 京都印刷株式會社, 1897: 김득련 저, 허경진 역, 『環璆唫艸』 평민사, 2011, 63~64쪽.

49 國史編纂委員會編, 『尹致昊日記』, 4권, 國史編纂委員會, 1984: 국사편찬위원회 편, 『국역 윤치호 영문 일기』, 3권, 2015, 177쪽.

50 國史編纂委員會編, 「海天秋帆」, 『閔忠正公遺稿』, 探求堂, 1971; 조재곤 역, 『해천추범』, 책과함께, 2007, 86쪽.

51 國史編纂委員會編, 「海天秋帆」, 『閔忠正公遺稿』, 探求堂, 1971; 조재곤 역, 『해천추범』, 책과함께, 2007, 87쪽.

52 國史編纂委員會編, 『尹致昊日記』, 4권, 國史編纂委員會, 1984: 국사편찬위원회 편, 『국역 윤치호 영문 일기』, 3권, 2015, 189쪽.

53 똘스또이 저, 맹은빈 역, 『전쟁과 평화』 I, 동서문화사, 2016, 336쪽.

54 러시아 대공 유수뽀프(Н.Б. Юсупов) 공의 저택으로 대규모 정원을 중심으로 그 둘레에는 모스크바강의 지류가 흐른다. 아르한겔스꼬예의 건물 내에는 그림이나 조각 등의 미술품이 전시되어 있으며, 귀족들이 즐기던 사설 극단의 극장도 있다. 이 궁전은 19세기 모스크바의 베르사유라고 불렸는데, 아르한겔스코예궁의 넓은 화단과 전경은 온전히 자연의 작품이었다.(https://ru.wikipedia.org/wiki)

55 金得鍊, 『環璆唫艸』 京都: 京都印刷株式會社, 1897: 김득련 저, 허경진 역, 『環璆唫艸』 평민사, 2011, 67~68쪽.

56 國史編纂委員會編, 『尹致昊日記』, 4권, 國史編纂委員會, 1984: 국사편찬위원회 편, 『국역 윤치호 영문 일기』, 3권, 2015, 191~192쪽.

57 國史編纂委員會編, 『尹致昊日記』, 4권, 國史編纂委員會, 1984: 국사편찬위원회 편, 『국역 윤치호 영문 일기』, 3권, 2015, 192쪽. "家在가빈녜스끼街第四號."(國史編纂委員會編, 「海天秋帆」, 『閔忠正公遺稿』, 探求堂, 1971, 92쪽.) "Kabineski."(國史編纂委員會編, 『尹致昊日記』, 4권, 國史編纂委員會, 1984, 275쪽.) 현재 1923년부터 쁘라브다(Правда) 거리로 이름이 바뀌었다. 따라서 조선사절단이 거주한 숙소는 바로 '까빈녜스키(Кабинетский) 거리 4번지'(Улица Кабинетская 4)였다. 그 건물은 1869년에 건설되었고, 최초 소유주는 러시아 국립은행에 근무했던 까사뜨낀(А.И. Касаткин)이었다. 4층짜리 건물로 현재까지 보존되고 있다.(https://wiki2.org/ru ; http://www.citywalls.ru) 뽄딴까(Фонтанка)강이 가까운 거리에 있었다.

58 國史編纂委員會編, 「海天秋帆」, 『閔忠正公遺稿』, 探求堂, 1971, 92~93쪽.

59 國史編纂委員會編, 『尹致昊日記』, 4권, 國史編纂委員會, 1984: 국사편찬위원회 편, 『국역 윤치호 영문 일기』, 3권, 2015, 193쪽.

60 國史編纂委員會編, 「海天秋帆」, 『閔忠正公遺稿』, 探求堂, 1971; 조재곤 역, 『해천추범』, 책과함께, 2007, 99쪽.

61 國史編纂委員會編, 『尹致昊日記』, 4권, 國史編纂委員會, 1984; 국사편찬위원회 편, 『국역 윤치호 영문 일기』, 3권, 2015, 216쪽.

62 國史編纂委員會編, 「海天秋帆」, 『閔忠正公遺稿』, 探求堂, 1971; 조재곤 역, 『해천추범』, 책과함께, 2007, 95쪽.

63 國史編纂委員會編, 『尹致昊日記』, 4권, 國史編纂委員會, 1984; 국사편찬위원회 편, 『국역 윤치호 영문 일기』, 3권, 2015, 193쪽.

64 久米邦武編, 『米歐回覽實記: 特命全權大使』, 4冊, 東京, 1878; 구메 구니타케, 『특명전권대사 미구회람실기』, 4, 소명, 2011, 78쪽.

65 이덕형, 『빛의 도시 상트페테르부르크』, 책세상, 2002, 87~88쪽; СиндаловскийН.А. Петербург. Сант-Петербург. 2002. CC.267-269; https://ru.wikipedia.org/wiki

66 金得鍊, 『環璆唫艸』京都: 京都印刷株式會社, 1897; 김득련 저, 허경진 역, 『環璆唫艸』평민사, 2011, 110쪽.

67 國史編纂委員會編, 「海天秋帆」, 『閔忠正公遺稿』, 探求堂, 1971; 조재곤 역, 『해천추범』, 책과함께, 2007, 96쪽.

68 國史編纂委員會編, 「海天秋帆」, 『閔忠正公遺稿』, 探求堂, 1971; 조재곤 역, 『해천추범』, 책과함께, 2007, 96쪽.

69 "물러나 황제의 높은 자리 사양하고 사업을 세운 처음에, 여러 백성들 가리지 않고 같이 살기를 즐겼네. 위엄을 온 세상에 떨치니 일의 시작으로 인했고, 이름은 조그만 기술로 전하니 가지의 남음에 붙였네. …… 부지런하고 검소한 일생이 피득(彼得)의 어진 이인데, 본래의 마음이 이 띠집을 저버릴까 두렵네."(閔泳煥, 「端陽日偶題(한가위)」: 「使行詩集」, 『閔忠正公遺稿』, 國史編纂委員會, 1958, 139~140쪽; 이민수 역, 『閔忠正公遺稿』, 一潮閣, 2000, 203쪽.)

70 金得鍊, 『環璆唫艸』京都: 京都印刷株式會社, 1897; 김득련 저, 허경진 역, 『環璆唫艸』평민사, 2011, 85쪽.

71 푸쉬킨 저, 석영중 역, 『청동 기마상』, 열린책들, 1999, 434~437쪽.

72 國史編纂委員會編, 「海天秋帆」, 『閔忠正公遺稿』, 探求堂, 1971; 조재곤 역, 『해

천추범』, 책과함께, 2007, 98쪽.

73 金得鍊,『環璆唫艸』京都: 京都印刷株式會社, 1897: 김득련 저, 허경진 역,『環璆唫艸』평민사, 2011, 79쪽.

74 國史編纂委員會編,『尹致昊日記』, 4권, 國史編纂委員會, 1984: 국사편찬위원회 편,『국역 윤치호 영문 일기』, 3권, 2015, 193~195쪽.

75 國史編纂委員會編,『尹致昊日記』, 4권, 國史編纂委員會, 1984: 국사편찬위원회 편,『국역 윤치호 영문 일기』, 3권, 2015, 200쪽.

76 國史編纂委員會編,「海天秋帆」,『閔忠正公遺稿』, 探求堂, 1971, 95쪽.

77 金得鍊,『環璆唫艸』京都: 京都印刷株式會社, 1897: 김득련 저, 허경진 역,『環璆唫艸』평민사, 2011, 73쪽.

78 國史編纂委員會編,「海天秋帆」,『閔忠正公遺稿』, 探求堂, 1971; 조재곤 역,『해천추범』, 책과함께, 2007, 104쪽.

79 그루쉐쯔끼(A. Grouchetsky)는 주한 러시아공사관 參贊 겸 통역관으로 1888년 4월부터 1892년 3월까지 근무했다.(露參贊 古樂詩 → 督辦交涉通商事務 趙秉式, 高宗 25年 3月 8日(西紀 1888年 4月 18日), 祝賀宴參席事, 舊韓國外交文書(17), 俄案(1), 69쪽; 露公使 韋貝 → 督辦交涉通商事務 趙秉式, 高宗 25年 3月 9日(西紀 1888年 4月 19日), 參贊書思齊(Шуйский)의 回國 및 古樂詩의 新任事, 舊韓國外交文書(17), 俄案(1), 70쪽; 露署理公使 德密特 → 督辦交涉通商事務 閔種默, 高宗 29年 2月 7日(西紀 1892年 3月 5日), 參贊 古樂詩의 回國 및 克培의 新任 來到事, 舊韓國外交文書(17), 俄案(1), 謄(5冊)) 러시아 외교관 명단에서 그루쉐쯔끼를 찾을 수 없다. 다만 알렉산드르 뾰도로비치 그루쉐쯔끼(Александр Фёдорович Грушецкий)라는 러시아 장교가 있다. 그는 1854년 우크라이나에 인접한 빠니꼬베쯔(Паниковец)에서 태어났다. 1881년 기병대 소위에 임관되었다. 1887년 4월부터 1893년 3월까지 본부대위(Штабс-ротмистр)로 근무했다. 본부대위는 러시아의 기병대(1797~1917), 헌병대와 국경수비대(1884~1917), 외국 군대의 기병대에 설치되었다.(https://www.ria1914.info) 러시아 장교 그루쉐쯔끼는 본부대위 시절 외교관의 신분으로 조선에 파견되었을 가능성도 있다.

80 "外部官꾸루쎄스끼在我京時稱古樂詩."(國史編纂委員會編,「海天秋帆」,『閔忠正公遺稿』, 探求堂, 1971, 97쪽.)

81 조선사절단은 요리사 1명, 정돈하는 하녀 1명. 웨이터 1명, 마차 1대에 매달 전체적으로 215루블를 지불했다.(國史編纂委員會編,『尹致昊日記』, 4권, 國史編纂委員會, 1984: 국사편찬위원회 편,『국역 윤치호 영문 일기』, 3권, 2015, 205쪽.)

82 國史編纂委員會編,『尹致昊日記』, 4권, 國史編纂委員會, 1984: 국사편찬위원회 편,『국역 윤치호 영문 일기』, 3권, 2015, 206쪽.

83 久米邦武編,『米歐回覽實記: 特命全權大使』, 4册, 東京, 1878; 구메 구니타케,『특명전권대사 미구회람실기』, 4, 소명, 2011, 78쪽.

84 國史編纂委員會編,『尹致昊日記』, 4권, 國史編纂委員會, 1984: 국사편찬위원회 편,『국역 윤치호 영문 일기』, 3권, 2015, 209쪽.

85 金得鍊,『環璆唫艸』京都: 京都印刷株式會社, 1897: 김득련 저, 허경진 역,『環璆唫艸』평민사, 2011, 82쪽.

86 國史編纂委員會編,『尹致昊日記』, 4권, 國史編纂委員會, 1984: 국사편찬위원회 편,『국역 윤치호 영문 일기』, 3권, 2015, 209쪽.

87 國史編纂委員會編,「海天秋帆」,『閔忠正公遺稿』, 探求堂, 1971, 99쪽.

88 國史編纂委員會編,『尹致昊日記』, 4권, 國史編纂委員會, 1984: 국사편찬위원회 편,『국역 윤치호 영문 일기』, 3권, 2015, 210쪽.

89 國史編纂委員會編,「海天秋帆」,『閔忠正公遺稿』, 探求堂, 1971, 100쪽. 4시 반에 베베르 부인의 남동생인 마아크(Maack)의 집을 방문했다. 마아크의 아내는 주한 러시아공사관 미스 손탁(Sontag)의 자매이다.(國史編纂委員會編,『尹致昊日記』, 4권, 國史編纂委員會, 1984, 234쪽.)

90 國史編纂委員會編,「海天秋帆」,『閔忠正公遺稿』, 探求堂, 1971, 100쪽.

91 國史編纂委員會編,『尹致昊日記』, 4권, 國史編纂委員會, 1984: 국사편찬위원회 편,『국역 윤치호 영문 일기』, 3권, 2015, 216쪽.

92 알렉세이 마뜨베에비치 뽀즈드네에프(Алексей Матвеевич Позднеев)는 러시아 동방학자이자 몽골 전문가였다. 그는 1899년부터 1903년까지 초대 동방학연구소 소장을 역임했다. 그는 러시아 정부 고문(Тайный советник)으로 활동했다.(https://ru.wikipedia.org/wiki) 러시아 재무성이 발간한 한국지에 참여한 드미뜨리 마뜨베예비치 뽀즈드네에프(Дмитрий Матвеевич Позднеев, 1865~1937)는 그의 동생이었다.

93　國史編纂委員會編,『尹致昊日記』, 4권, 國史編纂委員會, 1984: 국사편찬위원회 편,『국역 윤치호 영문 일기』, 3권, 2015, 217쪽.

94　國史編纂委員會編,『尹致昊日記』, 4권, 國史編纂委員會, 1984: 국사편찬위원회 편,『국역 윤치호 영문 일기』, 3권, 2015, 232쪽.

95　國史編纂委員會編,「海天秋帆」,『閔忠正公遺稿』, 探求堂, 1971, 100~101쪽.

96　1873년 이와쿠라 사절단에 따르면 "큰 광장을 둘러보면 너무 넓어 마음이 편해진다. 이곳의 장엄하고 아름다움은 파리나 런던 이외에는 비할 곳이 없었다. 광장 중앙에는 높은 탑이 서 있었다."(久米邦武編,『米歐回覽實記: 特命全權大使』, 4册, 東京, 1878; 구메 구니타케,『특명전권대사 미구회람실기』, 4, 소명, 2011, 87쪽.)

97　國史編纂委員會編,「海天秋帆」,『閔忠正公遺稿』, 探求堂, 1971; 조재곤 역,『해천추범』, 책과함께, 2007, 122쪽; 國史編纂委員會編,『尹致昊日記』, 4권, 國史編纂委員會, 1984: 국사편찬위원회 편,『국역 윤치호 영문 일기』, 3권, 2015, 218쪽.

98　國史編纂委員會編,「海天秋帆」,『閔忠正公遺稿』, 探求堂, 1971, 101쪽.

99　國史編纂委員會編,「海天秋帆」,『閔忠正公遺稿』, 探求堂, 1971; 조재곤 역,『해천추범』, 책과함께, 2007, 123쪽; 國史編纂委員會編,『尹致昊日記』, 4권, 國史編纂委員會, 1984: 국사편찬위원회 편,『국역 윤치호 영문 일기』, 3권, 2015, 221쪽.

100　國史編纂委員會編,『尹致昊日記』, 4권, 國史編纂委員會, 1984: 국사편찬위원회 편,『국역 윤치호 영문 일기』, 3권, 2015, 223쪽.

101　金得鍊,『環璆唫艸』京都: 京都印刷株式會社, 1897: 김득련 저, 허경진 역,『環璆唫艸』평민사, 2011, 95쪽.

102　國史編纂委員會編,「海天秋帆」,『閔忠正公遺稿』, 探求堂, 1971; 조재곤 역,『해천추범』, 책과함께, 2007, 126쪽.

103　이 건물은 현재 3층으로 현재 국제인도지원센터(Центр международных гуманитарных связей)로 운영되고 있다. 주소는 뻬쩨르부르크 까멘노오스뜨롭스끼 60번지(Каменноостровский пр., 60)이다.(http://www.citywalls.ru)

104　國史編纂委員會編,「海天秋帆」,『閔忠正公遺稿』, 探求堂, 1971, 102쪽.

105 閔泳煥,「偶吟在彼得寓館: 使行詩集」,『閔忠正公遺稿』, 國史編纂委員會, 1958, 141쪽; 이민수 역,『閔忠正公遺稿』, 一潮閣, 2000, 205쪽. 피득보(彼得堡)는 뻬쩨르부르크이다. 피득(彼得, 피터)은 뾰뜨르, 뻬쩨르이다. 그렇다면 피득만관(彼得寓館)은 뻬쩨르부르크의 임시 공관이 틀림없다. 민영환은 여기서 여유가 있을 때 한시를 지었다. 정자, 술집, 공원 등의 단서들로 미루어 에르네스트 식당으로 추정된다.

106 國史編纂委員會編,『尹致昊日記』, 4권, 國史編纂委員會, 1984: 국사편찬위원회 편,『국역 윤치호 영문 일기』, 3권, 2015, 224쪽.

107 國史編纂委員會編,「海天秋帆」,『閔忠正公遺稿』, 探求堂, 1971, 103쪽.

108 國史編纂委員會編,『尹致昊日記』, 4권, 國史編纂委員會, 1984: 국사편찬위원회 편,『국역 윤치호 영문 일기』, 3권, 2015, 224쪽.

109 國史編纂委員會編,「海天秋帆」,『閔忠正公遺稿』, 探求堂, 1971, 103쪽.

110 國史編纂委員會編,『尹致昊日記』, 4권, 國史編纂委員會, 1984: 국사편찬위원회 편,『국역 윤치호 영문 일기』, 3권, 2015, 226쪽.

111 https://ru.wikipedia.org/wiki

112 國史編纂委員會編,「海天秋帆」,『閔忠正公遺稿』, 探求堂, 1971; 조재곤 역,『해천추범』, 책과함께, 2007, 127쪽; 國史編纂委員會編,『尹致昊日記』, 4권, 國史編纂委員會, 1984: 국사편찬위원회 편,『국역 윤치호 영문 일기』, 3권, 2015, 228쪽.

113 金得鍊,『環璆唫艸』京都: 京都印刷株式會社, 1897: 김득련 저, 허경진 역,『環璆唫艸』평민사, 2011, 75쪽.

114 國史編纂委員會編,「海天秋帆」,『閔忠正公遺稿』, 探求堂, 1971; 조재곤 역,『해천추범』, 책과함께, 2007, 128~130쪽.

115 삼손 호텔은 1839년에 건축되었고 뻬쩨르고프 위쪽 공원의 출구 바로 앞에 위치했다. 이 호텔은 예전 위치에 재건축을 실행하고 현재 4성급 호텔로 운영되고 있는데 주소는 다음과 같다. 198510, Петергоф, Санкт-Петербургский 44А.(https://peterhof.ru/gostinica-samson)

116 國史編纂委員會編,『尹致昊日記』, 4권, 國史編纂委員會, 1984: 국사편찬위원회 편,『국역 윤치호 영문 일기』, 3권, 2015, 229~230쪽.

117 國史編纂委員會編,「海天秋帆」,『閔忠正公遺稿』, 探求堂, 1971, 104~105쪽.

118 國史編纂委員會編,『尹致昊日記』, 4권, 國史編纂委員會, 1984: 국사편찬위원
회 편,『국역 윤치호 영문 일기』, 3권, 2015, 231쪽. 민경식과 주석면의 임
무에 대해 감시 또는 추가 협상으로 갈린다. 이것은 주석면과 민경식이 민
영환을 감시하는 역할에서 지원하는 역할로 바뀌었고, 아관파천 시기 혹시
모를 조선의 급박한 내용을 전달하는 임무를 부여받은 것으로 파악된다.

119 "1896년 6월 27일."(國史編纂委員會編,「海天秋帆」,『閔忠正公遺稿』, 探求堂,
1971; 조재곤 역,『해천추범』, 책과함께, 2007, 114쪽.)

120 "1896년 6월 30일."(國史編纂委員會編,「海天秋帆」,『閔忠正公遺稿』, 探求堂,
1971; 조재곤 역,『해천추범』, 책과함께, 2007, 116쪽.)

121 國史編纂委員會編,『尹致昊日記』, 4권, 國史編纂委員會, 1984: 국사편찬위원
회 편,『국역 윤치호 영문 일기』, 3권, 2015, 232쪽.

122 https://ru.wikipedia.org/wiki. 이쁘네츠호(이쁘네츠 Японец,
транспортное судно, 1859~1892)는 1,379톤이고 가로와 세로는
14.4미터와 85.6미터였다. 1873년부터 해군 대위 오스또로쁘프(А.А.
Остолопов)는 이쁘네츠호의 함장이었다. 1875년까지 이쁘네츠호는 중
위 마이젤리(Э.В. Майдель)가 조사단을 구성해서 동해와 따따르해협을
탐사했다.(Степанов А. И. Русский берег: Морской топонимический
справочник. Владивосток. 1976; Коршунов Ю. Л. Генерал-адмиралы
Российского императорского флота. СПб., 2003. С.253.)

123 金得鍊,『環璆唫艸』京都: 京都印刷株式會社, 1897: 김득련 저, 허경진 역,『環
璆唫艸』평민사, 2011, 129쪽.

124 國史編纂委員會編,『尹致昊日記』, 4권, 國史編纂委員會, 1984: 국사편찬위원
회 편,『국역 윤치호 영문 일기』, 3권, 2015, 233쪽.

125 金得鍊,『環璆唫艸』京都: 京都印刷株式會社, 1897: 김득련 저, 허경진 역,『環
璆唫艸』평민사, 2011, 100쪽.

126 國史編纂委員會編,「海天秋帆」,『閔忠正公遺稿』, 探求堂, 1971; 조재곤 역,『해
천추범』, 책과함께, 2007, 133~135쪽.

127 알렉산드르 Ⅲ세의 부인 마리야 표도로브나(Мария Фёдоровна)는 뽈랴
르나야 즈베즈다(Полярная звезда), 짜레브나(Царевна), 오네가(Онега,
1852년 리버풀 제작) 황실 요트를 소유했다.(http://www.tinlib.ru)

128 國史編纂委員會編, 「海天秋帆」, 『閔忠正公遺稿』, 探求堂, 1971, 106쪽.

129 國史編纂委員會編, 『尹致昊日記』, 4권, 國史編纂委員會, 1984: 국사편찬위원회 편, 『국역 윤치호 영문 일기』, 3권, 2015, 233쪽.

130 國史編纂委員會編, 「海天秋帆」, 『閔忠正公遺稿』, 探求堂, 1971, 106쪽.

131 金得鍊, 『環璆唫艸』京都: 京都印刷株式會社, 1897: 김득련 저, 허경진 역, 『環璆唫艸』 평민사, 2011, 97쪽.

132 國史編纂委員會編, 「海天秋帆」, 『閔忠正公遺稿』, 探求堂, 1971; 조재곤 역, 『해천추범』, 책과함께, 2007, 135쪽.

133 國史編纂委員會編, 『尹致昊日記』, 4권, 國史編纂委員會, 1984: 국사편찬위원회 편, 『국역 윤치호 영문 일기』, 3권, 2015, 233쪽.

134 國史編纂委員會編, 『尹致昊日記』, 4권, 國史編纂委員會, 1984: 국사편찬위원회 편, 『국역 윤치호 영문 일기』, 3권, 2015, 233쪽.

135 金得鍊, 『環璆唫艸』京都: 京都印刷株式會社, 1897: 김득련 저, 허경진 역, 『環璆唫艸』 평민사, 2011, 77쪽.

136 國史編纂委員會編, 『尹致昊日記』, 4권, 國史編纂委員會, 1984: 국사편찬위원회 편, 『국역 윤치호 영문 일기』, 3권, 2015, 236쪽.

137 國史編纂委員會編, 「海天秋帆」, 『閔忠正公遺稿』, 探求堂, 1971, 107쪽.

138 동방삭, 「북황경(北荒經)」, 『신이경(神異經)』, 지식을만드는지식, 2011, 159~168쪽. 김득련은 『해국도지』와 『신이경』 등을 참고했던 것으로 보인다.

139 國史編纂委員會編, 「海天秋帆」, 『閔忠正公遺稿』, 探求堂, 1971, 108쪽.

140 國史編纂委員會編, 「海天秋帆」, 『閔忠正公遺稿』, 探求堂, 1971, 108쪽.

141 國史編纂委員會編, 『尹致昊日記』, 4권, 國史編纂委員會, 1984: 국사편찬위원회 편, 『국역 윤치호 영문 일기』, 3권, 2015, 237쪽.

142 Путятин Е.В. Всеподданнейший отчет о плавании отряда военных наших судов в Японию и Китай, за 1852-1855 гг.//Морской сборник. Т.ХХIV. No.10. Спб. 1856. С.71, 75, 77.

143 뽀시예트(Константи́н Никола́евич Посье́т). 그는 1888년 국가평의회 위원(член Государственного Совета)이 되었다.(Смирнов В.Г. Моряки : лауреаты престижной премии // Морской сборник. 1996. NO. 8. СС.93~94.)

144 구스바또프(Константин Аркадьевич Губастов)는 1863년 외무부에 근무했고, 1885년부터 오스트리아 빈 주재 총영사를 역임한 다음 1896년부터 1897년까지 외무부 아시아국 부국장으로 근무했다. 1906년부터 1908년까지 외무부 차관으로 활동했다.(https://ru.wikipedia.org/wiki)

145 國史編纂委員會編, 「海天秋帆」, 『閔忠正公遺稿』, 探求堂, 1971, 108쪽.

146 國史編纂委員會編, 「海天秋帆」, 『閔忠正公遺稿』, 探求堂, 1971, 109쪽.

147 國史編纂委員會編, 『尹致昊日記』, 4권, 國史編纂委員會, 1984: 국사편찬위원회 편, 『국역 윤치호 영문 일기』, 3권, 2015, 238쪽

148 國史編纂委員會編, 「海天秋帆」, 『閔忠正公遺稿』, 探求堂, 1971; 조재곤 역, 『해천추범』, 책과함께, 2007, 146쪽. 1873년 이와쿠라 사절단에 따르면 "모두 흰 돌로 지어진 건물로, 외벽도 내장도 나무를 사용하지 않고 있다. 3층 건물로 각 층 사이에 긴 계단이 있다. 모든 방이 천장이 높고 밝으며, 복도로 연결되어 있다."(久米邦武編, 『米歐回覽實記: 特命全權大使』, 4冊, 東京, 1878: 구메 구니타케, 『특명전권대사 미구회람실기』, 4, 소명, 2011, 93쪽.)

149 國史編纂委員會編, 『尹致昊日記』, 4권, 國史編纂委員會, 1984: 국사편찬위원회 편, 『국역 윤치호 영문 일기』, 3권, 2015, 239쪽.

150 이덕형, 『빛의 도시 상트페테르부르크』, 책세상, 2002, 178~182쪽; СиндаловскийН.А. Петербург. Сант-Петербург. 2002. СС.22-25.

151 國史編纂委員會編, 「海天秋帆」, 『閔忠正公遺稿』, 探求堂, 1971, 110쪽.

152 國史編纂委員會編, 『尹致昊日記』, 4권, 國史編纂委員會, 1984: 국사편찬위원회 편, 『국역 윤치호 영문 일기』, 3권, 2015, 240쪽.

153 김득련은 재무부 상무국장을 '란고보이'라고 기록했다. 그런데 재무부 소속 상무국은 당시 1890년 설치되었고 '상공국(Департамента торговли и мануфактур)'으로 불렸으며, 상공국장은 꼬발렙스끼(В.И. Ковалевский1892.05.10-1900.16.06)였다.(https://lawbook.online)

154 "크론슈타트 관찰사 가스노고프와 전 해군대장 부르킨, 전 해군대장 베쎄라고, 해군제독 후오쓰두프, 해군사관 길쓰, 해군사관 비노글라스키, 육군정령관 푸차타, 탁지부 상무국장 란고보이, 탁지관 미할노비치, 외부관 불란손, 외부관 꾸루쎄스키(코르시카 사람이라 일컬어진다)."(國史編纂委員會編, 「海天秋帆」, 『閔忠正公遺稿』, 探求堂, 1971; 조재곤 역, 『해천추범』, 책과

함께, 2007, 148쪽.)

155 식탁에 앉은 16명 가운데 10명은 러시아인이었는데, 2명은 외부, 2명은 재무부, 1명은 군부, 6명은 해군성에서 왔다.(國史編纂委員會編, 『尹致昊日記』, 4권, 國史編纂委員會, 1984: 국사편찬위원회 편, 『국역 윤치호 영문 일기』, 3권, 2015, 241~242쪽.)

156 國史編纂委員會編, 「海天秋帆」, 『閔忠正公遺稿』, 探求堂, 1971, 111쪽.

157 金得鍊, 『環璆唫艸』 京都: 京都印刷株式會社, 1897: 김득련 저, 허경진 역, 『環璆唫艸』 평민사, 2011, 104쪽.

158 國史編纂委員會編, 『尹致昊日記』, 4권, 國史編纂委員會, 1984: 국사편찬위원회 편, 『국역 윤치호 영문 일기』, 3권, 2015, 243쪽.

159 國史編纂委員會編, 「海天秋帆」, 『閔忠正公遺稿』, 探求堂, 1971, 111쪽.

160 國史編纂委員會編, 『尹致昊日記』, 4권, 國史編纂委員會, 1984: 국사편찬위원회 편, 『국역 윤치호 영문 일기』, 3권, 2015, 243~244쪽.

161 國史編纂委員會編, 『尹致昊日記』, 4권, 國史編纂委員會, 1984: 국사편찬위원회 편, 『국역 윤치호 영문 일기』, 3권, 2015, 245쪽. 김득련은 『해국도지』 「俄羅斯國總記(54권)」과 「大俄羅斯十八部(55권)」의 러시아편을 살펴보고 보강했던 것으로 추정된다. 당시 러시아 관련 서적은 다음과 같다. 1) 현채 (역), 俄國略史(아국약사, 광무 8년), 학부편집국, 1904년(재판). 2) 近代中國對西方及列强認識資料彙編 第一輯 第一分冊: 魏源, 俄羅斯. 3) 林則徐 訳 魏源 重輯 大槻禎 重訳, 俄羅斯国総記, 蕉陰書屋, 嘉永7[1854](『해국도지』 54~55권 내용. 일본어로 번역됨) 4) 魏源, 俄羅斯盟聘記, 著易堂, 1891. 5) 魏源(淸) 撰, 聖武記, 序 1842년(道光 22)(奎中4964), 전14권.

162 國史編纂委員會編, 「海天秋帆」, 『閔忠正公遺稿』, 探求堂, 1971, 112쪽

163 國史編纂委員會編, 『尹致昊日記』, 4권, 國史編纂委員會, 1984: 국사편찬위원회 편, 『국역 윤치호 영문 일기』, 3권, 2015, 245쪽.

164 國史編纂委員會編, 「海天秋帆」, 『閔忠正公遺稿』, 探求堂, 1971; 조재곤 역, 『해천추범』, 책과함께, 2007, 153~154쪽.

165 金得鍊, 『環璆唫艸』 京都: 京都印刷株式會社, 1897: 김득련 저, 허경진 역, 『環璆唫艸』 평민사, 2011, 101쪽.

166 http://nlr.ru

167 國史編纂委員會編,「海天秋帆」,『閔忠正公遺稿』, 探求堂, 1971, 113~114쪽.

168 쉬떼인의 어머니는 알렉산드라(Александра Николаевна Штейн)였고, 그녀의 막내아들이자 쉬떼인의 동생은 모제스뜨(Модест Фёдорович Штейн, 1876~1908)였다.(А.Н. Хохлов. Китаист Е. Ф. Штейн : Российский дипломат в Корее(1895~1905 гг.)//Вестник Центра корейского языка и культуры. Выпуск 12, Санкт-Петербург. 2010; http://www.rusdiplomats.narod.ru)

169 『高宗實錄』, 고종 33년(1896) 3월 19일;『承政院日記』, 고종33년(1896) 12월 12일(양력 1.14). 1904년 1월 29일 禮式院參理官 金道一은 禮式院繙譯官으로 임명되었다.[『承政院日記』, 고종 41년(1904) 1월 29일] 1904년 7월 봉상사 부제조(奉常司副提調) 송규헌(宋奎憲)은 김도일을 탄핵하는 상소를 올렸다.[『高宗實錄』, 고종 41년(1904) 7월 25일]

170 國史編纂委員會編,『尹致昊日記』, 4권, 國史編纂委員會, 1984: 국사편찬위원회 편,『국역 윤치호 영문 일기』, 3권, 2015, 240~241쪽.

171 "Фёдор Фёдорович Штейн."(https://gufo.me/dict/biography_encyclopedia ; https://ru.wikipedia.org/wiki)

172 國史編纂委員會編,『尹致昊日記』, 4권, 國史編纂委員會, 1984: 국사편찬위원회 편,『국역 윤치호 영문 일기』, 3권, 2015, 246~248쪽.

173 金得鍊,『環璆唫艸』京都: 京都印刷株式會社, 1897: 김득련 저, 허경진 역,『環璆唫艸』평민사, 2011, 134쪽.

174 國史編纂委員會編,『尹致昊日記』, 4권, 國史編纂委員會, 1984: 국사편찬위원회 편,『국역 윤치호 영문 일기』, 3권, 2015, 246~248쪽.

175 閔泳煥,「偶吟在彼得寓館: 使行詩集」,『閔忠正公遺稿』, 國史編纂委員會, 1958, 141쪽; 이민수 역,『閔忠正公遺稿』, 一潮閣, 2000, 205쪽.

176 國史編纂委員會編,『尹致昊日記』, 4권, 國史編纂委員會, 1984: 국사편찬위원회 편,『국역 윤치호 영문 일기』, 3권, 2015, 249쪽.

177 國史編纂委員會編,「海天秋帆」,『閔忠正公遺稿』, 探求堂, 1971, 115쪽; 조재곤 역,『해천추범』, 책과함께, 2007, 156~158쪽.

178 國史編纂委員會編,『尹致昊日記』, 4권, 國史編纂委員會, 1984: 국사편찬위원회 편,『국역 윤치호 영문 일기』, 3권, 2015, 250~251쪽.

179 https://ru.wikipedia.org/wiki

180 國史編纂委員會編,「海天秋帆」,『閔忠正公遺稿』, 探求堂, 1971, 115쪽.

181 金得鍊,『環璆唫艸』京都: 京都印刷株式會社, 1897: 김득련 저, 허경진 역,『環
璆唫艸』평민사, 2011, 130~132쪽.

182 2001년 폐쇄되어 현재 상업 복합 건물이 들어섰다. 옵보드뉘이 까날(наб.
Обводного канала) 118번지에 위치했다.(https://ru.wikipedia.org/wiki)

183 國史編纂委員會編,『尹致昊日記』, 4권, 國史編纂委員會, 1984: 국사편찬위원
회 편,『국역 윤치호 영문 일기』, 3권, 2015, 252~253쪽.

3장 명례궁 약정과 한러비밀협정

1 김영수,『미쩰의 시기: 을미사변과 아관파천』, 경인출판사, 2012, 198~200쪽.

2 國史編纂委員會編,『尹致昊日記』4권, 1896.6.5., 國史編纂委員會, 1984, 201
쪽. 러시아 문서는 5개 조항 제안서를 다음과 같이 기록했다. "첫째, 조선
군대가 준비되어 만들어질 때까지 러시아 군대가 국왕을 경비한다. 둘째,
조선 군대와 경찰의 훈련을 위한 충분한 수의 교관을 파견한다. 셋째, 궁내
부, 내각 그리고 산업과 철도 기업 지도 등을 위한 3명의 고문관을 파견한
다. 넷째, 3백 엔의 차관을 제공한다. 다섯째, 조선과 러시아 사이 전신선
을 연결한다.(Мемарандум Мин Юнг Хуана от 24 мая 1896 г. АВПРИ.
Ф.150.Оп.493.Д.147.Л.1‐4 : Б.Б. Пак, Российскийдипломат К.И. Вебер
и Корея, М, 2013, С.266.)

3 國史編纂委員會編,「海天秋帆」,『閔忠正公遺稿』, 探求堂, 1971; 조재곤 역,『해
천추범』, 책과함께, 2007, 89쪽.

4 國史編纂委員會編,『尹致昊日記』, 4권, 國史編纂委員會, 1984: 국사편찬위원
회 편,『국역 윤치호 영문 일기』, 3권, 2015, 189쪽.

5 АВПРИ. Ф.150.Оп.493.Д.21.Л.249 с об

6 國史編纂委員會編,「海天秋帆」『閔忠正公遺稿』, 探求堂, 1971, 101쪽; 金得鍊,
『國譯 環璆日記』, 恩平文化院, 2010, 92쪽.

7 國史編纂委員會編,『尹致昊日記』4권, 國史編纂委員會, 1984, 173쪽: 국사편
찬위원회 편,『국역 윤치호 영문 일기』3권, 2015, 163쪽.

8 國史編纂委員會編,『尹致昊日記』4권, 國史編纂委員會, 1984, 237쪽: 국사편

찬위원회 편, 『국역 윤치호 영문 일기』 3권, 2015, 218쪽.

9   國史編纂委員會編, 『尹致昊日記』 4권, 國史編纂委員會, 1984, 230쪽: 국사편
     찬위원회 편, 2015 『국역 윤치호 영문 일기』 3권, 211쪽.

10   "오후 7시 마차를 타고 네바강을 건너 두루 거닐면서 더위를 쫓았다."(國
     史編纂委員會編, 「海天秋帆」 『閔忠正公遺稿』, 探求堂, 1971, 102쪽; 조재곤 역,
     『해천추범』, 책과함께, 2007, 126쪽.)

11   國史編纂委員會編, 『尹致昊日記』 4권, 國史編纂委員會, 1984, 243쪽: 국사편
     찬위원회 편, 『국역 윤치호 영문 일기』 3권, 2015, 223쪽. 윤치호는 민영
     환의 변덕에 지쳤던 상황이었다.

12   "민영환은 정보를 알려준 쉬떼인에게 감사했다."(國史編纂委員會編, 『尹致昊
     日記』 4권, 國史編纂委員會, 1984, 248쪽: 국사편찬위원회 편, 『국역 윤치호
     영문 일기』 3권, 2015, 227쪽.)

13   까를 이바노비치 베베르(Карл Иванович Вебер, K.I. Waeber,
     1841~1910)는 1865년 뻬쩨르부르크 국립대학 동양어학부를 졸업하
     였다. 1866년 러시아 외무부 소속으로 북경(北京)에서 업무를 시작하였
     다.(김영수, 「서울주재 러시아공사 베베르의 외교활동과 한국정책」, 『서울
     과 역사』 94호, 2016, 7~9, 39쪽.)

14   АВПРИ. Ф.Секретный архив министра иностранных дел.Оп.467.
     Д.153/159.ЛЛ.41–44 с об : Россия и Корея, М : МГИМО, 2004,
     СС.376~377.

15   마크 어빙, 『죽기 전에 꼭 봐야 할 세계 건축 1001』, 마로니에북스, 2009.

16   國史編纂委員會編, 「海天秋帆」 『閔忠正公遺稿』, 探求堂, 1971, 104쪽; 조재곤
     역, 2007 『해천추범』, 책과함께, 128쪽.

17   國史編纂委員會編, 『尹致昊日記』, 4권, 國史編纂委員會, 1984, 250쪽.

18   "함께 저녁을 먹고 오랫동안 편하게 이야기하고 즐겁게 놀다 헤어졌
     다."(國史編纂委員會編, 「海天秋帆」 『閔忠正公遺稿』, 探求堂, 1971, 108쪽; 조
     재곤 역, 『해천추범』, 책과함께, 2007, 142쪽.)

19   윤치호는 1896년 7월 27일 민영환이 자신을 감시하도록 지시했다며 비난
     했다.(國史編纂委員會編, 『尹致昊日記』 4권, 國史編纂委員會, 1984, 258쪽; 국
     사편찬위원회 편, 『국역 윤치호 영문 일기』 3권, 2015, 237쪽.)

20 國史編纂委員會編,「海天秋帆」『閔忠正公遺稿』, 探求堂, 1971, 110쪽; 조재곤 역,『해천추범』, 책과함께, 2007, 148쪽.

21 國史編纂委員會編,『尹致昊日記』4권, 國史編纂委員會, 1984, 260쪽; 국사편 찬위원회 편,『국역 윤치호 영문 일기』3권, 2015, 239쪽.

22 國史編纂委員會編,「海天秋帆」『閔忠正公遺稿』, 探求堂, 1971, 111쪽; 조재곤 역,『해천추범』, 책과함께, 2007, 149쪽.

23 國史編纂委員會編,『尹致昊日記』4권, 國史編纂委員會, 1984, 265~266쪽; 국 사편찬위원회 편,『국역 윤치호 영문 일기』3권, 2015, 243~244쪽

24 國史編纂委員會編,「海天秋帆」『閔忠正公遺稿』, 探求堂, 1971, 112쪽; 조재곤 역,『해천추범』, 책과함께, 2007, 150쪽.

25 Письмо Лобанова-Ростовского Мин-юнг-хуану, корейкому чрезвычайному посланнику. 1 августа 1896 г. АВПРИ. Ф.150.Оп.493. Д.72.Л.38-39

26 АВПРИ. Ф.150.Оп.493.Д.72.Л.38-39

27 АВПРИ. Ф.150.Оп.493.Д.72.Л.38-39 ; Пак Чен-Хё, Россия и Корея. 1895-1898, М, 1993, СС.54-55 ; Пак Б.Д, Россия и Корея, М, 2004, С.257

28 박보리스,『러시아와 한국』, 동북아역사재단, 2010, 475~478쪽; 1896.6.1(13). АВПРИ. Ф.150.Оп.493.Д.72.Л.25-27

29 윤치호에 따르면 "그런데 러시아가 그 약속을 언제 이행했는가? 1894년과 1895년의 사태를 답해보라. 스스로 누군가의 도움에 너무 많이 의존해 무 력하게 된 남자에게 아주 좋은 교훈이다."(國史編纂委員會編,『尹致昊日記』4 권, 國史編纂委員會, 1984: 국사편찬위원회 편,『국역 윤치호 영문 일기』3권, 2015, 200쪽.)

30 Рыбаченок И.С. Министр иностранных дел России А.Б. Лобанов-Ростовский//Новая и новейшая история. 1992. № 3 ; https://w.histrf.ru.

31 고무라 외교사(小村外交史)에 따르면 러시아는 민영환과 한러동맹밀약(露 韓同盟密約)을 체결하여 모스크바 의정서의 정신을 위반하고 사문화(死文 化)시켰다. 외무대신 로바노프는 1896년 8월 13일자(러시아력 8.1.)로 작 성된 '방수동맹조약(防守同盟條約)'에 관한 서간(書簡)을 민영환에게 전달

했다.[外務省編, 昭和四十一年(1961)]『小村外交史』, 東京: 原書房, pp.91, 95.)

32 國史編纂委員會編,『尹致昊日記』4권, 國史編纂委員會, 1984, 268~269쪽; 국사편찬위원회 편,『국역 윤치호 영문 일기』3권, 2015, 246쪽.

33 『駐韓日本公使館記錄(11)』, 1896년 6월 30일, 報告第3號「內閣動靜 등 보고」加藤增雄 → 西園寺公望, 64쪽.

34 『駐韓日本公使館記錄(9)』, 1896년 8월 30일, 機密第65號「國王 還宮에 관한 件」原敬→西園寺公望, 219쪽.

35 國史編纂委員會編,「海天秋帆」『閔忠正公遺稿』, 探求堂, 1971, 114쪽; 조재곤 역,『해천추범』, 책과함께, 2007, 158쪽.

36 閔泳煥編,『環璆日記』, 京城帝國大學圖書館藏本(藏K2-4535), 1936: 金得鍊,『國譯 環璆日記』, 恩平文化院, 2010, 31쪽; 閔泳煥,「俄皇回答親書」,『閔忠正公遺稿』, 國史編纂委員會, 1958, 138쪽.

37 『駐韓日本公使館記錄(11)』, 1897년 3월 13일, 機密第17號「當國親衛隊와 러시아 士官과의 알력 건」加藤 → 大隈重信, 246쪽.

38 РГВИА. Ф.448.Оп.1.Д.9.ЛЛ.21-28: Пак Б.Д, Россия и Корея, М, 1979, С.134.

39 "민영환과 그 일당이 문을 잠그고 재무대신을 만나러 가기 전 준비했던 비밀 서류가 무엇을 뜻할까? 조선이 아주 조용하고 조금씩 북쪽의 거인 수중으로 떨어져가는 것이 놀랍다."(國史編纂委員會編,『尹致昊日記』4권, 國史編纂委員會, 1984, 317~318쪽: 국사편찬위원회 편, 『국역 윤치호 영문 일기』3권, 2015, 293쪽.)

40 『駐韓日本公使館記錄(11)』, 1896년 11월 18일, 報告第15號「施政一班 등 보고」加藤 → 大隈, 101쪽.

41 РГИА. ф.560.Оп.28.Д.24.Л.56

42 РГИА. ф.560.Оп.28.Д.24.Л.78; 이항준,「뽀꼬쩰로프의 한국방문과 한국 경제조사」『사림』58, 2016, 266~269쪽.

43 『駐韓日本公使館記錄(9)』, 1896년 12월 21일, 機密第99號「露淸銀行에서 外債借入 약속 別紙 1 豫約書 譯文」加藤 臨時代理公使 → 外務大臣 伯爵 大隈重信, 252쪽.

4장 민영환의 시베리아 노선

1 Чехов А.П. Остров Сахалин. Собрание сочинений. Т.10. М. 1963; 체홉, 『안톤 체호프 사할린섬』, 동북아역사재단, 2012, 10쪽. 체홉은 모스크바 국립대학교 의학부 출신으로『갈매기』(1896)『세 자매』(1900)『벚꽃동 산』(1903) 등을 썼다. 체홉은 시베리아와 사할린섬 여행 이후 인간 본질에 대해 고민했다. 체홉은 사할린의 버려진 자들을 보면서 허구의 소설로 『사할린섬』을 쓸 수밖에 없었고, 현장 보고서로 현실의 삶을 고발했다.(김 영수,「안톤 체홉의 현장보고서 사할린섬」,『문학의 오늘』 여름호, 2013.)

2 國史編纂委員會編,「海天秋帆」,『閔忠正公遺稿』, 探求堂, 1971, 116쪽; 조재곤 역,『해천추범』, 책과함께, 2007, 160쪽.

3 金得鍊,『環璆唫艸』京都: 京都印刷株式會社, 1897: 김득련 저, 허경진 역,『環璆唫艸』평민사, 2011, 135쪽.

4 閔泳煥,「春坡贈我一首: 使行詩集」,『閔忠正公遺稿』, 國史編纂委員會, 1958, 140쪽; 이민수 역,『閔忠正公 遺稿』, 一潮閣, 2000, 204쪽.

5 https://ru.wikipedia.org/wiki

6 "바라노프(Николай Михайлович Баранов, 빠라노프)."(https://нижнийновгород.рф)

7 國史編纂委員會編,「海天秋帆」,『閔忠正公遺稿』, 探求堂, 1971, 116쪽; 조재곤 역,『해천추범』, 책과함께, 2007, 161쪽.

8 金得鍊,『環璆唫艸』, 京都: 京都印刷株式會社, 1897: 김득련 저, 허경진 역,『環璆唫艸』평민사, 2011, 137쪽.

9 國史編纂委員會編,「海天秋帆」,『閔忠正公遺稿』, 探求堂, 1971, 117쪽; 조재곤 역,『해천추범』, 책과함께, 2007, 163쪽.

10 金得鍊,『環璆唫艸』, 京都: 京都印刷株式會社, 1897: 김득련 저, 허경진 역,『環璆唫艸』평민사, 2011, 138쪽.

11 國史編纂委員會編,「海天秋帆」,『閔忠正公遺稿』, 探求堂, 1971, 117쪽; 조재곤 역,『해천추범』, 책과함께, 2007, 165쪽.

12 金得鍊,『環璆唫艸』, 京都: 京都印刷株式會社, 1897: 김득련 저, 허경진 역,『環璆唫艸』평민사, 2011, 141쪽.

13 國史編纂委員會編,「海天秋帆」,『閔忠正公遺稿』, 探求堂, 1971, 118쪽; 조재곤

역, 『해천추범』, 책과함께, 2007, 166쪽.

14 金得鍊, 『環璆唫艸』, 京都: 京都印刷株式會社, 1897: 김득련 저, 허경진 역, 『環璆唫艸』 평민사, 2011, 142쪽.

15 https://ru.wikipedia.org/wik

16 1896.8.27. 國史編纂委員會編, 「海天秋帆」, 『閔忠正公遺稿』, 探求堂, 1971, 119쪽; 조재곤 역, 『해천추범』, 책과함께, 2007, 168쪽.

17 https://ru.wikipedia.org/wik

18 "꼰도이지(Владимир Георгиевич Кондоиди)."(http://regiment.ru)

19 國史編纂委員會編, 「海天秋帆」, 『閔忠正公遺稿』, 探求堂, 1971, 119쪽; 조재곤 역, 『해천추범』, 책과함께, 2007, 166쪽.

20 金得鍊, 『環璆唫艸』 京都: 京都印刷株式會社, 1897: 김득련 저, 허경진 역, 『環璆唫艸』 평민사, 2011, 143쪽.

21 國史編纂委員會編, 「海天秋帆」, 『閔忠正公遺稿』, 探求堂, 1971, 119쪽; 조재곤 역, 『해천추범』, 책과함께, 2007, 169쪽. 우랄산맥을 기준으로 시베리아 철도의 속도가 느려졌다.

22 國史編纂委員會編, 「海天秋帆」, 『閔忠正公遺稿』, 探求堂, 1971, 119쪽; 조재곤 역, 『해천추범』, 책과함께, 2007, 170쪽.

23 https://ru.wikipedia.org/wiki

24 國史編纂委員會編, 「海天秋帆」, 『閔忠正公遺稿』, 探求堂, 1971, 119~120쪽; 조재곤 역, 『해천추범』, 책과함께, 2007, 171쪽

25 정창범, 『도스토예프스키』, 건국대학교출판부, 1999, 16~19쪽.

26 1926년까지는 노보니꼴라옙스크(Ново-Николаевск)라고 불렸으나, 그 후 노보시비르스크라고 개칭했다. 러시아 혁명 이후 시베리아 개발에 따라 그 지역 최대의 공업 도시가 되었다.(https://ru.wikipedia.org/wiki)

27 國史編纂委員會編, 「海天秋帆」, 『閔忠正公遺稿』, 探求堂, 1971, 120쪽; 조재곤 역, 『해천추범』, 책과함께, 2007, 171쪽.

28 https://ru.wikipedia.org/wiki

29 國史編纂委員會編, 「海天秋帆」, 『閔忠正公遺稿』, 探求堂, 1971, 120쪽; 조재곤 역, 『해천추범』, 책과함께, 2007, 172쪽.

30 國史編纂委員會編, 「海天秋帆」, 『閔忠正公遺稿』, 探求堂, 1971, 120쪽; 조재곤

역,『해천추범』, 책과함께, 2007, 172쪽.

31 https://ru.wikipedia.org/wiki

32 https://ru.wikipedia.org/wiki

33 國史編纂委員會編,「海天秋帆」,『閔忠正公遺稿』, 探求堂, 1971, 120쪽; 조재곤
역,『해천추범』, 책과함께, 2007, 172쪽.

34 國史編纂委員會編,「海天秋帆」,『閔忠正公遺稿』, 探求堂, 1971, 121쪽; 金得鍊,
『環璆日錄』, 建陽元年(1896), 筆寫本(奎 古5700-1): 金得鍊,『國譯 環璆日記』,
思平文化院, 2010, 125쪽.

35 金得鍊,『環璆唫艸』京都: 京都印刷株式會社, 1897: 김득련 저, 허경진 역,『環
璆唫艸』평민사, 2011, 147쪽.

36 https://ru.wikipedia.org/wiki

37 國史編纂委員會編,「海天秋帆」,『閔忠正公遺稿』, 探求堂, 1971, 121쪽; 조재곤
역,『해천추범』, 책과함께, 2007, 174쪽.

38 國史編纂委員會編,「海天秋帆」,『閔忠正公遺稿』, 探求堂, 1971, 121쪽; 조재곤
역,『해천추범』, 책과함께, 2007, 174~175쪽.

39 國史編纂委員會編,「海天秋帆」,『閔忠正公遺稿』, 探求堂, 1971, 122쪽; 조재곤
역,『해천추범』, 책과함께, 2007, 177쪽.

40 金得鍊,『環璆唫艸』京都: 京都印刷株式會社, 1897: 김득련 저, 허경진 역,『環
璆唫艸』평민사, 2011, 146쪽.

41 제꼬 호텔의 이르쿠츠크 시내의 주소는 다음과 같다.(На улице Сухэ-
Батора[бывшей Тихвинской], в доме № 17 б)(http://irkipedia.ru)

42 https://ru.wikipedia.org/wi

43 國史編纂委員會編,「海天秋帆」,『閔忠正公遺稿』, 探求堂, 1971, 122쪽; 조재곤
역,『해천추범』, 책과함께, 2007, 177쪽.

44 "고례뮈낀(Горемыкин Александр Дмитриевич, 귈례묵기)."(https://
w.histrf.ru)

45 http://old.якутск.рф

46 國史編纂委員會編,「海天秋帆」,『閔忠正公遺稿』, 探求堂, 1971, 123쪽; 조재곤
역,『해천추범』, 책과함께, 2007, 178쪽.

47 金得鍊,『環璆唫艸』京都: 京都印刷株式會社, 1897: 김득련 저, 허경진 역,『環

珍唵艸』평민사, 2011, 149쪽.

48 國史編纂委員會編, 「海天秋帆」, 『閔忠正公遺稿』, 探求堂, 1971, 123쪽; 조재곤 역, 『해천추범』, 책과함께, 2007, 177~178쪽.

49 https://ru.wikipedia.org/wiki

50 똘스또이 저, 맹은빈 역, 「전쟁과 평화에 대해서」, 『전쟁과 평화 II』, 동서문화사, 2016, 1693~1694쪽.

51 러시아의 시베리아 진출 배경 중 하나는 중세 유럽 사회에서 모피 수요의 급증과 연결되었다.(James Forsyth, A History of the Peoples of Siberia, Cambridge University Press, 1994: 제임스 포사이스 저, 정재겸 역, 『시베리아 원주민의 역사』, 솔, 2009, 47~56쪽.)

52 James Forsyth, A History of the Peoples of Siberia, Cambridge University Press, 1994: 제임스 포사이스, 정재겸 역, 『시베리아 원주민의 역사』, 솔, 2009, 115~121, 200~201쪽.

53 조미경, 「데카브리스트들이 시베리아 지역에 미친 문화적 영향」, 《슬라브학보》 32-4, 2017, 453~454쪽.

54 조미경, 「데카브리스트들이 시베리아 지역에 미친 문화적 영향」, 《슬라브학보》 32-4, 2017, 455~458쪽. 시베리아와 제까브리스트에 대한 한국의 연구는 다음을 참조. 한정숙, 『시베리아 유형의 역사』, 민음사, 2017; 제임스 포사이스, 『시베리아 원주민의 역사』, 솔, 2009; 하영식, 『얼음의 땅 뜨거운 기억: 시베리아에 새겨진 자유와 혁명의 흔적들』, 레디앙, 2010; 김규진, 「제까브리스뜨 반란과 제까브리스뜨 문학 소고」, 《슬라브연구》, 5-1. 1989.

55 조미경, 「데카브리스트들이 시베리아 지역에 미친 문화적 영향」, 《슬라브학보》 32-4, 2017, 460~466쪽

56 푸쉬낀 저, 석영중 역, 『잠 안 오는 밤에 쓴 시』, 열린책들, 1999, 229~230, 387쪽. 1825년의 제까브리스트 봉기의 실패 이후 마지막 10여 년 동안 뿌쉬낀의 시와 시민적 지위(civic stance)에서 가장 지속적으로 나타나는 주제가 시베리아로 유형당한 제까브리스트들을 사면하도록 새로운 황제 니꼴라이 1세를 설득하려는 열망과 노력이었다.(이현우, 「푸슈킨과 차아다예프, 그리고 제카브리스트 러시아 아리온의 운명과 애도의

시학」,《슬라브학보》21-3, 2006, 231, 233쪽.)

57 현재 바부쉬낀(Ба́бушкин). 1941년까지 뮈숍스크(Мы́совск)로 불렸다. 1892년 우편역이 설치되었고, 1900년 '뮈소바야' 철도역이 설치되었다.(https://ru.wikipedia.org/wik)

58 https://ru.wikipedia.org/wiki

59 까반스크(Кабанск). 18~19세기 러시아의 정치범 유형지로 개발되었다. в Кабанске на поселении находились декабрист М. Н. Глебов.(https://ru.wikipedia.org/wik)

60 國史編纂委員會編, 「海天秋帆」, 『閔忠正公遺稿』, 探求堂, 1971, 123쪽; 조재곤 역, 『해천추범』, 책과함께, 2007, 178쪽

61 金得鍊, 『環璆唫艸』京都: 京都印刷株式會社, 1897: 김득련 저, 허경진 역, 『環璆唫艸』평민사, 2011, 150쪽.

62 울란우데는 러시아 혁명 뒤에는 반혁명군, 그다음에는 시베리아 출병에 의해 일본군이 이 도시를 점령했고, 1920년에는 소련이 세운 극동 공화국의 수도가 되었다.(https://ru.wikipedia.org/wik)

63 國史編纂委員會編, 「海天秋帆」, 『閔忠正公遺稿』, 探求堂, 1971, 123~124쪽; 조재곤 역, 『해천추범』, 책과함께, 2007, 179쪽.

64 https://ru.wikipedia.org/wiki

65 "마찌옙스끼(Евгений Иосифович Мациевский, 맛지옙스꼬이)."(https://www.ria1914.info)

66 國史編纂委員會編, 「海天秋帆」, 『閔忠正公遺稿』, 探求堂, 1971, 125쪽; 조재곤 역, 『해천추범』, 책과함께, 2007, 180~181쪽.

67 https://ru.wikipedia.org/wiki

68 國史編纂委員會編, 「海天秋帆」, 『閔忠正公遺稿』, 探求堂, 1971, 125-126쪽; 조재곤 역, 『해천추범』, 책과함께, 2007, 182~183쪽.

69 https://ru.wikipedia.org/wiki. 조선사절단이 배를 탄 곳은 스레쩬스크(Сретенск)로 추정된다.

70 Сретенск–Благовещенск, Благовещенск – Хабаровка и Хабаровка – Николаевск(Пароходство и судостроение на Шилке : http://encycl.chita.ru/encyc)

71 國史編纂委員會編,「海天秋帆」,『閔忠正公遺稿』, 探求堂, 1971, 125~126쪽; 조재곤 역,『해천추범』, 책과함께, 2007, 182~183쪽.

72 金得鍊,『環璆唫艸』京都: 京都印刷株式會社, 1897: 김득련 저, 허경진 역,『環璆唫艸』평민사, 2011, 151쪽.

73 國史編纂委員會編,「海天秋帆」,『閔忠正公遺稿』, 探求堂, 1971, 126쪽; 조재곤 역,『해천추범』, 책과함께, 2007, 187~188쪽.

74 https://ru.wikipedia.org/wiki. 사얀(Саяны, Sayan Mountains)산맥은 예니세이(Енисей)강과 직접적으로 연결되었다.

75 金得鍊,『環璆唫艸』京都: 京都印刷株式會社, 1897: 김득련 저, 허경진 역,『環璆唫艸』평민사, 2011, 154쪽.

76 國史編纂委員會編,『尹致昊日記』, 4권, 國史編纂委員會, 1984: 국사편찬위원회 편,『국역 윤치호 영문 일기』, 3권, 2015, 191쪽.

77 國史編纂委員會編,「海天秋帆」,『閔忠正公遺稿』, 探求堂, 1971, 126쪽; 조재곤 역,『해천추범』, 책과함께, 2007, 188쪽.

78 "그녀는 아침 11시쯤 일어나 한두 시간 휴식을 취한 후 대부분의 시간을 서간들을 읽고 쓰고 모든 공문서를 살펴보고, 서리(胥吏)의 임명부터 대외 조약의 협상에 이르기까지 모든 경사를 처리하면서 보냈다. 그녀는 한문 고전을 잘 읽지는 못했지만 그 고전의 주요 구절들은 잘 기억했다. 그녀는 조선과 중국의 역사에 대해 정통했다. 그녀는 조선의 주머니 끈으로 궁녀들이 장식 매듭을 매는 일을 도와주곤 했다고 한다."(國史編纂委員會編,『尹致昊日記』, 4권, 國史編纂委員會, 1984: 국사편찬위원회 편,『국역 윤치호 영문 일기』, 3권, 2015, 276쪽.

79 國史編纂委員會編,「海天秋帆」,『閔忠正公遺稿』, 探求堂, 1971, 189쪽; 조재곤 역,『해천추범』, 책과함께, 2007, 189쪽.

80 블라고베쉔스크는 아무르강을 통한 해상운송과 시베리아 횡단철도 및 여러 개의 자동차 도로 등 교통망이 갖추어지면서 러시아연방 극동 지역의 요충지로 발전했다.(https://ru.wikipedia.org/wiki)

81 金得鍊,『環璆唫艸』京都: 京都印刷株式會社, 1897: 김득련 저, 허경진 역,『環璆唫艸』평민사, 2011, 152쪽.

82 國史編纂委員會編,「海天秋帆」,『閔忠正公遺稿』, 探求堂, 1971; 조재곤 역,『해

천추범』, 책과함께, 2007, 189쪽.

83 "아르셰니예프(Дмитрий Гаврилович Арсеньев)는 1867년 소위에 임
관되었다. 1896년 5월 육군 중장으로 승진했다. 그는 1897년 5월 뻬름
(Пермь) 총독으로 임명되었지만 11월에 부임했다. 1903년 오데사 총독에
임명되었다."(https://www.peoplelife.ru)

84 國史編纂委員會編, 「海天秋帆」, 『閔忠正公遺稿』, 探求堂, 1971, 127쪽; 조재곤
역, 『해천추범』, 책과함께, 2007, 190쪽.

85 이항준, 「러시아 연흑룡총독 운떼르베르게르의 조선이주민 인식과 정책
(1905~1910)」,《역사와현실》64, 2007, 266쪽.

86 Пак Б.Д. 140 лет в России. М. 2004. СС.28-33; 반병률, 「러시아 연
해주 한인마을 연추의 형성과 초기 모습」,《동북아역사논총》25, 2009,
46~48쪽.

87 James Forsyth, A History of the Peoples of Siberia, Cambridge University
Press, 1994 : 제임스 포사이스 저, 정재겸 역, 『시베리아 원주민의 역사』,
솔, 2009, 228~230쪽.

88 원래 바론 꼬르프(Андрей Николаевич Корф, 1831~1893)는 1884부터
1893년까지 연흑룡강 군사 총독이었다. 그의 이름으로 만들어진 배가 '바
론 꼬르프(Барон Корф)'호였다.(http://jakol.ru/Vv15v5p2d.htm)

89 현재 러시아 지명이 없는데 벤쩨레보(Венцелево) 주변으로 추정된다.

90 國史編纂委員會編, 「海天秋帆」, 『閔忠正公遺稿』, 探求堂, 1971, 128쪽; 조재곤
역, 『해천추범』, 책과함께, 2007, 191쪽. "沙末里(블라고슬로벤노예) 147戶
986人口."(金光薰 申先郁, 高宗年間, 『俄國輿地圖』(藏書閣 2-611); 金光薰 申先
郁, 高宗年間, 『俄國輿地圖』, 2007, 한국학중앙연구원출판부, 2007, 5쪽.)

91 현재 러시아 지명이 없는데 뻬뜨롭스꼬예(Петровское) 주변으로 추정된다.

92 國史編纂委員會編, 「海天秋帆」, 『閔忠正公遺稿』, 探求堂, 1971, 128쪽; 조재곤
역, 『해천추범』, 책과함께, 2007, 192쪽.

93 金得鍊, 『環璆唫艸』, 京都: 京都印刷株式會社, 1897: 김득련 저, 허경진 역, 『環
璆唫艸』 평민사, 2011, 156쪽.

94 https://ru.wikipedia.org/wiki

95 國史編纂委員會編, 「海天秋帆」, 『閔忠正公遺稿』, 探求堂, 1971, 128쪽; 조재곤

역, 『해천추범』, 책과함께, 2007, 192쪽.

96 國史編纂委員會編, 「海天秋帆」, 『閔忠正公遺稿』, 探求堂, 1971; 조재곤 역, 『해천추범』, 책과함께, 2007, 83쪽.

97 "두홉스꼬이(Сергей Михайлович Духовский)."(https://w.histrf.ru)

98 金得鍊, 『環璆唫艸』京都: 京都印刷株式會社, 1897: 김득련 저, 허경진 역, 『環璆唫艸』 평민사, 2011, 153쪽.

99 그립스끼(Грибский Константин Николаевич)는 1869년 육군참모본부 소속 니꼴라옙스키 군사학교에 입학했다. 1895년 8월 연흑룡강 군사관구 참모본부장Начальник штаба에 임명되었고, 1897년 6월부터 1902년 2월까지 아무르 지역 군사 총독에 임명되었는데 1899년 12월 육군 중장으로 승진했다. 1900~1901년 블라고베쉔스크 방어 전쟁에 참가했다. 1902년 2월 육군참모본부 참모총장(Начальник Главного штаба)에 임명되었다.(Список генеральских чинов российской императорской армии и флота : http://rusgeneral-utf8.histrf.ru/generals ; https://www.ria1914.info)

100 이 박물관(Хабаровский краевой музей имени Н. И. Гродекова, Гродековский музей)의 주소는 하바롭스크시 쉡첸꼬 11번지이다. Хабаровск, ул. Шевченко, 11.(https://ru.wikipedia.org/wiki)

101 國史編纂委員會編, 「海天秋帆」, 『閔忠正公遺稿』, 探求堂, 1971; 조재곤 역, 『해천추범』, 책과함께, 2007, 193쪽.

102 "무라비요프(Николай Николаевич Муравьёв-Амурский, 무라비옵)."(https://w.histrf.ru)

103 國史編纂委員會編, 「海天秋帆」, 『閔忠正公遺稿』, 探求堂, 1971, 129쪽; 조재곤 역, 『해천추범』, 책과함께, 2007, 195쪽.

104 기선 치하쳬프(Пароход Адмирал Чихачев)는 1920년 로자 룩셈부르크라는 이름으로 바뀌었다. 치하쳬프는 1885년부터 1896년까지 러시아 해군 대신이자 제독 치하쳬프(Н.М. Чихачёв, 1830~1917)의 이름에서 비롯되었다.(https://www.proza.ru)

105 國史編纂委員會編, 「海天秋帆」, 『閔忠正公遺稿』, 探求堂, 1971, 129쪽; 조재곤 역, 『해천추범』, 책과함께, 2007, 195쪽.

106 지도를 살펴보면 코르사코브카(허커우[河口])는 달리네례첸스크 아래에 있는 곳이다. 하바롭스크에서 420리 정도에 위치한 장소는 뽀끄롭까(Покровка)이다.

107 國史編纂委員會編,「海天秋帆」,『閔忠正公遺稿』, 探求堂, 1971, 130쪽; 조재곤 역,『해천추범』, 책과함께, 2007, 196쪽.

108 "달리네례첸스크(Дальнереченск, Iman)."(https://ru.wikipedia.org/wiki)

109 "우수리스크(Уссурийск, 蘇王領). 1935년 우수리주(Уссурийская область) 행정도시인 보로쉴로프(Ворошилов)로 개편되었다. 1957년부터 현재의 이름 우수리스크로 변경되었다."(https://ru.wikipedia.org/wiki)

110 "블라디보스톡(Владивосто́к, 海參崴, 浦塩)."(https://ru.wikipedia.org/wiki)

111 빠블렌꼬(Яков Павлович Омельянович-Павленко)는 1886부터 1910까지 연해주 부총독으로 활동했다.(https://rgia.su/old)

112 國史編纂委員會編,「海天秋帆」,『閔忠正公遺稿』, 探求堂, 1971, 120~121쪽; 조재곤 역,『해천추범』, 책과함께, 2007, 197쪽.

113 金得鍊,『環璆唫艸』京都: 京都印刷株式會社, 1897: 김득련 저, 허경진 역,『環璆唫艸』평민사, 2011, 157쪽.

114 운떼르베르게르(Павел Фридрихович Унтербергер)는 독일계 러시아인으로서 1842년 세습 귀족 집안에서 2남 3녀 중 장남으로 태어났다. 1864년 니꼴라옙스크 기술학원을 졸업하고 1866년 동시베리아 기술국 사무원으로 자원한 뒤 1881년 동시베리아 기술국장, 1884년 연흑룡 군사관구 기술국 주임, 1888년 연해주 군사 총독에 임명되었다. 그 후 1897년 니쥐니노브고로트 군사 총독에 임명되었고 1905년 연흑룡 총독으로 임명되면서 극동 지역의 가장 핵심적인 자리에 올랐다. 1905년 러시아 상원의원, 1909년 극동이주위원회 위원, 1910년 국가평의회 위원으로 활동했다.(이항준,「러시아 연흑룡총독 운떼르베르게르의 조선이주민 인식과 정책(1905~1910)」,《역사와현실》64, 2007, 267쪽.)

115 에네겔름은 1862년 해군 중위가 되었고, 1868년부터 1872년까지 이뽀네츠Японец호 함장이었다. 1891년 해군 소장으로 승진했다. 그는 1893년부터 1896년까지 블라디보스톡 항구 사령관으로 활동했다. "에네겔름

(Фёдор Петрович Энегельм)."(http://www.navy.su ; http://rusgeneral.ru/general_g6.html)

116 國史編纂委員會編,「海天秋帆」,『閔忠正公遺稿』, 探求堂, 1971, 130쪽; 조재곤 역,『해천추범』, 책과함께, 2007, 198쪽.

117 브리네르(Юлий Иванович Бринер)는 러시아 지리협회 연해주 지부 후 보 위원(Член-соревнователь)이었다. 브리네르의 손자 율 브리너(Юлий Борисович Бринер)는 1920년 블라디보스톡에서 태어나 1985년 폐암으로 뉴욕에서 사망했다.(https://w.histrf.ru) "작년 9월에 俄國人 부린열과 咸鏡道 茂山郡 豆滿江 · 平安道 鴨綠江 · 江原道 鬱陵島의 벌목을 訂約准許하였으니 해당 沿江의 각 지방관에게 輪飭하여 해당 俄國人이 벌목하는 데 방해가 없도록 하라는 訓令 제2호"(議政府贊政外部大臣 李完用, 1897年 3月 10日, 『咸鏡南北道來去案』) 브리네르는 俄國人 무립열 또는 부린열 등으로 불렸다.

118 金得鍊,『環璆日錄』, 建陽元年(1896), 筆寫本(奎 古5700-1): 金得鍊,『國譯 環璆日記』, 恩平文化院, 2010, 143~144쪽. 1893년에 한인의 국적 취득이 허용되자, 한인 자치 행정조직인 도회소(都會所)가 설치되었다. 연추 지역에는 남도소(南都所)로 도회소 초대 책임 관리자는 도헌(都軒)으로 불렸다.

119 國史編纂委員會編,「海天秋帆」,『閔忠正公遺稿』, 探求堂, 1971, 130쪽; 조재곤 역,『해천추범』, 책과함께, 2007, 201쪽

120 國史編纂委員會編,「海天秋帆」,『閔忠正公遺稿』, 探求堂, 1971, 131쪽; 조재곤 역,『해천추범』, 책과함께, 2007, 201쪽.

121 金得鍊,『環璆唫艸』, 京都: 京都印刷株式會社, 1897: 김득련 저, 허경진 역,『環璆唫艸』평민사, 2011, 159쪽.

122 閔泳煥,「失題: 使行詩集」,『閔忠正公遺稿』, 國史編纂委員會, 1958, 142쪽; 이민수 역,『閔忠正公遺稿』, 一潮閣, 2000, 206쪽

123 國史編纂委員會編,「海天秋帆」,『閔忠正公遺稿』, 探求堂, 1971, 131쪽; 조재곤 역,『해천추범』, 책과함께, 2007, 201쪽.

124 알렉셰예프(Евгений Иванович Алексеев)는 1843년 출생했고, 1863년 해군학교를 졸업했다. 1892년 해군 참모본부 사령관 보좌관에 임명되었다. 그는 1895~1897년 태평양함대 사령관에 임명되었고, 1899년 8월 관동주 총독과 태평양함대 사령관을 겸직했다. 1903년 7월 30일 극동 총

독에 임명되어 러일전쟁 당시 러시아 해군을 총지휘했다. 1905년 6월 극동 총독부가 폐지되면서 그는 국가평의회 위원으로 임명되었다.(http://encyclopedia.mil.ru) 알렉셰예프에 대해서는 다음의 논문을 참조.(이항준, 「러시아 해군부의 한반도 정책과 태평양함대 사령관 알렉셰예프」,《사림》44, 2013)

125 國史編纂委員會編,「海天秋帆」,『閔忠正公遺稿』, 探求堂, 1971, 131~132쪽; 조재곤 역,『해천추범』, 책과함께, 2007, 201~204쪽

126 민영환은 추풍사와 연추사를 바꾸어서 기록했다. 저자는 연추사와 추풍사 소속 마을(村)을 바로잡았다.(조재곤 역,『해천추범』, 책과함께, 2007, 204쪽; 박환,『러시아 한인 유적 답사기』, 국학자료원, 2008)「俄國興地圖目錄」를 살펴보면 각 마을의 호수와 인구가 기록되었는데 전체 29(所), 호수 2,640호(戶), 인구 총 2만 313명이었다.(金光薰 申先郁, 高宗年間,『俄國興地圖』(藏書閣 2-611); 金光薰 申先郁, 高宗年間,『俄國興地圖』, 2007, 한국학중앙연구원출판부, 2007, 5쪽.)

127 조재곤 역,『해천추범』, 책과함께, 2007, 204쪽. 박환은 수청 마을 중 따우제미(Таудеми)와 프롤롭까(Фроловка)를 지도에서 추가했다.(박환,『러시아 한인 유적 답사기』, 국학자료원, 2008)

128 閔泳煥,「失題: 使行詩集」,『閔忠正公遺稿』, 國史編纂委員會, 1958, 142쪽; 이민수 역,『閔忠正公遺稿』, 一潮閣, 2000, 206쪽.

129 國史編纂委員會編,「海天秋帆」,『閔忠正公遺稿』, 探求堂, 1971, 133쪽; 金得鍊,『環璆日錄』, 建陽元年(1896), 筆寫本(奎 古5700-1); 金得鍊,『國譯 環璆日記』, 恩平文化院, 2010, 144~145쪽

130 김영수,『제국의 이중성』, 동북아역사재단, 2019, 187~195쪽.

131 國史編纂委員會編,「海天秋帆」,『閔忠正公遺稿』, 探求堂, 1971, 134쪽; 조재곤 역,『해천추범』, 책과함께, 2007, 206~207쪽.

132 金得鍊,『環璆唫艸』, 京都: 京都印刷株式會社, 1897; 김득련 저, 허경진 역,『環璆唫艸』평민사, 2011, 161쪽.

133『駐韓日本公使館記錄(10)』, 1896년 10월 20일 오후 4시 45분 仁川 發 電信「閔泳煥 上京 件」石井 領事→加藤 代理公使, 78쪽.

134『駐韓日本公使館記錄(10)』, 1896년 10월 21일 오후 4시 45분 發 電信「閔泳

煥 일행 仁川着, 今日入京 豫定」加藤 代理公使 → 大隈 外務大臣, 80쪽.

135 『駐韓日本公使館記錄(11)』, 1896년 10월 31일 報告第14號「施政一班 등 보고」加藤 臨時代理公使 → 外務大臣 伯爵 大隈重信, 98쪽.

136 國史編纂委員會編, 「海天秋帆」, 『閔忠正公遺稿』, 探求堂, 1971, 134쪽; 조재곤 역, 『해천추범』, 책과함께, 2007, 208쪽.

137 金得鍊, 『環璆唫艸』京都: 京都印刷株式會社, 1897: 김득련 저, 허경진 역, 『環璆唫艸』평민사, 2011, 162쪽.

138 國史編纂委員會編, 「海天秋帆」, 『閔忠正公遺稿』, 探求堂, 1971, 135쪽; 조재곤 역, 『해천추범』, 책과함께, 2007, 208쪽; 金得鍊, 『環璆唫艸』京都: 京都印刷株式會社, 1897: 김득련 저, 허경진 역, 『環璆唫艸』평민사, 2011, 164쪽.

139 1896년 6월 7일 궁내부에서 칙명을 받들어 훈장 및 큰 금전을 내려보냈다. 공사에게는 상등 훈장(푸른 비단으로 어깨띠를 두른 뒤 나라의 표를 새기고 흰 보석을 박아 가슴에 찼다) 및 큰 금전(金錢) 하나를 주었다. 수원에게는 차등 훈장(꽃 모양보다 조금 큰 것으로 목 앞에 걸었다)과 큰 은전(銀錢) 하나였다. 양 참서관은 차등 훈장(꽃 모양보다 조금 작은 것으로 가슴 앞에 걸었다) 및 큰 은전 하나였다.(閔泳煥編, 『環璆日記』, 京城帝國大學圖書館 藏本(藏K2-4535), 1936: 金得鍊, 『國譯 環璆日記』, 恩平文化院, 2010, 77쪽.) "러시아 황제께서 조선 별사 민영환 씨와 수원 윤치호 씨를 훈장 하나씩을 주셨는데 민영환 씨는 금강석으로 꾸민 제일등 훈장을 주시고 윤치호 씨는 제이등 훈장을 주셨다더라."(《독립신문》, 1896.7.28.) 제정러시아 시기까지 훈장은 총 8종이 있었다. 그중 1) 사도 성안드레이 1등 훈장(Орден Святого апостола Андрея Первозванного): 1917년까지 러시아 최고의 훈장이었고 고종에게 수여되었다. 2) 성알렉산드르 넵스끼 훈장(Орден Святого Александра Невского): 13세기 러시아의 국민적 영웅 공작 알렉산드르 넵스끼(Алекса́ндр Не́вский)를 기념한 것이며 3번째의 서열에 위치한 훈장으로 1725년부터 1917년까지 대략 3,000명 정도 수여되었다. 3) 벨라야 오를라 훈장(Орден Белого орла): 1831년 니콜라스 1세는 폴란드를 합병한 것을 기념하여 '벨라야 오를라 훈장'을 만들었는데 합병에 공훈을 세운 인물에게 수여했다. 가운데에는 흰 독수리 문양이 새겨져 있고, 맨 위쪽에는 보석이 박힌 러시아 왕관이 있었다. 러시아 훈장 서열 4번

째에 해당하며 총 4,018명에게 수여되었다. 훈장은 믿음, 황제, 법을 위해서라는 의미였다. 4) 성안나 훈장(Орден Святой Анны, 4등급): 1735년 러시아 뾰뜨르 대제의 부인 안나(Анна Петровна)를 기념하여 제정된 훈장이며, 러시아 황실에 보인 공훈의 업적에 따라 주는 보편적인 훈장이었다. 주한 러시아공사 베베르가 1등 훈장을 수여받았다. 5) 성스따니슬라브 1등 훈장(Орден Святого Станислава, 4등급)은 1831년부터 1917까지 관료와 군인 등에게 광범위하게 주었다. 주러 한국공사 이범진이 1등 훈장을 수여받았다.(https://ru.wikipedia.org/wiki)《독립신문》1896년 7월 28일자 '금강석'이라는 보도, 김득련의 '나라의 표시와 흰 보석', '우두머리 송골매(伯鷹)'라는 용어를 고려하면 민영환이 받은 훈장은 보석, 가운데에 흰색의 나라 표시, 독수리 문양이 들어간 것이다. 세 가지를 충족한 훈장은 러시아 훈장 서열 4번째에 해당하는 '벨라야 오를라 훈장(Орден Белого орла, 흰 독수리)'밖에 없다. 이 훈장을 민영환이 받았다.

140 『承政院日記』, 高宗 33년(1896) 9月 15日(양력 10.21.) 한편 민영환은 수원(隨員) 윤치호(尹致昊)가 프랑스어[法語]를 배우기 위해 프랑스 수도로 가는 바람에 함께 돌아오지 못했다고 고종에게 보고했다.

141 『駐韓日本公使館記錄(9)』, 1896년 10월 30일 機密第89號「當國政府 部內의 動靜」加藤 臨時代理公使 → 外務大臣 伯爵 大隈重信, 235쪽.

142 『駐韓日本公使館記錄(11)』, 1896년 10월 31일 報告第14號「施政一班 등 보고」加藤 臨時代理公使 → 外務大臣 伯爵 大隈重信, 98쪽

143 "파베르제(Петер Карл Фаберже, Peter Carl Fabergé)."(https://ru.wikipedia.org/wiki)

144 『承政院日記』, 高宗 33年(1896) 8月 18日(양력 9.24.)

145 민영환은 사신 업무를 무사히 수행했지만 명성황후의 사망일에 참석하지 못한 사실을 안타까워했다.(『承政院日記』, 高宗 33年(1896) 9月 28日(양력 11.3.)

146 『承政院日記』, 高宗 33年 10月 8日(양력 11.12.)

147 『承政院日記』, 高宗 33年 10月 9日(양력 11.13.)

148 『駐韓日本公使館記錄(11)』, 1896년 11월 18일 報告第15號「施政一班 등 보고」加藤 臨時代理公使 → 大隈 外務大臣, 99쪽

5장 윤치호의 파리 유학과 남방 노선

1 서울대학교 불어문화권연구소, 『프랑스 하나 그리고 여럿』, 강, 2004, 121~123쪽.

2 國史編纂委員會編, 『尹致昊日記』, 4권, 國史編纂委員會, 1984: 국사편찬위원회 편, 『국역 윤치호 영문 일기』, 3권, 2015, 253~322쪽.

3 國史編纂委員會編, 『尹致昊日記』, 4권, 國史編纂委員會, 1984: 국사편찬위원회 편, 『국역 윤치호 영문 일기』, 4권, 2015, 13~14쪽.

4 육영수, 「벨 에포크」, 『역사용어사전』, 서울대학교출판부, 2015; 빌리 하스, 『세기말과 세기초: 벨 에포크』, 까치, 1994.

5 김영숙, 『오르세 미술관에서 꼭 봐야 할 그림』, 휴머니스트, 2013.

6 서울대학교 불어문화권연구소, 『프랑스 하나 그리고 여럿』, 강, 2004, 505쪽.

7 로이 브리지, 『새 유럽 외교사』 I, 까치, 1995, 209~212쪽. 윤치호가 방문할 당시 '태양왕'이라는 별명을 가진 펠릭스 포르(Félix François Faure, 1841~1899)는 제3공화정 프랑스 대통령이었다.

8 서울대학교 불어문화권연구소, 『프랑스 하나 그리고 여럿』, 강, 2004, 494쪽.

9 Central Hotel on the Lafayette Street No. 86(86 Rue la Fayette 10E, 75009 Paris). 이 호텔은 북역과 가르니에 오페라 극장이 인접한 장소에 있었는데 지금은 1층 상가, 2~5층 주택 지역으로 변모했다. 현재 주변에는 라파예프 파리 호텔(Hôtel Paris Lafayette)이 있다. 동일한 이름의 센트럴 호텔(Central Hotel Paris)은 몽파르나스 지구에 있는데 몽파르나스 기차역(Montparnasse Train Station)과 뤽상부르 정원(Luxembourg Gardens) 사이, 몽파르나스 지구(Montparnasse district)에 위치해 있다.(1Bis Rue Du Maine 14E, 75014 Paris)

10 國史編纂委員會編, 『尹致昊日記』 4권, 國史編纂委員會, 1984: 국사편찬위원회 편, 『국역 윤치호 영문 일기』, 3권, 2015, 254~256쪽.

11 "pension or boarding house of Re Poisson."(國史編纂委員會編, 『尹致昊日記』 4권, 國史編纂委員會, 1984, 277~278쪽: 국사편찬위원회 편, 『국역 윤치호 영문 일기』, 3권, 2015, 256~257쪽.

12 Edme Arcambeau, Mutsu-Hito L'Empereur Du Meiji (3 Novembre 1852 - 30 Juillet 1912), Paris : Bibliothèque de la Société, 1912. ; Arcambeau,

Edmé. The Cathedrals of France: Vol 1. Northern Section (Volume 1), Paris : A. Perche, 1912 ; E. Arcambeau. Jessie M King. Ponts de Paris. Paris. 1912 ; Edme Arcambeau. The Book of Bridges. Gowans and Gray. 1911.

13 國史編纂委員會編, 『尹致昊日記』, 4권, 國史編纂委員會, 1984: 국사편찬위원회 편, 『국역 윤치호 영문 일기』, 3권, 2015, 258쪽.

14 國史編纂委員會編, 『尹致昊日記』, 4권, 國史編纂委員會, 1984: 국사편찬위원회 편, 『국역 윤치호 영문 일기』, 3권, 2015, 265쪽.

15 "A is an ardent lover of Japan."(國史編纂委員會編, 『尹致昊日記』, 4권, 國史編纂委員會, 1984: 국사편찬위원회 편, 『국역 윤치호 영문 일기』, 3권, 2015, 300쪽.)

16 國史編纂委員會編, 『尹致昊日記』, 4권, 國史編纂委員會, 1984: 국사편찬위원회 편, 『국역 윤치호 영문 일기』, 3권, 2015, 259쪽.

17 Thomas Cook(1808~1892) was an English businessman. He is best known for founding the travel agency Thomas Cook & Son.(https://en.wikipedia.org)

18 國史編纂委員會編, 『尹致昊日記』, 4권, 國史編纂委員會, 1984, 283쪽.

19 김지선, 『루브르 박물관 여행』, 낭만판다, 2017, 14~18쪽.

20 國史編纂委員會編, 『尹致昊日記』, 4권, 國史編纂委員會, 1984, 283쪽.

21 김지선, 『루브르 박물관 여행』, 낭만판다, 2017, 194쪽.

22 1896년 11월 10일 윤치호는 생샤펠(Sainte Chapelle)을 또다시 방문했다.(國史編纂委員會編, 『尹致昊日記』, 4권, 國史編纂委員會, 1984: 국사편찬위원회 편, 『국역 윤치호 영문 일기』, 3권, 2015, 296쪽.)

23 1896년 11월 10일 윤치호는 팡테옹(판테온)을 또다시 방문하고 돔에서 바라본 파리가 아름답다고 기록했다.(國史編纂委員會編, 『尹致昊日記』, 4권, 國史編纂委員會, 1984: 국사편찬위원회 편, 『국역 윤치호 영문 일기』, 3권, 2015, 296쪽.)

24 서울대학교 불어문화권연구소, 「팡테옹에 잠든 위인들」, 『프랑스 하나 그리고 여럿』, 강, 2004.

25 1896년 8월 29일 윤치호 답사 내용의 전체 각주임.(國史編纂委員會編, 『尹

致昊日記』, 4권, 國史編纂委員會, 1984, 283~284쪽.)

26 김지선, 『루브르 박물관 여행』, 낭만판다, 2017, 142쪽.

27 國史編纂委員會編, 『尹致昊日記』, 4권, 國史編纂委員會, 1984: 국사편찬위원
회 편, 『국역 윤치호 영문 일기』, 3권, 2015, 262쪽.

28 서울대학교 불어문화권연구소, 『프랑스 하나 그리고 여럿』, 강, 2004, 499쪽.

29 스테판 츠바이크 저, 박광자·전영애 역, 『마리 앙투아네트 베르사유의 장
미』, 청미래, 2005; 國史編纂委員會編, 『尹致昊日記』, 4권, 國史編纂委員會,
1984: 국사편찬위원회 편, 『국역 윤치호 영문 일기』, 3권, 2015, 263~264쪽.

30 國史編纂委員會編, 『尹致昊日記』, 4권, 國史編纂委員會, 1984: 국사편찬위원
회 편, 『국역 윤치호 영문 일기』, 3권, 2015, 266~267쪽.

31 國史編纂委員會編, 『尹致昊日記』, 4권, 國史編纂委員會, 1984: 국사편찬위원
회 편, 『국역 윤치호 영문 일기』, 3권, 2015, 269~272쪽.

32 國史編纂委員會編, 『尹致昊日記』, 4권, 國史編纂委員會, 1984: 국사편찬위원
회 편, 『국역 윤치호 영문 일기』, 3권, 2015, 273쪽.

33 윤치호는 1896년 7월 18일 오후 8시 주러 일본공사관 해군무관 야시로
(八代六郎) 중좌를 답방했다.(國史編纂委員會編, 『尹致昊日記』, 4권, 國史編纂
委員會, 1984, 255쪽: 국사편찬위원회 편, 『국역 윤치호 영문 일기』, 3권,
2015, 233쪽.) 군함宮古함장(軍艦宮古艦長) 야시로(八代) 海軍中領은 블라
디보스톡에 근무하다가 주러 일본공사관 소속 武官으로 뻬쩨르부르크에
근무하여 러시아의 사정에 정통하다는 평판을 소유했다.(『駐韓日本公使館
記錄(15)』, 八. 機密馬山領事館來信 (43) [鎭海灣에서의 露國군함 行動에 관
한 件], 1900년 6월 26일, 在馬山 坂田領事→在京城 林權助) "(報道) 爪生 순
양함대 사령관의 전문(爪生巡洋艦隊司令官ヨリ電報): 제3구축대의 보고에
의하면 4월 13일 아군 함대는 旅順港에 접근하여 적함 뻬뜨로빠블롭스크
號 1척을 침몰시키고 구축함 1척을 격침시킴. 아군 함대는 무사함. 東鄕 사
령관으로부터 아직 공식 통보를 받지 못함."(駐韓日本公使館記錄(23), 1904
년 4월 14일 오후 7시 東京, 三. 本省其他歐文電報來信控 (133) [旅順港 공격
결과 보고], 外務大臣 小村(Komura)→서울 공사(Koshi)

34 國史編纂委員會編, 『尹致昊日記』, 4권, 國史編纂委員會, 1984: 국사편찬위원
회 편, 『국역 윤치호 영문 일기』, 3권, 2015, 257, 277쪽; 第二艦隊司令官海

軍中将瓜生外吉, 第23号 第2艦隊司令官海軍中将瓜生外吉の提出せる第4戦隊日本海海戰戰鬪報告, 極秘 明治37-38年海戰史(防衛省防衛研究所) ; 半藤一利他, 『歷代海軍大将全覽』, 中央公論新社, 2005; https://www.weblio.jp.

35 國史編纂委員會編, 『尹致昊日記』, 4권, 國史編纂委員會, 1984: 국사편찬위원회 편, 『국역 윤치호 영문 일기』, 3권, 2015, 302쪽.

36 國史編纂委員會編, 『尹致昊日記』, 4권, 國史編纂委員會, 1984: 국사편찬위원회 편, 『국역 윤치호 영문 일기』, 3권, 2015, 313쪽. 윤치호는 우리우 대령을 Colonel Uriu, Captain Uriu 등으로 표기했다.

37 "뽈란손이 말하기를 주석면과 민경식은 뻬쩨르부르크에서 매우 불편하게 지내고 있다. 그들은 전혀 아무것도 하지 않았다."(國史編纂委員會編, 『尹致昊日記』, 4권, 國史編纂委員會, 1984: 국사편찬위원회 편, 『국역 윤치호 영문 일기』, 3권, 2015, 277쪽.)

38 반 고흐 등을 만나 인상주의를 흡수한 로트렉(Henri de Toulouse-Lautrec, 1864~1901)은 1885년부터 파리의 카페와 술집을 크로키로 그렸는데 1889년 물랭루즈가 문을 열자 무희 등을 배경으로 석판화 포스터를 제작했다. 그는 석판화와 포스터를 주요 미술 형식으로 만들었으며, 일러스트레이션의 발달에도 지대한 영향을 미쳤다.(김영은, 『미술사를 움직인 100인』, 청아출판사, 2013)

39 國史編纂委員會編, 『尹致昊日記』, 4권, 國史編纂委員會, 1984, 305~306쪽.

40 國史編纂委員會編, 『尹致昊日記』, 4권, 國史編纂委員會, 1984, 306~307쪽.

41 실제 인물은 뽈리나 게블(Pauline Gueble)이라는 프랑스 여인으로 러시아 이름은 쁘라스꼬비야 예고로브나 안녠꼬바(Прасковья Егоровна Анненкова, 1800~1876)였다. 남자는 러시아 중위 안녠꼬프(Иван Александрович Анненков, 1802~1878)였다.(이정식, 「재미있는 바이칼 여행을 위한 시베리아 이야기」,《우먼센스》, 2016년 5월호 ; https://ru.wikipedia.org/wiki)

42 "No. 5 Rue Rollin to see Madme Bubat's pension."(國史編纂委員會編, 『尹致昊日記』, 4권, 國史編纂委員會, 1984: 국사편찬위원회 편, 『국역 윤치호 영문 일기』, 3권, 2015, 284~285쪽.) 현재는 3층 건물이 들어섰는데 주소는 다음과 같다. 5 Rue Rollin 75005 5E, Paris.

43 國史編纂委員會編, 『尹致昊日記』, 4권, 國史編纂委員會, 1984: 국사편찬위원회 편, 『국역 윤치호 영문 일기』, 3권, 2015, 288쪽.

44 國史編纂委員會編, 『尹致昊日記』, 4권, 國史編纂委員會, 1984: 국사편찬위원회 편, 『국역 윤치호 영문 일기』, 3권, 2015, 305쪽.

45 國史編纂委員會編, 『尹致昊日記』, 4권, 國史編纂委員會, 1984: 국사편찬위원회 편, 『국역 윤치호 영문 일기』, 3권, 2015, 289쪽.

46 國史編纂委員會編, 『尹致昊日記』, 4권, 國史編纂委員會, 1984: 국사편찬위원회 편, 『국역 윤치호 영문 일기』, 3권, 2015, 292쪽.

47 國史編纂委員會編, 『尹致昊日記』, 4권, 國史編纂委員會, 1984: 국사편찬위원회 편, 『국역 윤치호 영문 일기』, 3권, 2015, 294쪽.

48 "산外에 은실 갓치, 흐르는 물은, 바다를 추추가고 동산에/고흔 쏫은 봄을 추추 오다시, 니성각은 그듸만 추추가네."(國史編纂委員會編, 『尹致昊日記』, 4권, 國史編纂委員會, 1984: 국사편찬위원회 편, 『국역 윤치호 영문 일기』, 3권, 2015, 295쪽.)

49 國史編纂委員會編, 『尹致昊日記』, 4권, 國史編纂委員會, 1984: 국사편찬위원회 편, 『국역 윤치호 영문 일기』, 3권, 2015, 297쪽.

50 김영수, 「프롤로그」, 『미쩰의 시기: 을미사변과 아관파천』, 경인문화사, 2012, 7쪽

51 國史編纂委員會編, 『尹致昊日記』, 4권, 國史編纂委員會, 1984: 국사편찬위원회 편, 『국역 윤치호 영문 일기』, 3권, 2015, 301쪽. 그레뱅 뮤지엄 서울 (Grévin Seoul Museum)은 서울특별시 중구 을지로 23번지에 소재하여 밀랍 인형 박물관으로 2015년에 개관했다.

52 國史編纂委員會編, 『尹致昊日記』, 4권, 國史編纂委員會, 1984: 국사편찬위원회 편, 『국역 윤치호 영문 일기』, 3권, 2015, 302쪽.

53 國史編纂委員會編, 『尹致昊日記』, 4권, 國史編纂委員會, 1984: 국사편찬위원회 편, 『국역 윤치호 영문 일기』, 3권, 2015, 303쪽.

54 "L'Hôtel des Postes." La façade de la Poste Colbert avant réhabilitation. 이 호텔의 주소는 다음과 같다. Rue colbert 13001 Marseille.

55 https://www.petit-patrimoine.com/fiche-petit-patrimoine.php?id_pp=13202_4

56 國史編纂委員會編, 『尹致昊日記』, 4권, 國史編纂委員會, 1984: 국사편찬위원회 편, 『국역 윤치호 영문 일기』, 3권, 2015, 303쪽.

57 샤반(Pierre Puvis de Chavannes, 1824~1898)은 마르세유를 그린 대표적인 화가였는데, 인상파 화가로 프랑스국립미술협회의 공동 창립자였다. 그는 이탈리아 여행을 통해 프레스코화에 크게 감동하여 팡테옹, 소르본대학, 파리 시청 등 주로 공공건물의 대형 벽화 제작에 참여했다.(김영숙, 『오르세 미술관에서 꼭 봐야 할 그림』, 휴머니스트, 2013) 작품에는 가난한 〈어부〉(1881)가 유명하며, 벽화 제작으로 리옹 미술관의 〈성림〉(1883), 파리의 소르본느대학교 강당의 〈우유화(寓喩畵)〉(1884) 등이 있다. 최후에는 〈파리를 지키는 성(聖) 쥐느비에브〉(1898)가 있다. 그는 〈그리스의 식민지 마르세유〉를 1868년에 그렸다.

58 https://en.wikipedia.org/wiki/Marseille

59 國史編纂委員會編, 『尹致昊日記』, 4권, 國史編纂委員會, 1984: 국사편찬위원회 편, 『국역 윤치호 영문 일기』, 3권, 2015, 304쪽. 윤치호에 따르면 마르세유에서 가장 인기가 있는 전통 요리는 '부야베스(bouillabaisse)'로 일종의 수프였다. 그 안에는 다양한 종류의 생선이 미각을 돋워주었다.

60 1896년 12월 28일 윤치호에 따르면 프랑스 체신선에 있는 2등 선실은 시설이 좋았다.(國史編纂委員會編, 『尹致昊日記』, 4권, 國史編纂委員會, 1984: 국사편찬위원회 편, 『국역 윤치호 영문 일기』, 3권, 2015, 318쪽)

61 國史編纂委員會編, 『尹致昊日記』, 4권, 國史編纂委員會, 1984: 국사편찬위원회 편, 『국역 윤치호 영문 일기』, 3권, 2015, 305쪽.

62 國史編纂委員會編, 『尹致昊日記』, 4권, 國史編纂委員會, 1984: 국사편찬위원회 편, 『국역 윤치호 영문 일기』, 3권, 2015, 308~309쪽.

63 國史編纂委員會編, 『尹致昊日記』, 4권, 國史編纂委員會, 1984: 국사편찬위원회 편, 『국역 윤치호 영문 일기』, 3권, 2015, 311쪽.

64 주소는 다음과 같다. 2 York Street, Colombo, Sri Lanka.(https://en.wikipedia.org/wiki/Grand_Oriental_Hotel)

65 國史編纂委員會編, 『尹致昊日記』, 4권, 國史編纂委員會, 1984: 국사편찬위원회 편, 『국역 윤치호 영문 일기』, 3권, 2015, 312쪽.

66 「켈라니야 라자마하위하라」, 《법보신문》, 2018.12.03.

67 國史編纂委員會編, 『尹致昊日記』, 4권, 國史編纂委員會, 1984: 국사편찬위원회 편, 『국역 윤치호 영문 일기』, 3권, 2015, 313쪽.

68 國史編纂委員會編, 『尹致昊日記』, 4권, 國史編纂委員會, 1984: 국사편찬위원회 편, 『국역 윤치호 영문 일기』, 3권, 2015, 314쪽.

69 https://ja.wikipedia.org/wiki; 統理交涉通商事務衙門日記, 高宗 30년 3월 18일; 김영수, 『명성황후 최후의 날』, 말글빛냄, 2014, 75~76쪽.

70 國史編纂委員會編, 『尹致昊日記』, 4권, 國史編纂委員會, 1984: 국사편찬위원회 편, 『국역 윤치호 영문 일기』, 3권, 2015, 314쪽.

71 國史編纂委員會編, 『尹致昊日記』, 4권, 國史編纂委員會, 1984: 국사편찬위원회 편, 『국역 윤치호 영문 일기』, 3권, 2015, 318쪽.

72 國史編纂委員會編, 『尹致昊日記』, 4권, 國史編纂委員會, 1984: 국사편찬위원회 편, 『국역 윤치호 영문 일기』, 3권, 2015, 315쪽.

73 國史編纂委員會編, 『尹致昊日記』, 4권, 國史編纂委員會, 1984: 국사편찬위원회 편, 『국역 윤치호 영문 일기』, 3권, 2015, 315~316쪽.

74 陳祖恩著, 大里浩秋監訳, 上海に生きた日本人: 幕末から敗戦まで 近代上海的日本居留民(1868~1945), 大修館書店, 2010; https://tsubouchitakahiko.com/?p=4584. 일본 작가 아쿠타가와(芥川龍之介, 1892~1927)도 1921년 상해를 여행하면서 東和洋行을 언급했다.(아쿠타가와 류노스케, 『아쿠타가와의 중국기행』, 섬앤섬, 2016)

75 1892년 4월 전 병조판서(兵曹判書) 민영소(閔泳韶)의 밀명을 받은 이세직은 무역상으로 가장해 일본으로 들어갔다. 1893년 12월 이세직은 홍종우를 방문해 김옥균과 박영효를 비롯한 개화파 망명객들을 죽이는 것이 고종의 뜻이라고 전하며 함께 행동하겠다는 동의를 받아냈다. 이세직과 홍종우는 각자의 역할을 분담했다. 홍종우는 김옥균을 상해로 유인해서 살해하고, 이세직은 권동수 형제와 일본에 남아 비슷한 시각에 박영효를 암살하자는 것이었다.(서울대학교 인문대학 독일학연구소, 『한국근대사에 대한 자료』, 신원문화사, 1992, 171쪽; 『高宗實錄』, 고종 28년(1891) 12월 25일; 조재곤, 『그래서 나는 김옥균을 쏘았다』, 푸른역사, 2006, 96~97쪽.) "기선이 밤에 항구에 도착하는 경우에는 홍종우가 선착장에서 호텔로 가는 길에 김옥균을 사살한다. 낮에 도착하는 경우에는 호텔 3층에서

방을 잡아 권총을 사용한다. 부득이 방을 2층이나 1층에 잡아야 하게 되는 경우에는 칼을 사용한다. 이세직은 홍종우에게 단도, 권총, 한복을 주었으며, 이 옷에는 무기를 숨길 수 있는 주머니가 달려 있었다."(주일 오스트리아헝가리공사관 콘데호베, 1894년 7월 16일, 조선인 이일직(이세직) 재판에 대해서: 서울대학교 인문대학 독일학연구소, 『한국근대사에 대한 자료』, 신원문화사, 1992, 172쪽.) 이세직(李世植)은 군부 관리로 활동했는데 1887년 첨지(僉知)에 임명되었다.(『承政院日記』, 고종 24년 10월 14일) 그 후 그는 1894년 5월 금부도사(禁府都事)로 승진했다.(『承政院日記』, 고종 31년 5월 9일) 이후 그는 고종의 측근 세력으로 법부검사, 법부형사국장 등을 역임했다.

76 國史編纂委員會編, 『尹致昊日記』, 3권, 國史編纂委員會, 1984, 298~299쪽.

77 國史編纂委員會編, 『尹致昊日記』, 3권, 國史編纂委員會, 1984, 299~230쪽.

78 志立鉄次郎編, 『大越成德遺稿』, 財政経済時報社, 大正15(1926)

79 다나베(田鍋安之助)는 1863년생으로 동아동문회(東亜同文会) 상임간사(常任幹事)를 역임했다.(田鍋安之助 著, 『西南亜細亜視察談』, 黒竜会出版部, 大正15(1926); 田鍋安之助 著, 『満洲處分管見』, 出版者不明. 20세기)

80 김옥균은 1884년 10월 갑신정변이 실패하자 일본으로 망명했다. 그는 1886년 7월 오가사와라섬(小笠原島), 1888년 8월 북해도(北海道)로 추방되어 연금되었다. 1890년 11월 김옥균은 홋카이도에서 도쿄로 돌아올 수 있었다. 1894년 김옥균은 상해에 도착해서 동화양행 2층 1호실, 오보인은 2호실, 홍종우는 3호실에 숙소를 정했다. 김옥균은 오보인에게 중국옷을 한 벌 사달라고 부탁했는데 이날 오후에는 마차로 상해 거리 구경을 나갈 예정이었다. 김옥균 잠시 기타하라를 호텔 사장에게 심부름 보냈는데 사이쿄마루 사무장에게 사람을 보내어 함께 거리 구경을 하자고 연락하라는 내용이었다. 김옥균은 호텔 방에서 자치통감을 읽고 있었다.(북한사회과학원 역사연구소 편, 『김옥균』, 역사비평사, 1990, 203~214쪽.)

81 홍종우의 심문 과정에서 기타하라(北原延次)가 김옥균의 시신을 받아 가겠다고 요청하자 현령(縣令) 황청쉬안(黃藍色)이 말했다. "그에게 넘김은 좋다. 그러나 여행 중에 죽은 자이므로 東和洋行 店主인 吉島에게 넘겨 그에게 받아 가게 한다면 좋을 것이다." 현령이 吉島에게 승낙 여부를 묻자 吉島가

승낙했다. 현령은 즉시 종자(從者)에게 吉島와 北原의 연명으로 수취원서 (受取願書)를 작성시켜 이를 제출하여 시체를 받아 가도록 했다.(別紙 甲號 縣令의 洪鍾宇 訊問書:『駐韓日本公使館記錄(2권)』, 1894년 4월 9일, 伍. 機密 本省及其他往來 機密送第7號 (5) 朝鮮人 權東壽·權在壽 체포의 件, 外務大臣 陸娛宗光→特命全權公使 大鳥圭介)

82 1894년 3월 30일, [別紙] 機密第14號 金玉均殺害事件의 전말, 上海駐在 大越總領事代理로부터 具報, 在上海 總領事代理 大越成德→外務大臣 陸娛宗光 :『駐韓日本公使館記錄(2권)』, 1894년 4월 9일, 伍. 機密本省及其他往來 機密送 第7號 (5) 朝鮮人 權東壽·權在壽 체포의 件, 外務大臣 陸娛宗光→特命全權公使 大鳥圭介

83 "일본은 한국 강점의 명분과 단서를 김옥균의 활동에서 찾았고 식민지 시대 말기에는 대동아공영권을 통한 세계 지배와 조선 민중에 대한 전방위적 통제의 명분을 김옥균의 삼화주의에서 찾았다."(조재곤,『그래서 나는 김옥균을 쏘았다』, 푸른역사, 2006, 99, 106쪽.) '삼화주의三和主義'는 조선, 중국, 일본의 세 나라가 대외 관계에서 평화를 유지하며 호상 연합하여 구미 열강의 식민주의를 반대하며 각각 자기 나라의 독립을 고수하면서 경제와 문화를 발전시켜야 한다는 것을 의미했다. 하지만 후쿠자와 유키치 등 일본의 '국권론자'들에 의하여 왜곡되어 '범아시아주의'로 묘사되었는데 아시아 민족을 일본의 지배하에 복종시키려는 사상으로 변질되었다. 김옥균은 이홍장과 만나 그를 설복하여 세 나라의 연합으로써 구미 열강의 침략을 반대하는 방향에로 그의 대회정책을 전화시켜 보려고 생각했다.(북한사회과학원 역사연구소편,『김옥균』, 역사비평사, 1990, 210~211쪽)

84 國史編纂委員會編,『尹致昊日記』, 4권, 國史編纂委員會, 1984: 국사편찬위원회 편,『국역 윤치호 영문 일기』, 3권, 2015, 316쪽.

85 國史編纂委員會編,『尹致昊日記』, 4권, 國史編纂委員會, 1984: 국사편찬위원회 편,『국역 윤치호 영문 일기』, 3권, 2015, 318쪽.

86 "1905.5.10. 我爲之儂啫忍耐多化, 儂也應該爲之我忍耐一顏."(國史編纂委員會編,『尹致昊日記』, 6권, 國史編纂委員會, 1989, 107쪽.)

87 國史編纂委員會編,『尹致昊日記』, 4권, 國史編纂委員會, 1984: 국사편찬위원회 편,『국역 윤치호 영문 일기』, 3권, 2015, 320쪽.

88 國史編纂委員會編, 『尹致昊日記』, 4권, 國史編纂委員會, 1984: 국사편찬위원
    회 편, 『국역 윤치호 영문 일기』, 3권, 2015, 322쪽.

89 알렌(Young John Allen)이 공동 집필한 中東戰紀本末(1897)은 玄采가 『中
    東戰記(1899)』라고 발췌하고 국한문으로 번역했다. 이승만의 『청일전기
    (淸日戰記)』는 중동전기본말과 중동전기의 내용을 참고하여 편집하여 번
    역한 책이다.(국사편찬위원회 편, 『국역 윤치호 영문 일기』, 1권, 2015, 15
    쪽; 《New Daily》, 2019.6.25) 『중동전기본말(中東戰紀本末)』은 알렌과 중
    국 언론인 채이강(蔡爾康)이 공동 편찬했다.(박형신, 「영 J. 알렌의 「萬國
    公報」에 관한 연구」, 《한국기독교와 역사》 49, 2018; 이혜원, 「중서서원
    의 종교교육이 윤치호의 개종에 미친 영향 연구」, 《한국교회사학회지》
    52, 2019; 박영순, 「상해 中西書院과 '中西幷重'의 함의」, 《중국학논총》 59,
    2018) 이 책은 서울 서소문 성지박물관에 전시되었다.

90 國史編纂委員會編, 『尹致昊日記』, 5권, 國史編纂委員會, 1984: 국사편찬위원
    회 편, 『국역 윤치호 영문 일기』, 4권, 2016, 5~6쪽

91 "仙台丸"(《皇城新聞》, 1902.2.2.) "인쳔셔류션쩌나난광고, 仙臺丸"(《帝國新
    聞》, 1902.2.12.) 일본상선 仙台丸호, 부산근해에서 난파(김원모, 1902년
    3월 19일, 『근대한국외교사연표』, p.193.)

92 國史編纂委員會編, 『尹致昊日記』, 5권, 國史編纂委員會, 1984: 국사편찬위원
    회 편, 『국역 윤치호 영문 일기』, 4권, 2016, 13~14쪽.

93 國史編纂委員會編, 『尹致昊日記』, 5권, 國史編纂委員會, 1984: 국사편찬위원
    회 편, 『국역 윤치호 영문 일기』, 4권, 2016, 14쪽.

94 國史編纂委員會編, 『尹致昊日記』, 5권, 國史編纂委員會, 1984: 국사편찬위원
    회 편, 『국역 윤치호 영문 일기』, 4권, 2016, 15~16쪽.

95 國史編纂委員會編, 『尹致昊日記』, 5권, 國史編纂委員會, 1984: 국사편찬위원
    회 편, 『국역 윤치호 영문 일기』, 4권, 2016, 18쪽.

96 國史編纂委員會編, 『尹致昊日記』, 5권, 國史編纂委員會, 1984: 국사편찬위원
    회 편, 『국역 윤치호 영문 일기』, 4권, 2016, 19쪽.

97 國史編纂委員會編, 『尹致昊日記』, 5권, 國史編纂委員會, 1984: 국사편찬위원
    회 편, 『국역 윤치호 영문 일기』, 4권, 2016, 19쪽. "1897년 5월 31일."(國
    史編纂委員會編, 『尹致昊日記』, 5권, 國史編纂委員會, 1984: 국사편찬위원회 편,

『국역 윤치호 영문 일기』, 4권, 2016, 59쪽.)

98 國史編纂委員會編, 『尹致昊日記』, 5권, 國史編纂委員會, 1984: 국사편찬위원 회 편, 『국역 윤치호 영문 일기』, 4권, 2016, 23~25쪽.

99 國史編纂委員會編, 『尹致昊日記』, 5권, 國史編纂委員會, 1984: 국사편찬위원 회 편, 『국역 윤치호 영문 일기』, 4권, 2016, 29쪽.

100 윤치호의 조상이 아산에 자리를 잡은 시기는 증조부 윤득실(尹得實, 1768~1823)대로 추정된다. 윤취동(尹取東, 1789~1863)의 장남으로 윤치호의 부친인 윤웅렬(尹雄烈)이 1840년, 윤영렬(尹英烈)이 1854년 태어 났다.(조형열, 「尹致昊의 牙山地域社會 개조론과 경제·사회활동」, 《대구사학》125, 2016, 169~174쪽.) 윤웅렬은 1898년 내부협판·서리대신사무·귀족원경으로 발령받았고, 법부협판으로 고등재판소 재판장을 겸임했다. 1899년 군부대신으로 발령받았다. 1911년 1월 13일 2만 5천 원의 은사공채를 받았다. 1911년 10월 사망하자 1912년 1월 15일 아들 윤치호가 남작 작위를 물려받았다. 그러나 윤치호는 '1911년 105인 사건 주모자로 실형 선고된 것'을 사유로 1912년 5월 22일 남작의 예우가 정지되었고, 1913년 10월 9일 그 작위를 상실했다.(유영렬, 『개화기의 윤치호연구』, 한길사, 18-21쪽; http://people.aks.ac.kr) 윤웅렬은 1906년 창의문 밖 경 승지에 별장을 지었다. 당시 이 집에는 벽돌로 지은 서양식 2층 건물만 있 었으나, 윤웅렬이 죽은 후 셋째 아들 윤치창이 상속받아 안채 등 한옥 건물을 추가로 지었다. 현재 문화재로 지정된 건물은 안채, 사랑채 및 광채, 문 간채의 네 채이다.[반계(磻溪) 윤웅렬 별장 안내서, 서울시 종로구 부암동 348번지. 서울특별시 민속자료 제12호]

101 國史編纂委員會編, 『尹致昊日記』, 5권, 國史編纂委員會, 1984: 국사편찬위원 회 편, 『국역 윤치호 영문 일기』, 4권, 2016, 30~31쪽.

102 1897.3.20. 國史編纂委員會編, 『尹致昊日記』, 5권, 國史編纂委員會, 1984: 국 사편찬위원회 편, 『국역 윤치호 영문 일기』, 4권, 2016, 32쪽.

에필로그

1 알렉상드르 뒤마 저, 이희승맑시아 역, 「몬테크리스토 백작의 편지」, 『몬테 크리스토 백작』 II, 동서문화사, 2011, 1532쪽.

2 閔泳煥, 「閔相公遺書」, 『閔忠正公遺稿』, 國史編纂委員會, 1958, 211쪽; 이민수역, 『閔忠正公遺稿』, 一潮閣, 2000, 283~284쪽.

3 閔泳煥, 「閔忠正公盡忠錄」, 『閔忠正公遺稿』, 國史編纂委員會, 1958, 207쪽; 閔泳煥, 「閔忠正公實錄」, 『閔忠正公遺稿』, 國史編纂委員會, 1958, 195~206쪽.

4 黃玹, 光武九年乙巳初四日, 「閔泳煥殉節」, 『梅泉野錄』 卷之四, 國史編纂委員會, 1955, 354~356쪽.

5 閔泳煥, 「閔忠正公實錄」, 『閔忠正公遺稿』, 國史編纂委員會, 1958, 195~206쪽.

6 『承政院日記』, 高宗 42년 을사(1905) 11월 2일(양력 11월 28일)

7 黃玹, 光武九年乙巳初四日, 「閔泳煥殉節」, 『梅泉野錄』 卷之四, 國史編纂委員會, 1955, 354~356쪽.

8 閔泳煥, 「閔忠正公實錄」, 『閔忠正公遺稿』, 國史編纂委員會, 1958, 195~206쪽. 고종은 1905년 11월 29일 상소를 올린 민영환 등을 잡아들이라는 명령을 철회시켰다.(『高宗實錄』, 고종 42년 11월 29일)

9 "평리원 문 안에서 석고대죄하더니 재작일 하오 10시경 정상을 참작하여 석방하라는 처분이 내린신지라. 사처에 나와 밤을 지내다가 잠깐 그 본댁에 가서 대부인과 부인을 보고 도로 사처에 나와 털끝만치도 말과 얼굴빛이 변함이 없이 하인을 물리치고 칼을 들어⋯⋯"(閔泳煥, 「行蹟」, 『閔忠正公遺稿』, 國史編纂委員會, 1958, 208~210쪽; 이민수 역, 『閔忠正公遺稿』, 一潮閣, 2000, 283~284쪽.)

10 黃玹, 光武九年乙巳初四日, 「閔泳煥殉節」, 『梅泉野錄』 卷之四, 國史編纂委員會, 1955, 354~356쪽.

11 『駐韓日本公使館記錄(26)』, 1905년 11월 29일 오후 4시 發, 一. 本省往電 一~四 (334) 第481號 [韓日協約 반대자 趙秉世 면관처분과 동조자에 대한 해산칙명 발포 건], 林公使→東京 桂大臣

12 『駐韓日本公使館記錄(24)』, 1905년 11월 30일 오후 1시 發, 一一. 保護條約 一~三 (147) 往電第170號 [閔泳煥 自殺 件], 林→釜山 伊藤 大使.

13 『駐韓日本公使館記錄(26)』, 1905년 11월 30일 오후 6시 發, 一. 本省往電 一~四 (339) 第486號 [閔泳煥 자살 후 종로 헌병파견소 피습에 관한 건], 林公使→東京 桂大臣

14 『駐韓日本公使館記錄(26)』, 1905년 12월 1일 오후 2시 50분 發, 一. 本省往

電 一~四 (340) 第487號 [韓日協約 파기 상소운동자에 관한 건], 林 公使→
東京 桂大臣

15 "하야시는 민영환의 사후 품속에 품고 있던 주한 영·미·독·프·청 5개
국 공사에게 보내는 유서를 통해서 위의 사실을 일부 입증할 수 있다고 주
장했다."(『駐韓日本公使館記錄(26)』, 1905년 12월 2일 오후 3시 發, 一. 本省
往電 一~四 (343) 第490號 [閔泳煥 자살 원인에 관한 정보 및 賻祭 건], 林
公使→東京 桂大臣)

16 1905년 12월 18일 경무고문 마루야마(丸山重俊)는 민영환의 장례식 과정
을 내각총리대신 가쓰라(桂太郎)에게 보고했다.(『駐韓日本公使館記錄(24)』,
1905년 12월 18일, 一一. 保護條約 一~三 (217) 警顧第170號 故 閔泳煥 장
례식의 件, 韓國政府 警務顧問 警視 丸山重俊 → 外務大臣 伯爵 桂太郎)

17 흥화학교는 1898년 11월 5일 특명전권공사로 미국과 유럽 여러 나라를 둘
러보고 온 민영환(閔泳煥)이 외국어와 선진 기술 보급 등을 목적으로 설립
하였다. 설립 초기에는 교과목에서 영어를 중시하였고, 이후 교육 내용은
영어, 일어, 측량술 등이 강조되었다.

18 閔泳煥, 「閔忠正公實錄」, 『閔忠正公遺稿』, 國史編纂委員會, 1958, 195~206쪽;
이민수 역, 『閔忠正公遺稿』, 一潮閣, 2000, 277~281쪽.

19 《대한매일신보》, 1905.12.1.; 閔泳煥, 「閔相公遺書」, 『閔忠正公遺稿』, 國史編
纂委員會, 1958, 211쪽.

20 閔泳煥, 『閔忠正公遺稿』, 國史編纂委員會, 1958, 214쪽; 이민수 역, 『閔忠正公
遺稿』, 一潮閣, 2000, 285쪽.

21 《대한매일신보》, 1905.12.2. 閔泳煥, 「新聞記事-上疏文」, 『閔忠正公遺稿』, 國
史編纂委員會, 1958, 228쪽.

22 "민영환은 타고난 성품이 온화하고 중후하며 의지와 기개가 단정하고 반
듯했다. 왕실의 인척으로서 곁에 가까이 있으면서 보필한 것이 실로 많았
고 쌓은 공적도 컸다. 짐이 일찍부터 곁에 두고 의지하며 도움받던 인물이
다."(『承政院日記』, 고종 42년 을사(1905) 11월 4일(양력 11월 30일).

후기

1 Романов Б.А. Россия в Манчжурии 1892~1906. Л. 1928. CC.144~145 ; Романов Б.А. Очерки дипломатической истории русско-японской войны. М. 1947. C.46. 당시 '러시아 황제 대관례', '러시아 수도大祭式', '俄羅斯國皇帝卽位戴冠禮式', '露國皇帝戴冠式', 'Коронация Николая II' 등의 명칭을 사용하였는데, 이 글은 행사를 정확하게 전달할 수 있는 '모스크바대관식'이라는 용어를 사용했다.(『高宗實錄』, 33년 3월 11일;《독립신문》1896년 10월 24일 논설;『駐韓日本公使館記錄』(10), 「러시아 皇帝 戴冠式에 閔泳煥을 特命全權公使로 파견」, 明治二十九年 三月十一日, 小村→西園寺, 369쪽)

2 Malozemoff A. Russian Far Eastern Policy 1881~1904. California. 1958. PP.88~89 ; Нарочницкий А.Л. Обострение борьбы за раздел мира между капитальстическим странами на Дальнем Востоке. 1871~1989 гг.//Международные отношение на Дальнем Востоке. Т.1. М. 1973 ; Lensen G.A. Balance of Intrigue. International Rivalry in Korea and Manchuria, 1884-1899. Volume 2. Florida. 1982, P.626.

3 Романов Б.А. Россия в Манчжурии 1892~1906. Л. 1928. C.146 ; Langer W.L. The Diplomacy of Imperialism. New York : Alfred A. Knopf. 1956. P.406.

4 Malozemoff A. Russian Far Eastern Policy 1881~1904. California. 1958 ; Sidney Harcave. Count Sergei Witte and the Twilight of Imperial Russia: A Biography. New York : M.E. Sharpe. 2004 ; Nish I.H. The Anglo-Japanese Alliance: the Diplomacy of Two Island Empires, 1894~1907, London: Athlone, 1966, p.231

5 고병익, 「황제대관식(皇帝戴冠式)에의 사행(使行)과 한로교섭(韓露交涉)」, 《역사학보》28, 1965, 43~50쪽.

6 崔文衡, 「歐美列强의 極東政策과 日本의 韓國倂合」, 《역사학보》59, 1973, 15~19쪽.

7 鄭良婉, 「環璆唫艸에 대하여」, 《한국한문학연구》제2집, 1977, 128~132쪽.

8 당시 사료는 민영환을 '러시아특명전권공사'(俄國特命全權公使), '특명한국공사'(Мин-юнг-хуан, корейкий чрезвычайный посланник), '특명전권

공사'(特別全權公使) 등으로 불렀다.(國史編纂委員會編, 1971「海天秋帆」『閔
忠正公遺稿』, 探求堂, 69쪽; АВПРИ. Ф.150.Оп.493.Д.72.Л.38-39;『駐韓
日本公使館記錄(10)』, 1896년 3월 11일 電信「러시아 皇帝 戴冠式에 閔泳
煥을 特別全權公使로 파견」小村→西園寺, 107쪽) 사절단 일행은 'M. and
others of the Mission' 등으로 기록되었다.(國史編纂委員會編, 尹致昊日記, 4
권, 國史編纂委員會, 1984, 257~258쪽.) 당시 사료에는 특명전권공사 일행
에 대한 특별한 명칭이 없으므로, 필자는 러시아특명전권공사 일행을 가
장 효과적으로 표현할 수 있는 용어인 '조선사절단'을 사용했다.

9 신승권, 「아관파천과 러시아의 동아시아 정책」, 《한국정치외교사논총》 18, 1998, 193쪽.

10 문희수, 「국제적 전후 관계에 있어서 아관파천」, 《한국정치외교사논총》 18, 1998, 249쪽.

11 러시아 사행은 초기의 목적인 조러 간의 외교 협상보다는 오히려 개인적 인 입장에서 국제적 안목을 넓히는 데 큰 의미가 있었다.(천화숙, 「민영환 의 러시아 황제 니콜라이 2세 대관식 사행과 근대문물의 수용」, 《아세아문화 연구》 3집, 1999, 219쪽.)

12 러시아는 비록 만주에 관심을 기울이고 있기는 하였지만, 적어도 조선이 완충지로서 기능을 못 하는 한 많은 위험을 부담해야 하는 것이었다.(이민 원, 『명성황후시해와 아관파천』, 국학자료원, 2002, 173쪽.)

13 國史編纂委員會編, 『尹致昊日記』, 4권, 1896.6.5., 國史編纂委員會, 1984, 201쪽.

14 이민원, 「조선특사 러시아외교와 김득련: 니콜라이 Ⅱ 황제대관식 사행을 중심으로」, 《역사와 실학》 33, 2007, 211~215쪽.

15 이민원, 『명성황후시해와 아관파천』, 국학자료원, 2002, 167~171쪽.

16 『환구음초』는 현재 초고본, 활자본, 필사본 등이 남아 있다.(최식, 「개항문 학 종말기의 한 양상: 김득련의 환구음초를 중심으로」, 《漢文學報》 4집, 2001, 205쪽) 환구일기와 환구음초는 상호 보완적인 성격을 지니는 불가분의 관 계로 과거 연행록과 해사록을 남기는 사행록의 전통을 계승하고 있다.(최 식, 「1896년 아라사(俄羅斯) 사행(使行), 환구일기(環璆日記)와 환구음초 (環璆唫艸): 사행록(使行錄)의 관점(觀點)에서 바라본 아라사(俄羅斯) 사행 (使行)」, 《漢文學報》 20, 2009, 221쪽)

17 김진영, 「조선 왕조 사절단의 1896년 러시아 여행과 옥시덴탈리즘」,《동방학지》131, 2005, 333쪽.

18 홍학희, 「1896년 러시아 황제 대관식 축하사절단의 서구체험기, 『해천추범』과 환구음초」,《한국고전연구》17, 2008, 87쪽.

19 정재문, 「환구음초의 성격과 표현방식」,《한국한시연구》16, 2008, 388쪽.

20 김미정, 「러시아 사행시 환구음초의 작품 실상과 근대성 고찰」,《인문학연구》99, 2015, 31쪽.

21 박보리스, 『러시아와 한국』, 동북아역사재단, 2010, 468쪽. 박보리스와 박종효는 '모스크바 의정서'가 조선의 자주독립의 원칙 또는 조선의 국내외 문제에 관한 자유행동을 의미한다고 주장했다.(Пак Чен-Хё. Россия и Корея. 1895~1898. М. 1993. С.41.; Пак Б.Д. Россия и Корея. М. 2004. С.247)

22 박보리스, 『러시아와 한국』, 동북아역사재단, 2010, 487쪽. 박보리스에 따르면 러시아 정부의 답변서는 심각한 조건이 들어 있었다. 고종의 환궁 이후 안전에 대해서 도덕적 지원만을 제공하고 있을 따름이었다.(박보리스, 『러시아와 한국』, 2010, 483쪽.)

23 Пак Б.Б, Российский дипломат К.И. Вебер и Корея. М. 2013. С.270.

24 金得鍊, 『赴俄記程』, 1905年 以後, 筆寫本(奎 古 5700-2). 이 책은 1책(冊) 55장(張)으로 卷末에는 閔忠正公本傳이 수록되었다. '민충정공본전'에는 민영환의 가계와 관력, 자결할 때의 유서 2편 등이 실려 있다.

25 중국 악부(樂府) 죽지사(竹枝詞)를 모방하여 경치·인정·풍속 따위를 노래한 가사(歌詞). 지방의 풍속이나 남녀의 사랑을 주제로 삼아 지은 악부체(樂府體).

26 金得鍊, 『環璆唫艸』, 京都: 京都印刷株式會社, 1897: 허경진, 「머리말」, 『環璆唫艸』, 평민사, 2011, 6쪽.

27 金得鍊, 『環璆日錄』, 建陽元年(1896), 筆寫本(奎 古5700-1)

28 金得鍊, 『環璆日錄』, 建陽元年(1896), 筆寫本(奎 古5700-1): 金得鍊, 『國譯 環璆日記』, 恩平文化院, 2010, 35쪽.

29 金得鍊, 『環璆日錄』, 建陽元年(1896), 筆寫本(奎 古5700-1): 金得鍊, 『國譯 環璆日記』, 恩平文化院, 2010, 48쪽.

100년 전의 세계 일주

30 金得鍊, 『環璆日錄』, 建陽元年(1896), 筆寫本(奎 古5700-1): 金得鍊, 『國譯 環璆日記』, 恩平文化院, 2010, 142쪽.

31 金得鍊, 『環璆日錄』, 建陽元年(1896), 筆寫本(奎 古5700-1): 金得鍊, 『國譯 環璆日記』, 恩平文化院, 2010, 142쪽.

32 國史編纂委員會編, 「解說」, 『尹致昊日記』, 11卷(韓國史料叢書第19), 1989: http://www.koreanhistory.or.kr

찾아보기

이미지 출처

16쪽 민영환 [Public Domain] The passing of Korea. djvu: Homer Hulbert VIA Wikimedia Commons

22쪽 중명전 [Public Domain] VIA Wikimedia Commons

33쪽 윤치호 [Public Domain] VIA Wikimedia Commons

35쪽 조선사절단과 러시아 관료들

　　　Б.Б. Пак, Российская дипломатия и Корея, М, 2004, 속표지

37쪽 포함 그레먀쉬호 [Public Domain] VIA Wikimedia Commons

41쪽 상하이 콜로니 호텔

　　　https://www.virtualshanghai.net/Asset/Preview/dbImage_ID-363_No-1.jpeg

43쪽 차이나 엠프레스호 [CCO], Vancouver Centennial Commission, VIA Wikimedia Commons

47쪽 윈저 호텔 [Public Domain] Wm. Notman & Son VIA Wikimedia Commons

49쪽 루카니아호 [Public Domain] Bain News Service, publisher VIA Wikimedia Commons

53쪽 카이저 로얄 호텔 [Public Domain] VIA Wikimedia Commons

55쪽 유로피언 호텔 [Public Domain] VIA Wikimedia Commons

62쪽 니꼴라이 2세, [Public Domain] Repin, Ilya Efimovich(1844~1930) VIA Wikimedia Commons

68쪽 모스크바대관식 공고문 [Public Domain] VIA Wikimedia Commons

72쪽 니꼴라이 2세 대관식, Валентин Александрович Серов(1865~1911)

　　　https://valentin-serov.ru/%D0%BA%D0%BE%D1%80%D0%BE%D0%BD
　　　%D0%B0%D1%86%D0%B8%D1%8F-%D0%BD%D0%B8%D0%BA%D0%BE
　　　%BE%D0%BB%D0%B0%D1%8F-ii/

78쪽 끄레믈린궁 야경 [Public Domain] IS Aksakov VIA Wikimedia Commons

82쪽 볼쇼이 극장 [Public Domain] František Krátký(1851~1924) VIA Wikimedia

Commons

85쪽   뜨레찌야꼽스까야 갤러리 [Public Domain] Viktor Mikhailovich
Vasnetsov(1848~1926) VIA Wikimedia Commons

93쪽   네바강
https://pixabay.com/ko/photos/%EB%8F%84%EC%8B%9C-
neva-2361792/

97쪽   뾰뜨르 대제의 기마 동상
https://pixabay.com/photos/monument-bronze-horseman-history-3396697/

107쪽   알렉산드롭스끼 [Public Domain] Лоренс А.Ф. VIA Wikimedia Commons

115쪽   뽈랴르나야 즈베즈다호 [Public Domain] Alexander Beggrov(1841~1914)
VIA Wikimedia Commons

118쪽   뽀시예트 [Public Domain] VIA Wikimedia Commons

120쪽   겨울 궁전 에르미따쉬, Карл Петрович Беггров(1799~1875)
https://yandex.ru/collections/card/5c14bfa091f6640075379556/

127쪽   러시아 민족도서관 열람실, Engraving by Lavrenty Seryakov after a drawing by
Gustaf Broling(1862), http://nlr.ru/nlr_history/history/images/zal_sob.jpg

140쪽   조선 정부의 5개 조항 제안서, 국사편찬위원회 한국사데이터베이스

154쪽   로바노프 [Public Domain] VIA Wikimedia Commons

170쪽   볼가강(1887), Ivan Konstantinovich Aivazovsky(1817~1900)
https://gallerix.ru/album/aivazovsky/pic/glrx-624981689

179쪽   제꼬 호텔
https://img-fotki.yandex.ru/get/9515/97833783.3c1/0_af8fe_896bb2a0_
XXXL.jpg

180쪽   고례뮈낀 [Public Domain] VIA Wikimedia Commons

180쪽   스베뜰리쯔끼 [Public Domain] VIA Wikimedia Commons

183쪽   치타 공장에 있는 제까브리스트들, Repin, Ilya Efimovich(1844~1930)
http://mtdata.ru/u27/photo589E/20184184029-0/original.jpg

188쪽   뻬뜨롭스끼 공장, Nikolay Alexandrovich Bestuzhev(1791~1855)
https://yadi.sk/a/SunmgYG93VzS7A/5afc127a0f04582614a59db0

191쪽   바이칼호 지도 [Public Domain] [Public Domain] Гидрографическая

Экспедиция Байкальского озера VIA Wikimedia Commons

202쪽 청국과 러시아의 경계 [Public Domain] CIA VIA Wikimedia Commons

206쪽 하바로프 기념비 [CC BY-SA 3.0] Andshel VIA Wikimedia Commons

209쪽 하바롭스크 시립박물관 [CC BY-SA 3.0] Andshel VIA Wikimedia Commons

214쪽 운떼르베르게르 [Public Domain] Карелин Андрей Осипович VIA Wikimedia
Commons

214쪽 에네겔름 [Public Domain] VIA Wikimedia Commons

228쪽 파베르제의 부활절 달걀 [CC BY-SA 3.0] Stan Shebs VIA Wikimedia
Commons

235쪽 〈물랭 드 라 갈레트의 무도회장〉 [Public Domain] Pierre-Auguste
Renoir(1841~1919) VIA Wikimedia Commons

239쪽 루브르 박물관 https://pxhere.com/en/photo/558658

245쪽 나폴레옹 석관
https://pixabay.com/ko/photos/%EB%82%98%ED%8F%B4%
EB%A0%88%EC%98%B9-%EC%84%9D-%EA%B4%80-
%EB%AC%B4%EB%8D%A4-541180/

246쪽 우리우 소토키치 [Public Domain] VIA Wikimedia Commons

248쪽 물랭루즈 포스터 [Public Domain] Henri de Toulouse-Lautrec(1864~1901)
VIA Wikimedia Commons

253쪽 오페라 극장 가르니에 [Public Domain] Brown University Library VIA
Wikimedia Commons

258쪽 노트르담 성당 [CC BY-SA 3.0] Benh LIEU SONG VIA Wikimedia Commons

262쪽 그랜드 오리엔탈 호텔 [FAL] A.Savin VIA Wikimedia Commons

264쪽 켈라니야 사원 [Public Domain] Atula Siriwardane VIA Wikimedia Commons

269쪽 김옥균 [Public Domain] VIA Wikimedia Commons

281쪽 윤치호 가족사진, 국사편찬위원회 한국사데이터베이스

288쪽 민영환, 국사편찬위원회 한국사데이터베이스

296쪽 민영환 유서, 한국학중앙연구원 디지털 인문학 한국 기록유산 Encyves
http://dh.aks.ac.kr/Encyves/wiki/index.php/%EB%AF%BC%EC%98%81%E
D%99%98_%EC%9C%A0%EC%84%9C

이미지 출처

대한제국의 운명을 건 민영환의 비밀외교

100년 전의 세계 일주

1판 1쇄 발행 2020년 12월 18일

지은이 김영수

펴낸이 김명중
콘텐츠기획센터장 류재호 | 북&렉처프로젝트팀장 유규오 | 북매니저 박성근
북팀 김현우, 장효순, 최재진 | 렉처팀 허성호, 정명, 신미림, 최이슬 | 마케팅 김효정
책임편집 박장호 | 디자인 이경진 | 인쇄 상식문화

펴낸곳 한국교육방송공사(EBS)
출판신고 2001년 1월 8일 제2017-000193호
주소 경기도 고양시 일산동구 한류월드로 281
대표전화 1588-1580
홈페이지 www.ebs.co.kr

ISBN 978-89-547-5640-2 03910
ⓒ 2020 김영수